suhrkamp taschenbuch 4835

W0074607

Wenn Sie wissen wollen, wie die ideale Geburt, die ideale Entwicklung Ihres Kindes und die ideale Erziehung aussehen, lesen Sie ein anderes Buch. Wenn Sie aber die ungeschönte, dreckige Wahrheit über das Kinderkriegen und das Elterndasein hören möchten, lesen Sie dieses. Es ist schonungslos ehrlich und macht Sie mit der harten Realität vertraut, aber es zeigt Ihnen auch, dass Sie kein überambitionierter Helikoptervater sein müssen, um die absurdesten und nervenaufreibendsten Situationen meistern zu können. Denn das, was es immer wieder braucht, um durch diese verrückte, schlafraubende und seltsam wunderbare Zeit zu kommen, die Ihr ganzes Leben komplett auf den Kopf stellt, ist ein gesunder Sinn für Humor.

Matt Coyne ist ein 42-jähriger Grafikdesigner aus Sheffield. Im September 2015 kam sein Sohn Charlie auf die Welt, und Matts Welt sollte nie wieder so sein, wie sie einmal war. Drei Monate später hat er auf Facebook vom Überleben mit seinem »wütenden, schlafraubenden, emotional instabilen, inkontinenten und brustfixierten neuen Mini-Mitbewohner« berichtet. Innerhalb weniger Tage wurde sein Blog *Man vs. Baby* weltweit zum viralen Hit.

Lisa Kögeböhn, geboren 1984, studierte Literaturübersetzen in Düsseldorf und übersetzt Romane und Sachbücher aus dem Englischen und Französischen. Sie lebt in Leipzig.

Matt Coyne

SCHIEF GEWICKELT

PAPA WERDEN OHNE PLAN

Aus dem Englischen von
Lisa Kögeböhn

Suhrkamp

Die Originalausgabe erschien 2017 unter dem Titel
Dummy. The comedy and chaos of real-life parenting
bei Wildfire, London.

Erste Auflage 2018
suhrkamp taschenbuch 4835
Deutsche Erstausgabe
© Suhrkamp Verlag Berlin 2018
© 2017 Matt Coyne
Suhrkamp Taschenbuch Verlag
Alle Rechte vorbehalten, insbesondere das
des öffentlichen Vortrags sowie der Übertragung
durch Rundfunk und Fernsehen, auch einzelner Teile.
Kein Teil des Werkes darf in irgendeiner Form
(durch Fotografie, Mikrofilm oder andere Verfahren)
ohne schriftliche Genehmigung des Verlages reproduziert
oder unter Verwendung elektronischer Systeme
verarbeitet, vervielfältigt oder verbreitet werden.
Druck und Bindung: CPI – Ebner & Spiegel, Ulm
Umschlagabbildung: FinePic®, München
Umschlag: zero-media.net
Printed in Germany
ISBN 978-3-518-46835-7

Für Steve

Kleiner Scherz ...
Für Charlie und seine Mum

Inhalt

Vorwort

Als wir festgestellt hatten, dass wir ein Baby »erwarteten«, kaufte uns jemand einen Kühlschrankmagneten. Darauf stand: »Ein Baby zu bekommen ist, als lade man einen Engel zu sich ein.«

Das mag stimmen.

Aber manchmal, nur manchmal, ist es, als hätte man sich einen Mitbewohner eingeladen. Einen wütenden, schlafraubenden, emotional instabilen, inkontinenten und brustfixierten Mini-Mitbewohner. Der nicht mehr und auch nicht weniger als deine ungeteilte Aufmerksamkeit verlangt, von heute an bis zu dem Tag, an dem du stirbst.

Aber das passt vermutlich auf keinen Kühlschrankmagneten.

Einleitung

Drei Monate nach der Geburt unseres Sohnes Charlie schrieb ich einen Post auf Facebook.

Den hier.

Matt Coyne, 17. Dezember 2015, 19:38

Ich musste mir heute mal selbst auf die Schulter klopfen, weil ich die Kunst des Windelwechselns perfektioniert habe. Ich bin quasi wie eine Boxenmannschaft bei der Formel 1 – im Prinzip bin ich sogar noch besser, denn während du die Reifen von Lewis Hamiltons Auto wechselst, ist es eher unwahrscheinlich, dass er dir in die Augen pinkelt und dich mit Kacke beschießt.

Und das habe ich bisher sonst noch gelernt:

Die Geburt
• Ich habe die Verschwörungstheorie, die Mondlandung wäre ein großer Schwindel, immer für totalen Schwachsinn gehalten, einfach weil dafür unglaublich viele Leute hätten dichthalten müssen. Inzwischen halte ich das durchaus für möglich, wenn man bedenkt, wie verschwörerisch über die Grausamkeit der Wehen geschwiegen wird. Der Kreißsaal ist das reinste Vietnam. Eine Geburt hat rein gar nichts mit den Darstellungen in Sitcoms oder Filmen gemein, es sei denn, es geht um

Saw IV oder die Szene in *Alien*, als das Monster aus dem Brustkorb von Kane hervorbricht. Also, an die, die mir erzählt haben, die Geburt wäre ein magisches Erlebnis ... ihr seid verlogene Scheißkerle. Wehen sind wie Magie ... aber nur, weil es in beiden Fällen am besten ist, wenn man keine Ahnung hat, wie es funktioniert.

(In Wirklichkeit ist das Schlimmste an den Wehen, jemanden, den man liebt, so unfassbar leiden zu sehen. Andererseits hat Lyns mich mal gezwungen, eine Folge *Downton Abbey* mit ihr zu gucken ... das kommt ungefähr aufs selbe raus ...)

Die erste Woche
• Ich wusste das auch nicht, aber Babys atmen in einer Art synkopischem Jazz-Rhythmus. Ihre Atmung folgt keinerlei vorgegebenem Muster und setzt etwa alle vierzig Sekunden ganz aus, gerade so lange, dass du glaubst, sie wären tot. Von allen Arschlochmoves, die dein Baby so draufhat, ist dieses Totstellen mit Abstand der fieseste, und sie tun das ständig.

• Babyweinen ist schon etwas Merkwürdiges. Tagsüber hört man es sich an und findet es liebenswert und süß ... Um drei Uhr nachts ist es, als würde ein wütender Wikinger die Innenseite deines Schädels mit Schleifpapier bearbeiten.

• Babypisse im Auge ist echt nur beim ersten Mal witzig, und Babykacke kommt grundsätzlich zum falschen Zeitpunkt. Das Schlimmste ist, wenn sie einen »Lock-

Schiss« machen, warten, bis du ihnen die Windel abnimmst, und dann erst zum richtigen Donnerschiss ansetzen. Wie Terroristen, die ihre richtigen Bomben erst hochgehen lassen, wenn die Rettungskräfte eintreffen.

• Jedes einzelne Kleidungsstück wird von scheiß Druckknöpfen zusammengehalten. Und zwar immer von drei bis vier Druckknöpfen mehr als nötig, damit du wie ein Vollidiot vor deinem Kind dastehst, das seine Missbilligung ausdrückt, indem es seelenruhig einen auf Windmühle macht. Windmühlenbabys anzuziehen ist, als würde man versuchen, ein Kaninchen in einen Luftballon zu stopfen. Wenn du ihnen sagst, sie sollen stillhalten, ignorieren sie dich oder zerkratzen sich das Gesicht. Total geisteskrank.

(Ich plane, eine Babymode-Linie nur mit Klettverschlüssen rauszubringen, nach dem Vorbild von Stripperhosen. Damit wäre man in der Lage, das Baby mit der einen und dessen Klamotten mit der anderen Hand festzuhalten und beides mit einem befriedigenden Ruck voneinander zu trennen.)

• In diesem Alter sehen Babys niemandem ähnlich. Aber alle sitzen teetrinkend rum und sagen, ach, er sieht genauso aus wie du, oder er sieht genauso aus wie sein Grandad, oder wer auch immer ... In Wirklichkeit sehen alle Babys aus wie glatzköpfige Männer. (Und manchmal wie hässliche glatzköpfige Männer.)

Der erste Monat

• Im Laufe meines Erwachsenenlebens habe ich versucht, etwa ein Buch pro Woche zu lesen. Ich bin nicht naiv, ich wusste, dass ich nach der Geburt nicht mehr so viel Zeit haben würde, also habe ich mir vorgenommen, ein Buch pro Monat zu lesen. Inzwischen sind ein paar Monate vergangen, und das Einzige, was ich gelesen habe, war eine Milchpumpen-Broschüre. (Und die habe ich immer noch nicht durch – beim Absatz über »Saugverwirrung« schlafe ich regelmäßig ein.)

• Es ist möglich, so wenig Schlaf zu bekommen, dass dir die Eier wehtun.

• Erinnert sich noch jemand an die Sendung *Touch the Truck* mit Dale Winton (bevor er sein Gesicht hat generalüberholen lassen)? Die lief auf Channel 5 und bestand im Großen und Ganzen darin, dass acht Kandidaten ihre Hände auf ein Auto legten, und der Letzte, der noch wach war und seine Hand dran hatte, hat das Ding gewonnen. Ein Baby zu haben ist wie bei *Touch the Truck* mitzumachen. Mit dem einzigen Unterschied, dass die Kandidaten bei *Touch the Truck* alle drei Stunden aufs Klo und was essen durften – und am Ende ein Auto gewonnen haben.

• Ob es Lyns gefällt oder nicht – das nackte Baby hochzuhalten und »Circle of Life« zu singen, ist lustig.

• Erst wenn du dein Baby zum Schlafen gebracht hast, merkst du, wie laut deine Wohnung ist. Ich fand unser

Haus immer ziemlich leise, bis sich herausstellte, dass der Wasserhahn im Badezimmer klingt, als würde Godzilla einen Panzer ficken.

• Der Supermarkteinkauf dauert auf einmal ewig, weil alte Frauen totaaaal auf Babys stehen und sich mit der Zielsicherheit und Beharrlichkeit einer Predator-Drohne deinem Kinderwagen nähern. Ihnen auszuweichen ist wie *Frogger* spielen. Sie sind gerissen: Wenn es mehr als eine ist, bist du gearscht, denn dann teilen sie sich auf und jagen in Rudeln wie Raptoren.

Nach drei Monaten ... jetzt

• Die wichtigste Lektion bisher war die, dass Charlie unwahrscheinliches Glück hat, Lyns als Mum zu haben. Sie ist stark, schlau, lustig und voller Liebe – und sie wird dafür sorgen, dass ich es nicht allzu sehr verkacke. Und hoffentlich schlägt ihre DNA meine genetische Veranlagung zu großen Nasenlöchern und Männertitten.

• Er ist absolut vorbehaltlos das Beste, was uns beiden je passiert ist. (Besser, als das Panini-Album zur Weltmeisterschaft vollzukriegen, was ich sowohl 86 als auch 90 geschafft habe.) Er hat meinen Zynismus bereits so weit eingedämmt, dass ich diesen Absatz einfüge, und ich bin mir ziemlich sicher, dass ich es ganz gut hinkriegen werde. Denn so scheiße, unorganisiert und gnadenlos unfähig ich auch bin, es ist mir wichtiger als alles andere auf der Welt, dass Charlie nichts zustößt. Und das ist – glaube ich zumindest – schon mal ein guter Anfang.

Diesen Text habe ich eines Dienstagabends in übermüdetem Zustand geschrieben, als unser kleiner Sohn Charlie beschlossen hatte, seine Augen ein paar Stunden lang zu schließen – gefühlt zum ersten Mal, seit er sie drei Monate zuvor geöffnet hatte. Meine Eier taten weh, und ich hatte tiefe Ringe unter meinen von Babypisse rot unterlaufenen Augen. Ich saß, ich tippte, ich fühlte mich etwas besser. Und als er wieder wach wurde, klickte ich auf den »Posten«-Button und schickte meinen Text in die Social-Media-Arena, damit er von einer Horde erschrocken dreinblickender Katzen, Schwanzbildern und Fotos von Tante Pats Abendessen niedergetrampelt werden konnte.

Am nächsten Tag loggte ich mich wieder ein und stellte fest, dass das Posting hundertmal geteilt worden war. Ein paar Stunden später tausendmal und Ende der Woche schon mehrere zehntausendmal. Es wurde von Bloggern, Vloggern und sogar von Filmstars wie Ashton Kutcher geteilt. Unfassbar, ich bekam auf einmal Interviewanfragen von Zeitungen, TV und Radio. Und alle stellten dieselbe Frage: Wieso traf dieses zusammenhangslose, dahergeschwafelte »Status-Update« einen Nerv bei Eltern, werdenden Eltern und dem langhaarigen Typen aus *Ey Mann, wo is' mein Auto?*.

Ich wusste es nicht.

Also setzte ich mich hin und dachte nach. Dann fing ich an, die E-Mails von Eltern zu lesen, die sich die Zeit genommen hatten, mit mir Kontakt aufzunehmen. Die Antwort war offensichtlich. Glasklar. Es gab einen Grund, weshalb genau dieser Text so ein Echo bekam, warum so viele Menschen sich und ihre eigenen Erfahrungen zwischen schmerzenden Eiern und Saugverwirrung wiederfinden konnten, und dieser Grund war so aussagekräftig wie offenkundig:

Die meisten frischgebackenen Eltern haben nicht den blassesten Schimmer, was sie tun.

Klar, es gibt auch Super-Eltern, stinklangweilige Routiniers, perfekte Arschlöcher, die ihren Nullachtfuffzehn-Nachwuchs mit Belohnungssystemen und der »Hochnehmen/Hinlegen«-Methode – was auch immer das sein soll – erziehen.

Aber so sind wir nicht.

Wir sind die Verkacker, die Improvisierer, die Drauf-an-kommen-Lasser, die Unfähigen, die Ängstlichen, die Unorganisierten, die Unreifen und Ahnungslosen. Wir haben Kotze an der Schulter und gelbe Kacke unter den Fingernägeln und ... Gott, sind wir müde!? ... Aber wir sind in der Überzahl.

Und unsere Kinder sind später die Kinder, mit denen andere Kinder spielen wollen. Sie werden die Erwachsenen, mit denen andere Erwachsene Bier trinken wollen. Sie werden die Schlauen, die Kreativen, sie werden die Welt ändern oder sie wenigstens in winzigen Schritten verbessern. Denn so untauglich und unfassbar scheiße wir auch sind, unsere Kinder werden das Beste an uns sein.

Weil wir alles dafür geben.

I

GEBURT

Das Baby kommt. Scheiße.

Wir fahren ins Krankenhaus, und im Vorbeigehen erhasche ich einen flüchtigen Blick auf mein Spiegelbild. Diesen Gesichtsausdruck habe ich erst einmal gesehen ... und zwar bei Hans Gruber am Ende von *Stirb langsam*, im freien Fall, nachdem er von Bruce Willis vom Nakatomi Plaza gestoßen wurde.

Kaum hatten wir einen Fuß in die Geburtshilfestation gesetzt, war sonnenklar, dass man uns angelogen hatte. In jedem Ratgeber, im Geburtsvorbereitungskurs – überall wurde ein photogeshoptes Bild gezeichnet. Uns war weisgemacht worden, eine Frau mit Wehen wäre wie ein zartes Pflänzchen mit einem schwachen Asthma-Anfall, leicht schwitzend vor Anstrengung, während der natürliche Schmerz dafür sorgt, dass sie den Atem anhalten muss. Als wir ankamen, befand sich ein Stück den Flur hinunter gerade eine Frau in den letzten Zügen der Geburt. Und sie hörte sich nicht im Geringsten wie ein zartes Pflänzchen an. Sie hörte sich an wie ein amoklaufender Brian Blessed, Anführer der Falkenmänner in *Flash Gordon*.

Ich war darauf nicht vorbereitet. Niemand ist das.

VERLOGENE SCHEISSKERLE

Film und Fernsehen

Es gibt zwei Arten von werdenden Eltern: die Wissbegierigen, die über jede grausame Einzelheit des Geburtsvorgangs Bescheid wissen wollen. Und den Rest, uns, die neun Monate lang die unvermeidliche Wahrheit verdrängen und lieber unwissend bleiben. Es ist ganz leicht herauszufinden, zu welcher Gruppe werdender Eltern du gehörst, da diese beiden Gruppen sich zuverlässig in diejenigen aufteilen lassen, die Fernsehsendungen wie *One Born Every*

21

Minute gucken, und in diejenigen, die Fernsehsendungen wie *One Born Every Minute* absichtlich meiden. Ich habe versucht, mir eine Folge anzuschauen, aber ich habe keine zwanzig Sekunden geschafft. Ein einziges Bild hat sich in mein Hirn eingebrannt: das einer vornübergebeugten Frau, die aussieht, als würde sie innerlich kochen, und die sich so anstrengt, dass ihre Stirn aussieht wie der Hodensack eines Klingonen. Ich musste umschalten und *Homes under the Hammer* schauen.

Abgesehen von ein paar Reality-Shows sind die meisten Geburtsdarstellungen in Film und Fernsehen totaler Schwachsinn und der Grund dafür, dass wir mit einem völlig verzerrten Bild dessen, was uns dort erwartet, in den Kreißsaal stolpern.

Nehmen wir zum Beispiel so etwas Simples wie die Geburtsposition: In jedem Film und jeder Serie, die ich je gesehen habe, lag die Frau während der Wehen auf dem Rücken, Beine breit, als wollte sie das Baby aus ihrer schussbereiten Vagina-Kanone feuern. Doch anscheinend ist es wesentlich angenehmer, zwischendurch die Position zu wechseln.

Auch Kreißsäle sind nicht annähernd so, wie sie dargestellt werden: Sie bestehen nicht nur aus einem Krankenhausbett und piepsenden Maschinen. Die meisten verfügen über Sitzsäcke und Gymnastikbälle, und in manchen gibt es sogar Badewannen und Seile, die von der Decke hängen. Sie sehen gar nicht aus wie ein Krankenhauszimmer, sondern ähneln eher einem Hindernisparcours oder den schrottigen Spielbereichen in Familienpubs für die Kinder der Besoffskis.

Im Gegensatz zu dem schlichten, klinischen Umfeld, das wir vor Augen haben, gibt es in modernen Kreißsälen dimmbares Licht, CD-Player, bunte Bilder an den Wänden, eine Dusche und eine Ecke, in der du dir Tee kochen kannst. Wenn du das Geschrei aus dem Nebenzimmer und das schlechte WLAN dazunimmst, fühlst du dich fast wie in einer Billighotelkette. Die einzigen Unterschiede sind die fehlende Minibar und die Tatsache, dass der vorherige Gast sich nicht mit den Handtüchern den Arsch abgewischt hat.

Selbst die Darstellungen, wie sich die Geburt bei Frauen ankündigt, sind meilenweit entfernt von der Realität: In Film und Fernsehen platzt immer erst einmal ohne Vorwarnung die Fruchtblase. Ein derart heftiger Sturzbach ergießt sich, dass alle Umstehenden sowie Autos und Brücken in der Nähe einfach mitgerissen werden, und häufig werden Babys auf der Fahrt ins Krankenhaus geboren. In Wirklichkeit platzt längst nicht jedes Mal die Fruchtblase, und die Wehen dauern normalerweise Ewigkeiten. Vermutlich bist du versucht, eine Polizeieskorte zu bestellen oder ins Krankenhaus zu rasen, als würdest du bei *Auf dem Highway ist die Hölle los* mitspielen, aber wenn du nicht schon einen Kopf oder einen Fuß siehst, ist die Wahrscheinlichkeit hoch, dass ihr mindestens einen Tag im Krankenhaus hockt. (Während das zweite oder dritte Kind tendenziell eher schnell kommt, fühlt es sich beim ersten so an, als müsste es schon laufen können und stünde kurz vorm Abitur, wenn es sich endlich rausbequemt.)

Bücher

Es ist natürlich bescheuert zu glauben, Filme würden Geburten lebensecht darstellen. Kein Mensch geht ins IMAX, um sich ein zwölfstündiges Geburts-Epos anzuschauen, wovon sieben Stunden davon handeln, dass eine Frau abwechselnd an einem Gasschlauch saugt und sich mit ihrem Partner darüber unterhält, dass die Wehen ihre Hämorrhoiden schlimmer machen. Also greifen die meisten von uns auf eine traditionellere, verlässlichere Quelle zurück: Bücher.

Es gibt ungefähr dreißigtausend Bücher auf dem Markt, die sich mit Schwangerschaft und Geburt beschäftigen, und ich kann nur für uns sprechen, aber wir haben sie alle gekauft. Als Lyndsays Fruchtblase geplatzt ist, habe ich mir dann allmählich gewünscht, ich hätte wenigstens eins davon gelesen.

Erstaunlicherweise *hatte* Lyns die Bücher gelesen und war trotzdem ähnlich unvorbereitet. In keinem dieser Bücher wurde auch nur ansatzweise deutlich, was für ein Kampf eine Geburt wirklich ist. Ja, ich habe versucht, die Wahrheit zu verdrängen, aber was Bücher angeht, tun das vom Experten zum Idioten durch die Bank alle anderen auch.

Nehmen wir mal dieses Beispiel aus *The Good Housekeeping Guide to Parenting*. Dort heißt es, eine Geburt fühle sich an, als versuche man, »ein großes Stück Obst herauszupressen, während man unter Verstopfung leidet«. Und dass eine Frau in der zweiten Phase der Geburt »gereizt« sei. Es liegt mir natürlich fern, irgendwelche Ungereimtheiten in einem *Good Housekeeping Guide* aufzuzeigen, aber ich bin gereizt, wenn ich den Bus verpasse; ich kann mir kaum vorstellen, dass ich das gleiche Gefühl hätte, wenn ich eine Melone auskacken müsste.

Aus diesem Buch stammt außerdem der Vorschlag, Frauen sollten ihre Mundwinkel mit den Zeigefingern auseinanderziehen, um »ein Gefühl dafür zu bekommen, wie sehr es brennt«. Eine drei Tage dauernde Geburt »brennt« nicht. Brennnesseln brennen. Bienenstiche brennen. Drei Tage Wehen zu haben sticht nicht, brennt nicht und zieht auch nicht. Es tut saumäßig weh, und jede Frau, die das durchsteht, ist eine Kriegerin ... Jede Frau, die das mehr als einmal schafft, ist Dschingis Khan.

Es gibt dünne, praktische Ratgeber mit Tipps, wie man am besten ein- und ausatmet. Und dicke, fette Geburtsvorbereitungshandbücher, die mit ihren siebenhundert Seiten solche Backsteine sind, dass man jemanden damit k. o. schlagen könnte (als würde dir das Lesen von siebenhundert Seiten über »Geburtsvorbereitung« nicht ohnehin schon das Bewusstsein rauben).

Doch leider Gottes sind diese ganzen Bücher wertlos, sogar die sorgfältig und gut recherchierten, schlauen Bücher. Denn mal ganz vom Inhalt abgesehen, was glaubst du bitte, was du machst, wenn das Baby unterwegs ist? Bestimmt keine Bücher lesen – nicht mal dieses hier.

Geburtsvorbereitungskurse

Fernsehen ist also furchteinflößend, Filme sind Schwachsinn und Bücher verwirrend und viel zu zeitaufwendig. Für immer mehr Leute sind Geburtsvorbereitungskurse der Ort, an dem die Geheimnisse der Geburt gelüftet werden: eine Art Förderunterricht für werdende Eltern.

Kennst du das noch aus der Schule? Förderunterricht – wo Kinder hingeschickt werden, die nicht klatschen können und Klebestifte essen. Diese Kurse sind fast genauso: Dort werden Wörter wie »Kacka« und »Pipi« benutzt, und alles wird anhand von Puppen und Clipart-Lernkarten in Comic Sans erklärt. Man hat die ganze Zeit das Gefühl, in eine Reha-Gruppe für Leute geraten zu sein, die sich gerade von einer schweren Kopfverletzung erholen.

Eigentlich wird man in Geburtsvorbereitungskursen wie ein Idiot behandelt. Aber das ist schon okay, denn wenn es darum geht, sich um ein Baby zu kümmern, *bist* du ein Idiot, und die Kurse sind in der hehren Absicht konzipiert worden, euch beizubringen, als frischgebackene Eltern nicht komplett zu versagen. Für manches sind diese Kurse echt gut; als Vorbereitung auf die Geburt sind sie quasi überflüssig.

Aus nachvollziehbaren Gründen werden die Schmerzen einer Geburt und das daraus resultierende Trauma dort heruntergespielt, was gut ist, aber das geschieht auf eine Art und Weise, die einen völlig verwirrt. Teil des Problems ist, dass sie meist von so New-Age-Urmüttern angeboten werden (unsere hieß Barbara – knochentrockene Haare, Flatterkleid, ökomäßig angehaucht mit Tendenz zum Scheißelabern). Deshalb wird statt der Wehen auch eher das »Geburtserlebnis« besprochen, das mit seltsamen mystischen Begriffen beschrieben wird. Ganz wichtig dabei: »Spiritualität« und eine besondere »Verbindung« – was euch den Eindruck vermittelt, ihr würdet hier das letzte Einhorn gebären.

Das Thema Schmerzen komplett umschiffend, konzentrieren sich die Ratschläge für Geburtsqualen auf Meditation, Duftkerzen und beruhigende Musik. Lasst euch gesagt sein, ihr werdet sehr schnell feststellen, wie nützlich diese Ratschläge wirklich sind, wenn ihr am Tag der Abrechnung mit einem Gefühl, als müsstet ihr bei den *Tributen von Panem* antreten, im Kreißsaal ankommt, bewaffnet mit nichts als einer »Seaside Escapes«-Yankee Candle und einer Snow-Patrol-CD.

Als Lyndsay und ich also eines Freitags in aller Herrgottsfrühe an der Anmeldungstheke unseres Krankenhauses standen, fühlten wir uns schlecht ausgestattet. Und während wir darauf warteten, in den Kreißsaal geführt zu werden, war ich lächerlich nervös, und Lyns hatte verständlicherweise richtige Angst. Wir hielten einander im Arm und versuchten, von unserem Wissen zu zehren, das wir aus der ganzen Bibliothek von Büchern und Ratgebern, die sich zu Hause stapelten, und aus Film, Fernsehen und dem Geburtsvorbereitungskurs zusammengetragen hatten. Doch da war nichts. Nichts als Angst, wir beide – und die Schreie von Brian Blessed, der die Welt entzweireißt.

Welches Wissen hätten wir uns im Rückblick also gewünscht?

MEDIKAMENTE SIND COOL

Während der Vorbereitung auf die Geburt haben wir sehr viel über Atemtechniken, stimmungsvolles Licht, Meditation und die richtige Atmosphäre gehört und gelesen. Die Frage nach harten Drogen wurde immer nur gestreift, was seltsam ist, da neunzig Prozent der Frauen sich irgendwann während der Wehen einfach nur noch wünschen, sie hätten mit dem ganzen Scheiß nichts mehr zu tun.

Also mal Tacheles: In Wirklichkeit gibt es außer dem Stuss von wegen »Stell dir den Schmerz wie eine Tür vor« vier verbreitete schmerzstillende Maßnahmen.

1. TENS-Gerät: Als ich von diesen Dingern gehört habe, ist mir klargeworden, wie schmerzhaft Wehen wirklich sein müssen. Ich meine, wie sehr muss etwas wehtun, wenn du es als schmerzstillend empfindest, dir selbst Elektroschocks zu verpassen? Denn genau das tut dieses Ding. Die werdende Mutter bekommt Pads aufgeklebt, durch die das Gerät ihr Stromstöße verabreicht. Ich hab's ausprobiert. Ist genau dieselbe Technologie wie diese Slendertone-Bauchmuskeltrainer, die sich faule Leute kaufen und in der Hoffnung auf einen Waschbrettbauch um ihre 140-Zentimeter-Taillen schnallen. Funktioniert meiner Erfahrung nach beides nicht.

2. Lachgas: Verwendet wird ein Gasgemisch aus Sauerstoff und Distickstoffmonoxid, auch Lachgas genannt. Auch das habe ich probiert. Bewirkt ein ganz angenehmes Benommenheitsgefühl. Anfangs scheint es tatsächlich zu wirken. Die gebärende Frau hält sich den Schlauch mit Atemmaske vor den Mund und atmet das Gas ein, was definitiv einen lindernden Effekt hat. Sobald die Wehen allerdings im Abstand von wenigen Sekunden kommen, ist es genau wie die letzte Bong in Amsterdam. Der Benutzer benimmt sich wie ein Klebstoffschnüffler, der versucht, die letzten Reste aus der Tube zu bekommen. Ich glaube, man kann durchaus sagen, dass die Wirkung abnimmt, je weiter das Ganze voranschreitet.

3. Diamorphin*: Im Prinzip dasselbe wie Heroin. Besser bekannt als »Dope«, »Schnee«, »Horse« oder »H«. Aber das gute Zeug. Ich hab's nicht ausprobiert, weil es im Kreißsaal vermutlich nicht so gut angekommen wäre, wenn ich mir als Dad in spe eine Spritze geschnappt und mir einen Schuss medizinisch reines Opiat gesetzt hätte.

Also weiß ich nicht genau, wie es sich anfühlt, Diamorphin zu nehmen. Laut der Internetseite Babycentre.co.uk wird es als Spritze in den Oberschenkel verabreicht und dämpft, sobald die Wirkung einsetzt, Schmerzen und entspannt die Frau während der Wehen. Der Nachteil ist, dass es dich anscheinend ziemlich ausknockt und häufig Übelkeit und Verwirrtheit auslöst.

---

* In Deutschland nicht erlaubt, hier wird häufig das Opiat Pethidin eingesetzt.

Ich schätze mal, es ist wie betrunken zu sein, nur anerkannter, als wenn die Frau während der Geburt auf einmal eine Plastiktüte voll Starkbier auspackt.

Übrigens, diese einmalige Injektion macht nicht abhängig. Diese Befürchtung wurde in unserem Geburtsvorbereitungskurs geäußert, aber keine Sorge, trotz allem, was uns während der »Just-say-No«-Kampagne in den Achtzigern beigebracht wurde, wird eine Ladung von diesem Stoff nicht dazu führen, dass dir der Arsch abfällt oder du eine lebenslange Karriere als Ladendieb im Elektromarkt vor dir hast. Vermutlich.

4. Periduralanästhesie: PDA, der Daddy aller Schmerzmittel. Das ist quasi ein Schlauch mit Jägermeister ins Rückenmark und sorgt dafür, dass du unterhalb der Hüfte rein gar nichts spürst. Anscheinend kann es ziemlich schmerzhaft sein, den Schlauch zu setzen und wieder zu ziehen. Aber deswegen auf eine PDA zu verzichten wäre, als würdest du darauf verzichten, dir einen Schraubenzieher aus dem Schädel ziehen zu lassen, weil es deine Frisur zerstören könnte. In diesem Fall ist der Spruch »Schmerz ist relativ« vermutlich wirklich zutreffend.

Ob Crackpfeife, Crystal Meth oder Musik von Neil Diamond, für welche Art von Schmerzlinderung auch immer sich eine Frau entscheidet, es gibt immer einige, die von den Experten – den Gurus – als »gut«, und einige, die als »schlecht« angesehen werden. Ein Problem an den ganzen Büchern und Kursen ist, dass immer so auf der »natürlichen« Geburt herumgeritten wird: eine nicht hinterfragte Meinung, dass alles besser war, als Frauen noch in Höhlen im Schein des Feuers Babys bekommen haben.

Es gibt ein Problem an dieser Meinung ... Sie ist Bockmist. Tatsache ist, dass es sowohl für Mütter als auch für Babys oft einen ziemlich finsteren Ausgang hatte, als sich die Menschheit noch komplett auf die Natur verlassen musste. Die Verbreitung dieses Mythos der »Natürlichkeit« führt bloß dazu, dass Mütter in spe ein schlechtes Gewissen haben, wenn sie auch nur darüber nachdenken, die eigenen Schmerzen medikamentös minimal zu halten.

Und nicht nur die »Natürlich-ist-am-besten«-Mafia vertritt die Ablehnung von Medikamenten. Eine Hebammenmeinung lautet ernsthaft: »Schmerzstillende Medikamente wirken der Geburt als Übergangsritus entgegen und schwächen die Mutter-Kind-Bindung.« Der Name dieser Hebamme ist Dr. Denis Walsh. Natürlich ein Kerl.

Ich möchte Dr. Walshs Expertise in dieser Sache gar nicht in Frage stellen, aber für einen Mann ist es ziemlich einfach, den Wert von Medikamenten für Frauen unter der Geburt in Frage zu stellen. In unserem Geburtsvorbereitungskurs wurde uns gesagt, für einen Mann wäre das Äquivalent einer Geburt, eine Walnuss durch seinen Penis zu pressen. Wenn das auch nur annähernd der Wahrheit entspräche, wäre die Erdbevölkerung längst auf ungefähr sieben geschrumpft – und die meisten Männer (einschließlich Doc Walsh) würden bereits auf dem Krankenhausparkplatz eine PDA verlangen.

GEBURTSPLAN VS. REALITÄT

In einer Hinsicht sind sich alle Experten einig: Dass die Erwägung schmerzlindernder Mittel in den »Geburtsplan« gehört. Es ist seltsam, darüber nachzudenken. Zu planen, wie du auf diese Schmerzen reagieren wirst, ist ungefähr so, als würdest du planen, wie du reagieren würdest, wenn dir ein Clown ins Auto scheißt: Du kannst es unmöglich wissen, bis du dich in der Situation befindest. Jedenfalls betrachtet man einen »Geburtsplan« am besten wie Neujahrsvorsätze oder eine Unterhaltung in besoffenem Zustand. Die Chancen, dass es auf etwas Konkretes hinausläuft, gehen gegen null. Wenn du ihn schreibst, mag es dir vernünftig erscheinen, aber im Endeffekt ist völlig wurscht, was draufsteht. Also schreib, was du willst. Verlang ruhig, dass dir während der kompletten Geburt ein Baby-Minotaurus die Füße ableckt, es ist eh egal.

Als wir in unseren Kreißsaal geführt wurden, haben wir unseren »Geburtsplan« noch mit Ehrfurcht behandelt, als wäre er die Magna Carta. »Dieses Blatt Papier wird schon alles richten«, dachten wir mit dem blinden Optimismus eines Neville Chamberlain bei seiner Rückkehr aus Deutschland im Jahr 1938. Als Lyns schließlich auf Lachgas war, klebte der Plan unter der Schuhsohle eines Pflegehelfers.

Die meisten Geburtspläne sehen ungefähr so aus:

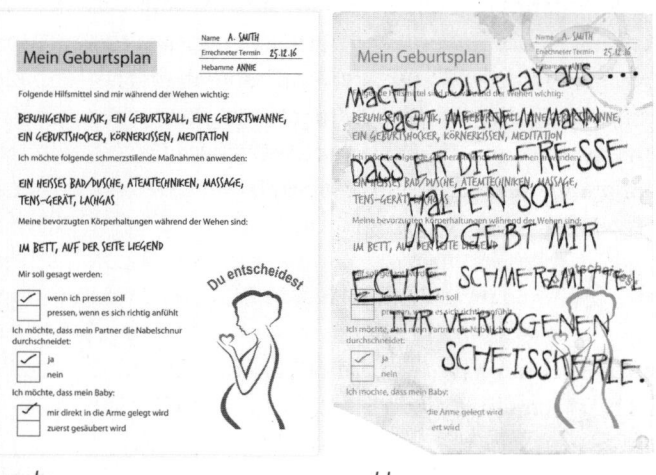

vorher   nachher

Das mag vielleicht etwas übertrieben sein, aber es ist erstaunlich, wie wenig vom Geburtsplan am Ende umgesetzt wird. Ein Grundpfeiler des Plans ist meist, welche Hebamme man möchte. Aber wenn du kein Mitglied der Königsfamilie oder ein ausgesprochener Glückspilz bist, wird dir normalerweise vor Ort willkürlich eine Hebamme zugewiesen. Vermutlich sogar mehrere.

Ich bin immer davon ausgegangen, wir bekämen bereits in dem Augenblick, in dem Urin auf Plastikstäbchen trifft, eine Hebamme zugewiesen, die dann neun Monate lang unsere beste Freundin wäre. Sie hieße Pamela. Wir würden ihre Kinder kennenlernen, Michael und Tess (Michael studiert Geschichte, und Tess will was mit Theater machen). Sie wäre wie ein Familienmitglied, immer da, vor und während der Geburt. Wir würden unser Kind Pamela nennen, selbst wenn es ein Junge wäre, weil Pamela so toll war ...

Aber so läuft es nicht. Wir hatten drei Hebammen, die rein- und rausschwebten wie Geister. Geist Nummer eins war effizient, strahlte jedoch gleichzeitig Ruhe aus (Claire). Geist Nummer zwei (Sarah) war total fröhlich und enthusiastisch. Und der dritte Geist (Annie) war schrecklich und hatte ein Gesicht wie ein Katzenarsch, der auf dem Scheiterhaufen verbrannt wird. Welche Hebamme du bekommst, ist eine große Sache, wenn du deinem Geburtsplan in den letzten paar Schwangerschaftswochen den Feinschliff verleihst. Aber im Endeffekt ist es egal. Solange die Person, die für die Gesundheit von Mutter und Kind verantwortlich ist, einigermaßen nüchtern ist und nicht Charlie-Sheen-mäßig irre, kümmert es kein Schwein, und am allerwenigsten die Frau, die gerade Wehen hat.

WARTEN, WARTEN, WARTEN

Der Grund, wieso man meist mehr als eine Hebamme hat, wird dir auf eierquälende Weise sonnenklar. Ein Baby zu bekommen, vor allem das erste, dauert Ewigkeiten. Zeit ist relativ, aber das Einzige, was länger dauert, ist vermutlich die Wartezeit vorm Toaster im Frühstücksraum eines Hotels. Geburten bestehen zu neunzig Prozent aus Warten.

Und noch mehr Warten ...

Doch seltsamerweise ist es völlig anders als alles Warten, was du bisher kanntest: Es ist anstrengend, weil einer von euch Schmerzen hat und ihr beide gelangweilt und gleichzeitig voller Adrenalin seid. Es ist, als würde man in einem abstürzenden Flugzeug einen Kostümfilm schauen. Stundenlang.

Für den Mann besteht die meiste Zeit im Kreißsaal darin, eine Ein-Mann-Cheerleader-Truppe für seine Partnerin zu spielen.

Innerhalb von einer Stunde fallen den meisten Männern keine aufmunternden Sprüche wie »Das machst du super« mehr ein, und sie langweilen und nerven sich und ihre bessere Hälfte längst zu Tode mit dem Scheiß. (Du kannst zu deiner gebärenden Frau nicht unbegrenzt oft »Atmen« sagen, ohne dass sie dir irgendwann »Atme doch selber, du Volltrottel!« an den Kopf wirft.)

Deshalb hier eine Idee, wie man sich die Zeit vertreiben kann, und zwar unter Einbeziehung der einen entscheidenden Begleiterscheinung einer jeden Geburt – fluchen, was das Zeug hält.

Schimpfwort-Bingo

Die Regeln: Eine Frau mit Wehen flucht durchschnittlich siebzehn Mal pro Stunde, teilweise extrem kreativ.

Kreuze einfach den Stern in der Mitte ab, wenn dein Partner ein Schimpfwort erfindet, das du noch nie zuvor gehört hast.

Ich habe es geschafft, den Stern mit dem Wort »Ficktrompete« abzuhaken.

Lyns war in ihrem Fluchverhalten eigentlich ziemlich moderat, ihr ist nur gelegentlich das F-Wort, das mit W und ein einziges Mal ganz leise, aber bedrohlich das Wort mit N rausgerutscht. Aber bei einem Ausflug zum Süßigkeitenautomaten konnte ich laut und deutlich hören, wie eine Frau immer wieder das Wort »Nutte« rief, und eine andere Frau, die ihren Mann anbrüllte, er solle »seinen verfickten Kopf ficken«, was völlig sinnfrei ist, aber mit solcher Inbrunst herausgeschmettert wurde, dass der arme Teufel es garantiert trotzdem versucht hat.

Ich habe diese Frau, die Frau im Zimmer »Eichel«, nie zu Gesicht bekommen. Aber ich bin auf dem Parkplatz ihrem Mann über den Weg gelaufen, und er sah aus wie jemand, der Dinge gesehen hat, die er lieber nicht gesehen hätte. Als er wieder zurück ins Zimmer ging, meinte ich einen Blick auf eine Frau erhascht zu haben, die aufrecht im Bett saß. Ihr Kopf drehte sich um dreihundertsechzig Grad, und die Hebammen hielten sie fest, während ein alter Priester sie mit Wasser besprenkelte und rief: »Die Kraft Jesu Christi bezwingt dich.«

Unserer Hebamme zufolge lag die arme Frau schon seit vier Tagen in den Wehen, was, um ehrlich zu sein, relativ ungewöhnlich ist. Doch bei der Geburt des ersten Kindes dauern die Wehen durchschnittlich achtzehn Stunden. Ich kann es nicht oft genug sagen: So eine Geburt dauert Ewigkeiten. Nach dreizehn Stunden kam ich mir allmählich ein bisschen blöd vor, weil ich auf dem Weg ins Krankenhaus so gerast und mindestens über eine rote Ampel gefahren bin. (Mann, ich hätte Lyns die knapp zwanzig Kilometer bis zum Krankenhaus in einem Einkaufswagen schieben können und hätte trotzdem noch Zeit gehabt, auf dem Weg einen Zwischenstopp für einen Egg McMuffin einzulegen.) Im Nachhinein wirkt es lächerlich, aber die meisten von uns machen sich um diese »Höllenfahrt« den größten Kopf. In den Wochen vor unserem errechneten Termin habe ich die allermeiste Zeit damit verbracht, mir auszumalen, wie ich im Falle eines Staus eine Polizeieskorte organisieren würde.

Das Ding ist, dass wir alle die Videos und Nachrichtenmeldungen von Babys kennen, die auf dem Weg ins Krankenhaus geboren wurden oder gerade eben noch aufgefangen werden konnten, nachdem sie aus ihrem Neun-Monats-Nest geplumpst sind, kaum dass ihre Eltern den Anmeldungsbereich des Krankenhauses erreicht hatten. Aber als Lyns schon den zweiten Tag Wehen hatte, kam es uns vor, als würde Charlie so lange brauchen, dass er, wenn er denn endlich herauskäme, direkt nach seinem ersten Paar richtiger Schuhe fragen würde. Wie die meisten Anfänger-Eltern fragten wir uns allmählich, ob dieses neue Menschlein je das Licht der Welt erblicken würde, und irgendwann teilten sogar Hebamme und Arzt unsere Sorge.

EINLEITUNG

Das ist ungefähr der Zeitpunkt, an dem alle plötzlich vom Einleiten sprechen. Ich hatte zwar schon davon gehört, wusste aber nicht genau, was alles dazugehörte. Ich bin kein Volltrottel: Ich wusste, dass nicht zu einer solchen Starthilfe fürs Baby gehört, vor dem Ausgang zu lauern und mit einer Tüte Haribo zu wedeln. Aber ich wusste auch nicht, dass es eine chemische Angelegenheit ist und der Arzt der Mutter ein Medikament verabreicht, um die Wehen anzuregen. (Ich bin mir nicht sicher, wie die New-Age-Cops zu dieser Art von Medikamenten stehen oder was das natürliche Äquivalent dazu wäre. Womöglich irgendein schamanischer Gesang, bis das Baby den Kopf herausstreckt und sich über den Lärm beschwert, den die Hippiespacken da draußen machen.)

Bei Charlie wurde während der Wehen eingeleitet, aber offensichtlich geht man genau so auch vor, wenn ein Baby überfällig ist und keine Anstalten macht, herauszukommen. In diesem Fall entscheiden die Ärzte, dass es Zeit für Junior/ Juniorine ist, in Erscheinung zu treten, und geben den werdenden Eltern einen Termin, an dem sie ins Krankenhaus kommen sollen. Quasi ein Räumungsbescheid für das Baby.

Jedenfalls funktioniert es. Sobald das Zeug wirkt, packt das Baby seine Plazenta ein und macht sich auf die Reise.

DIE BÜRDE DES MANNES

Die nächsten paar Stunden sind ehrlich gesagt etwas verschwommen, beziehungsweise habe ich meine Erinnerungen daran im hintersten Winkel meines Hirns in einer Kiste mit der Aufschrift »Nicht öffnen!« verstaut. Ich kann es jedes Mal wieder kaum fassen, wenn Männer sagen, bei der Geburt dabei zu sein wäre die tollste Erfahrung ihres ganzen Lebens gewesen. Sind diese Freaks nie Jetski gefahren? Haben die nie Minigolf gespielt? Oder Buckaroo? Die nackte Wahrheit ist, dass der Mann die meiste Zeit im Kreißsaal höchstwahrscheinlich damit verbringt, der Frau, die er liebt, dabei zuzusehen, wie es ihr extrem schlecht geht. Und klar, was am Ende dabei herauskommt, ist lebensbejahend, unglaublich und ehrfurchtgebietend, aber der Teil davor ist echt kacke. Ich würde lieber einem Bauarbeiter beim Scheißen zugucken als stundenlang in dieser Lage zu sein. Geschweige denn, mit einem Popcorneimer bewaffnet und einem fetten Grinsen im Gesicht meiner Frau beim Leiden zuzusehen und das Ganze auch noch als »tollste Erfahrung meines Lebens« zu bezeichnen.

Nach all dem Gerede über Medikamente, Atemtechniken, Flüche und Kerzen muss ich zugeben, dass Lyns ihre Schmerzen hauptsächlich ausgehalten hat, indem sie meine Hand hielt. Und wenn ich sage, sie hat meine Hand gehalten, dann meine ich, sie hat versucht, mir den Arm aus dem Schultergelenk zu reißen. Doch das spürst du nicht, weil du nur die Fingernägel spürst: Händchenhalten mit einer Frau in der letzten Phase der Geburt ist nur geringfügig erstrebenswerter als Händchenhalten mit einem Jaguar während der Kastration. An dieser Stelle ein ganz einfacher Ratschlag an alle Männer, die das hier lesen: Jetzt ist kein guter Zeitpunkt zu erwähnen, wie sehr es wehtut. Tu es nicht. Der letzte Mann, der sich nicht an diesen Rat gehalten hat, ist an einem toxischen Schock gestorben, nachdem ihm ein Pilates-Ball in den Arsch geschoben wurde.

In den letzten Zügen der Geburt rücken die meisten Männer ihre Stühle vom Ort des Geschehens weg. Wenn deine Versuche im Stühlerücken richtig erfolgreich waren, sitzt du plötzlich mit deinem Plastikstuhl auf dem Parkplatz und blätterst in einem Magazin. Aber die meisten von uns schaffen es gerade einmal bis ans äußerste Kopfende des Betts. Mir ist klar, wie jämmerlich das in den Ohren einer Frau klingen muss, die bereits eine Geburt erlebt hat oder kurz davor steht. Es ist ja nicht so, als wollten wir die Geburt an sich nicht miterleben, aber wir sind eben zimperlich und schwach, und irgendwann können wir eine gedehnte Vagina nicht mehr von einer Sonnenfinsternis unterscheiden und glauben, dass wir blind werden, wenn wir direkt hineinschauen. Außerdem haben unsere kinderlosen Kumpels uns erzählt, dass es uns jegliche Lust auf Sex verderben wird, wenn wir uns die Geburt anschauen. (Das ist übrigens Schwachsinn: Zu diesem Zeitpunkt haben die meisten Männer schon so lange keinen Sex mehr gehabt, dass nicht einmal eine Frau mit Haizähnen untenrum sie abschrecken könnte.)

Eigentlich unglaublich, dass laut Babycentre.co.uk achtzig Prozent der Männer Angst vor der Geburt haben, obwohl ihr größtes Problem darin besteht, sich immer wieder hinauszustehlen, um mehr Kleingeld in den Parkautomaten zu werfen.

Laut Mumsnet.com sind die vier größten Männerängste folgende:

1. Ohnmächtig werden

Offensichtlich eine weitverbreitete Angst, ein Sitcom-Klassiker, eine Reaktion, die man nie wieder loswird. Ehrlich gesagt hatte ich auch Angst davor. Obwohl ich noch nie in meinem Leben bewusstlos war. Mir ist zwar einmal ein bisschen schwummrig geworden, als ich Carol Decker, die Frontfrau der Eighties-Chartbreaker T'Pau, getroffen habe, aber in Ohnmacht gefallen bin ich noch nie. Also ist es eigentlich seltsam, dass sich diese Angst in meinem Hirn breitmachen konnte. Allerdings gehen die Chancen, ohnmächtig zu werden, für einen werdenden Vater mit dieser Angst gegen null. Die Angst geht im Adrenalinrausch und der Aufregung einfach unter. Wenn du dich nicht in der labilen Verfassung einer Dame aus dem neunzehnten Jahrhundert befindest, die plötzlich »der Hysterie« anheimfällt, oder du eine von diesen Ziegen mit Herzfehler bist, wirst du höchstwahrscheinlich nicht umkippen. Sei keine Memme.

2. Sich übergeben

Anscheinend eine weitere verbreitete Angst. Aber auch das ist extrem unwahrscheinlich. Keiner von euch beiden wird seit sechzehn Stunden etwas anderes gegessen haben als zähen Krankenhaustoast, der schlimmstenfalls zu einem trockenen Würgen führen könnte. Selbst wenn du es schaffen solltest zu kotzen, wirst du längst nicht gegen die vielen Körperflüssigkeiten, die sich bereits in diesem Raum befinden, anstinken können. Niemand wird es bemerken.

3. Es nicht gebacken kriegen, die Nabelschnur durchzuschneiden

Okay, meine Herren, wenn euch der Arzt eine Schere und das merkwürdige, alienmäßige Seilding in die Hand drückt, ist es völlig in Ordnung zu sagen: »Wissen Sie was? Sie haben sieben Jahre Medizin studiert, machen Sie mal, während ich versuche, die Chips bei mir zu behalten, die ich vor dreizehn Stunden gegessen habe.« Vor allem, wenn du so ein Honk bist, dass du glaubst, du könntest dabei etwas falsch machen. Wenn du der Aufgabe nicht gewachsen bist, lass es. Stell dir bloß einmal vor, wie du die Nabelschnur durchschneidest und der Arzt den Kopf schüttelt und sagt: »Scheiße, Dad, du hattest genau *eine* Aufgabe …«

4. Der Anblick der Plazenta

Okay, stimmt schon. Das Teil ist ziemlich eklig.

Und was ist der gleichen Umfrage zufolge wohl die größte Angst der Frauen vor der Geburt? »Gesundheitliche Komplikationen«. Und ich glaube, spätestens jetzt wissen wir auch, wieso die Natur den Frauen die Aufgabe übertragen hat, Kinder zu bekommen.

NUR NOCH EINMAL PRESSEN

Nach einer gefühlten Ewigkeit sind also alle erschöpft. Die Mutter ist von den Schmerzen und vom Pressen erschöpft, und der Vater ist erschöpft, weil es ihm vorkommt, als hätte er die letzten zig Stunden mit dem Versuch verbracht, Predator zu baden. (Männer, erneut gilt: Erwähnt um Himmels willen nicht, wie müde ihr seid. Egal wie groß eure Müdigkeit ist, nehmt sie mal zehn und ihr wisst, wie müde eure Partnerin gestern war. Wenn ihr in dieser Phase der Geburt auch nur irgendeinen Hauch von Unbehagen eurerseits durchscheinen lasst, wird sie ihr letztes Fitzelchen Energie darauf verwenden, euch den Penis abzureißen, und euch zwingen, ihn als Krawatte zu tragen. Die Hebamme wird ihr dabei helfen.)

Und dann heißt es nur noch einmal pressen. Ein einziger Ausbruch purer, tierischer Verzweiflung. Ein urtümlicher, kehliger Schmerzensschrei, millionenfach gehört und unverändert, seit wir als Neandertaler in Höhlen bei Feuerschein unsere Babys geboren und die Höhlenmenschen-Väter versucht haben, ihre Felsbrocken weg vom Ort des Geschehens auf den Höhlenparkplatz zu rollen.

Ich schwöre, dass ein Augenblick absoluter Stille folgte, ehe ich Charlies ersten Schrei hörte.

Und es fühlte sich an, als wären mein Herz und mein Hirn herausgenommen, neu geordnet, verbessert und wieder hineingestopft worden. Ich bin kein sonderlich spiritueller Mensch. Ich würde nie ein Oprah-Winfrey-Zitat als Profilbild benutzen. Aber in dem Augenblick war alles reiner, alles war klarer. Ich war sofort weniger zynisch, und in diesen Augenblicken konnte ich endlich die Gefühle nachvollziehen, von denen ich in den Monaten zuvor nervtötend oft gehört hatte: wie sehr diese ganze Sache dein Leben verändert.

Ich hatte Fotos von Neugeborenen gesehen, die über und über mit der Schmiere und dem Schleim aus dem Mutterleib bedeckt sind, als wären sie im Abfluss einer Schlachterei herumgeschwommen, und ich hätte erwartet, davon abgestoßen zu sein. War ich nicht, ich war wie gebannt. Und als Charlie auf Lyns' Brust gelegt wurde, wusste ich, dass die beiden Menschen vor mir die perfekten Wesen waren, die ich lieben und beschützen würde, bis meine Wirbelsäule zu Staub zerfiele.

Wir beglückwünschten uns, als die Nabelschnur zu unserem alten Leben durchgeschnitten wurde, und ich tröstete mich mit dem Wissen, dass der schwierigste Teil geschafft sei.

Was für ein Vollidiot ich war …

2

ZU HAUSE

»Am schönsten ist es zu Hause ...«

Das Zuhause von frischgebackenen Eltern ist wie Dorothys Haus in *Der Zauberer von Oz*: Es wird plötzlich von einem Tornado in die Luft gerissen und in schwindelerregendem Tempo durcheinandergewirbelt. Total unheimlich.

Doch nach ein paar Wochen flaut der Tornado ab, und das Haus landet wieder, wenn auch nicht in Kansas. Frag mich nicht, wie, aber es landet unversehrt in einer weniger grauen Welt. Und deine Angst ist nicht weg, aber sie wurde so doll zerquetscht, dass nur noch ihre bestrumpften Füße zu sehen sind.

Aber scheiße, wir befinden uns nicht mehr in Kansas.

Ich habe nie verstanden, wieso es Frauen gibt, die sich für eine Hausgeburt entscheiden. Als uns davon erzählt wurde und die Möglichkeit im Raum stand, dachte ich: Hmmm, Entscheidungen über Entscheidungen.

Wollen wir unser Baby in einem Gebäude bekommen, das bis unters Dach voll ist mit medizinischem Fachpersonal – Ärzten, Anästhesisten, Pharmakologen – und der ausgeklügeltsten Überwachungstechnik, die die Menschheit zu bieten hat? Oder möchte Lyns lieber eine Geburt auf unserem Wohnzimmerboden, in einem Planschbecken, das langsam Luft verliert, während irgendein Quatsch in der Glotze läuft?

Ich kann das Argument nachvollziehen, dass manche Frauen sich zu Hause am wohlsten fühlen, aber vermutlich kapiere ich nicht, worum es dabei wirklich geht. Ich fühle mich am wohlsten, wenn ich bei meinem Freund Don bin und Xbox spiele, aber meine Prostata-Untersuchung soll trotzdem nicht bei ihm auf dem Sofa stattfinden. »Scheiß aufs Krankenhaus, Donald, hier fühle ich mich doch am wohlsten.«

Ich hielt die ganze Idee für verrückt. Tue ich immer noch.

Doch bei der Entlassung aus dem Krankenhaus wurde mir der entscheidende Vorteil einer Hausgeburt klar: Wenn dir dein Nachwuchs zum ersten Mal in die Arme gelegt wird, bist du bereits zu Hause.

Du musst dich nicht mit der Angst auseinandersetzen, das Krankenhaus zu verlassen, um dorthin zu gelangen.

Und ich hatte einen Riesenschiss davor, nach Hause zu fahren. Schiss, die Sicherheit des Krankenhauses und der

Menschen, die wissen, was sie tun, hinter uns zu lassen. Ich weiß, das Thema hatten wir schon, aber ich war einfach noch nicht bereit. Ich hatte geglaubt, dass Frauen nach der Geburt eine Weile im Krankenhaus bleiben. (Wieder hatte ich mich von Filmdarstellungen und den Geschichten früherer Generationen über wochenlange Krankenhausaufenthalte zur Genesung täuschen lassen.) In Wirklichkeit sind Geburten inzwischen reine Routine, und sobald Junior den Bauch verlassen hat und zwinkernd den Daumen hebt, wird dir der Mantel gereicht und erwartet, dass du endlich abhaust.

Ich habe versucht, mich von dieser Vorgehensweise ermutigen zu lassen. Klar hätten wir es vorgezogen, eine Woche im Krankenhaus zu bleiben, um das Ganze zu verarbeiten und uns aneinander zu gewöhnen. Aber Wochenstationen sind quasi Fließbänder der Menschheit, und wir waren nur ein Elternpaar von Tausenden an diesem Tag, das schließlich vom Ende des Fließbands ins echte Leben plumpst.

Uns Charlie zu übergeben und sich darauf zu verlassen, dass wir wissen, wo oben und unten ist, war ein Vertrauensbeweis des Krankenhauses. Jetzt hieß es, Zähne zusammenbeißen. Bereit oder nicht.

Doch als wir zum Auto gingen und Charlie in seiner Babyschale hin und her schwang, war mir kotzübel. Vor meinem inneren Auge sah ich uns zu Hause, und mich als einen der Affen am Anfang von *2001: Odyssee im Weltraum*: ein primitiver Idiot, der in der Erde herumkratzt. Unser Haus würde mein Wüstenplanet sein und Charlie sein furchteinflößender, allgegenwärtiger Monolith – nur da, um mich zur Evolution zu zwingen.

Nach Hause zu kommen war ein Sprung ins Ungewisse.

NACH HAUSE KOMMEN

Wie sich herausstellt, ist es in Wirklichkeit eher ein Sprung in einen konstanten Strom von Tee und Besuchern.

Jede Angst, auf sich allein gestellt zu sein, um das Elternsein zu lernen, löst sich in Luft auf, wenn sich eure Wohnung in den ersten paar Wochen in eine Anlaufstelle für Verwandte und Bekannte verwandelt. In eine Pilgerstätte für willkommene und weniger willkommene Gäste, die man zum Teil so lange nicht mehr gesehen hat, dass man sich wundert, dass sie überhaupt noch am Leben sind.

In unserem Wohnzimmer gab es geschlagene zwei Wochen lang nur Stehplätze. Es war vollgestopft bis oben hin mit Leuten, Heliumballons und seltsam förmlichen Blumensträußen, was von außen aussah, als hätte jemand gerade Geburtstag gefeiert, sei dann jedoch plötzlich verstorben.

Anders als die Weisen und die Hirten, die von weit her anreisten, um den Messias zu sehen, sind diese Gäste wohl weniger einem Stern gefolgt (sondern dem Navi, das gerade an die Windschutzscheibe von Onkel Brians Corsa gepfropft ist), aber dennoch alle hier, um den Neuankömmling mit eigenen Augen zu bestaunen. Und statt Weihrauch, Myrrhe und Gold haben sie eine Zweiliterflasche fettarme Milch, Hobnobs und Fotos von ihrem Malta-Urlaub dabei (war nett, würden sie aber nicht noch mal hinfahren).

Trautes Heim, Glück allein. Nee, allein ist anders.

AUF INS ABENTEUER

In den ersten Tagen, während ihr versucht, euch an den neuen Alltag zu Hause zu gewöhnen, neigt ihr leicht dazu, diesen ständigen Besuch verwirrend und nervig zu finden. Aber vielleicht erfüllt er ja auch einen wichtigen Zweck?

Laut Experten, die sich mit Mythologie beschäftigen, lehrt uns die Geschichte »des Abenteuers« etwas so Grundlegendes über uns selbst, dass Versionen davon in Kulturen überall auf der Welt existieren. Die Geschichte hat immer ein Hauptthema: eine Reise, in der der Held seine eigenen Schwächen überwinden muss, um zu reifen und wie ein Erwachsener Verantwortung zu übernehmen.

Vielleicht sind die Besucher uns also in unserem Streben danach, fähige Eltern zu werden, behilflich. Nach Hause zu kommen ist der erste Schritt auf diesem Pfad, und so nervig diese Eindringlinge auch sein mögen, kann es doch sein, dass jeder von ihnen eine entscheidende Rolle für den Erfolg des Helden in seinen zukünftigen Wagnissen spielt.

Hier sind also deine Gehilfen, die Figuren, die von nun an dauerhaft dein Wohnzimmer belagern ...

Der Schamane

In mythologischen Abenteuern gibt es gewisse wiederkehrende »archetypische« Figuren. In nahezu jedem Buch oder

Film laufen sie dir über den Weg: der Held, der Antiheld, der Narr, der Schamane. Der Schamane ist ein Mentor, ein Lehrer (wie Yoda oder Mr. Miyagi). Figuren, die dem Helden Ratschläge erteilen und ihm den Weg aufzeigen. Diese Mentor-Figuren werden auch häufig als Orakel oder weise, alte Frauen dargestellt. In deinem Wohnzimmer übernehmen diese Rolle die Nans, die Großmütter.

IV.

DER SCHAMANE

Nans sind geborene Teetrinkerinnen. Sie können Unmengen von Tee trinken, scheinbar ohne je auf die Toilette zu müssen. Charakteristisch für die Nans ist ihre Besessenheit davon, wem das Baby ähnlich sieht, sowie das ständige Beteuern, keine Ratschläge geben zu wollen – ehe sie euch stundenlang Ratschläge geben.

Eines haben all ihre praktischen Tipps und Tricks gemeinsam: Sie sind grundsätzlich das genaue Gegenteil von allem, was ihr je gelesen oder von medizinischem Fachpersonal gesagt bekommen habt. Ratschläge von Angehörigen früherer Generationen bestehen meist darin, euch zu sagen, moderne Erziehung sei Schwachsinn, Keime seien super, und damals hätten sie Asbest-Bettchen und Bleischnuller gehabt, und aus ihnen sei »trotzdem was geworden«.

(In Wirklichkeit ist nichts aus ihnen geworden. Hast du dich je gefragt, wieso deine Eltern und Großeltern nie wissen, ob sie die rechte oder linke Maustaste klicken sollen, und keine Ahnung von simpelsten Fernbedienungen haben? Das liegt nicht nur an der neumodischen Technik, sondern daran, dass sie ihre prägendsten Jahre damit verbracht haben, formaldehydhaltige Farbe vom Gesicht ihrer Puppe zu lecken.)

Frühere Generationen verteidigen ihre veralteten Erziehungsmethoden mit Zähnen und Klauen. Und obwohl viele dieser alten Methoden sicher nicht so tödlich sind, wie uns oft weisgemacht wird, ist es vermutlich das Beste, sie mit einer gesunden Portion Skepsis zu genießen. Jede Generation hat ihre eigenen Ideen, und diese Ideen sind mit der Zeit besser geworden, denn sonst würden wir immer noch ein paar Tropfen Opium ins Nachtfläschchen der Kleinen geben. Also – mit allem Respekt vor Nan – ist es sicher das Beste, nicht jeden ihrer Ratschläge auf die Drogenwaage zu legen.

Trotzdem ist es beruhigend, sich mit jemandem zu unterhalten, der ein menschliches Wesen erfolgreich bis ins Erwachsenenalter am Leben erhalten hat, und das ohne die modernen Errungenschaften, die wir heutzutage unbedingt beim Großziehen eines Kindes zu brauchen glauben. Stell dir vor: Sie haben es geschafft, ein Baby ohne Wegwerfwindeln, Babyphone, Mikrowellen, Milchpumpen, elektronische Fieberthermometer, Leggings, Autositze, Sterilisatoren – und vor allem ohne das Internet großzuziehen!

Lass das kurz mal sacken. Sie haben ein Kind ohne Google großgezogen.

...

Und obwohl bei ihren Ansichten zu Schlafpositionen, Stillen und Babykleidung vermutlich jede moderne Hebamme einen Herzkasper kriegen würde, bringen sie ihre Ratschläge mit einer angenehmen Selbstsicherheit vor. Vor allem, da die Empfehlungen heutzutage so widersprüchlich sind: Weiß irgendwer, ob Pucken diese Woche erlaubt oder verboten ist? Ist das Familienbett eine tödliche Waffe? Denn auf amerikanischen Websites scheint es okay zu sein, auf den britischen Äquivalenten wiederum nicht (was seltsam ist – mir fällt kein Grund ein, was amerikanische Babys von unseren unterscheidet, außer dass sie später mal Schwierigkeiten damit haben, das Wort »tomato« richtig auszusprechen). Die Nans haben in einer Hinsicht vollkommen recht: Moderne Empfehlungen sind häufig Schwachsinn, und Trends tarnen sich gern als Weisheiten.

Und deshalb ist der Schamane so wichtig für das Abenteuer unseres Helden. Er hat deine Reise schon hinter sich, ist deinen Weg schon gegangen, als er noch ein Feldweg war. Respektiert ihn, gebt ihm Tee und versucht, euch nicht zu streiten. Auch wenn seine Ansichten gefährlich veraltet sind, werdet ihr ihn schon bald als Babysitter einspannen wollen.

Der Narr

Ebenfalls eine wiederkehrende Figur in der Mythologie ist der Narr. Das Element des Comic Relief. In eurem Wohnzimmer ist es der Idiot, der in unbequemer Haltung auf einer Sessellehne hockt und versucht, sich unsichtbar zu machen.

DER NARR

Vor Charlies Geburt war ich das. Der kinderlose Mann. Der ahnungsloseste Trottel im ganzen Zimmer. In der Gegenwart eines Neugeborenen wurde ich plötzlich zum Emo-Teenie, der auf seine Schuhspitzen starrt und krampfhaft versucht, sich vor der angsteinflößenden Aufforderung zu drücken, den Neuankömmling auf den Arm zu nehmen.

Wie viele Männer ohne Kinder fühlte ich mich mit einem Baby auf dem Arm ungeschickt und peinlich berührt. Es war nicht so, als würde ich keine Babys mögen, aber ich hatte Angst, sie falsch anzufassen und plötzlich nur noch ihren Kopf oder ein Bein in der Hand zu haben. Sie wirkten einfach so empfindlich und leicht kaputtzumachen. Außerdem konnte ich den Verdacht nicht abschütteln, dass Babys eine Art sechsten Sinn haben (so ähnlich wie Wellensittiche in Minen), so dass alle wissen, was für ein Arschloch du bist, wenn das Baby auf deinem Arm in Tränen ausbricht.

Natürlich können alle anderen im Raum deine Angst riechen, was in einem siebenteiligen komischen Ritual gipfelt, das jeder Narr kennt:

Das Narrenritual:

1. Jemand schlägt vor/fordert, dass du das Baby auf den Arm nimmst.
2. Du versuchst, drum herumzukommen.
3. Alle drängen dich, das Baby zu nehmen (mit passiv-aggressiven Kommentaren wie: »Na los, er/sie beißt nicht«, etc.).
4. Du hältst das Baby so ungeschickt, als wäre es ein besoffener Tintenfisch, während alle schreien »Stütz das Köpfchen!«, als wäre der Scheiß deine Idee gewesen.
5. Das Baby weint ... oder kackt ... oder kotzt.
6. Alle lachen.
7. Du gibst der Mum ihr Baby wieder und kommst dir vor wie ein Volltrottel.

Die einfachste Methode, das Ritual zu umgehen, wäre natürlich, sich einfach zu weigern, das Baby zu nehmen, wenn der Vorschlag kommt. Aber mal ehrlich, mit dem »Vorschlag«, ein Baby zu halten, verhält es sich ungefähr genauso wie mit dem »Vorschlag«, Karaoke zu singen. Je mehr du dich zierst, desto wahrscheinlicher, dass die versammelte Mannschaft dich für einen jämmerlichen Feigling hält.

In den Jahren vor Charlies Geburt habe ich das Narrenritual viele Male durchlitten. Und jetzt, da ich mich imstande fühle, ein Baby im Arm zu halten, ohne dass es auseinanderfällt wie eine Überraschungsei-Figur, komme ich mir etwas blöd vor, weil ich mich so angestellt habe.

Im Rückblick wird mir bewusst, dass es einen Sinn hatte, der Narr zu sein, dass es eine Hilfe für die Eltern bei ihren ersten unsicheren Schritten auf ihrem Weg war. Denn der Narr gibt ihnen das Gefühl, fähig zu sein. Für den eigenen

Fortschritt ist nichts besser, als jemanden zu sehen, der noch unfähiger ist als man selbst. Zu sehen, wie ein ahnungsloser Schwachmat ihr Erstgeborenes jongliert, kann das Selbstbewusstsein von frischgebackenen Eltern extrem aufpolieren.

Die Gebrochenen

Die Gebrochenen sind Figuren, die voraus-ahnen lassen, wie es mal wird. Ein Blick in die Zukunft.

DIE GEBROCHENEN

Sie sind die Eltern mit mehreren älteren Kindern, die euch und das Neugeborene in dem schmalen Zeitfenster besuchen, das ihnen ihr vollgepackter Terminkalender zwischen Kindergeburtstagen, Karatetraining und Tuba-Stunden lässt.

Diese tapferen, erschöpften Seelen sind auf ihrer Reise schon weiter als ihr, und das Aufregende und Besondere am Elternsein hat sich abgenutzt. Deshalb sehen sie euch auch an, als hättet ihr den größten Fehler eures Lebens gemacht.

Sie sehen total fertig aus. Wie Geflüchtete, die sich auf den Weg zu euch gemacht haben, weil ihr eigenes Zuhause ausgebombt wurde. Sie haben das frühe, adrenalingetriebene Lächeln frischgebackener Eltern längst abgelegt und stattdessen eine leicht gequälte Miene aufgesetzt. Eine Miene, die sie auch nicht verziehen, als Kind 1 und Kind 2 die Bude verwüsten, Onkel Brian in die Eier boxen und kreischen, als würden sie versuchen, ein Loch ins Raum-Zeit-Kontinuum zu reißen.

Charakteristisch für die Gebrochenen sind Maiskörner, Chipskrümel und Schnodder in ihren ungekämmten Haaren sowie ihre mit angetrockneten Flecken übersäten Klamotten, die nicht mehr gewaschen und gebügelt wurden, seit sie zuletzt »ZEIT« hatten: die eine Sache, nach der sie sich noch mehr sehnen als nach Schlaf.

Sie sehen aus wie Landstreicher, ein Eindruck, der noch verfestigt wird durch die Tatsache, dass sie nach einem passenden Augenblick suchen zu fragen, ob Wein im Haus sei. Und wenn nicht, ob es irgendwen stören würde, wenn sie sich eine von den Flaschen aufmachen, die in ihrer Plastiktüte herumklirren, seit sie das Haus betreten haben?

Jedes Abenteuer hat einen Tiefpunkt, und in eurem Wohnzimmer stehen die Gebrochenen für die finstersten Stunden, eine Erinnerung daran, dass es in der Zukunft Momente geben wird, die unfassbar hart sein werden. Aber tröstet euch damit, dass sie nach allem, was sie durchgemacht haben, noch immer am Leben sind. Und sie sind da, um euch einen eurer wichtigsten Verbündeten in dem vor euch liegenden Abenteuer vorzustellen: billigen Supermarkt-Alkohol.

Der Rebell

DER REBELL

Zu guter Letzt die Rebellen – die Antihelden: die Tanten, Onkel, Cousins, Cousinen und Freunde, die noch zu jung für Kinder sind. Oder beschlossen haben, keine Kinder zu bekommen, weil ihr Leben einfach zu cool ist, um es sich mit Absicht zu versauen.

Während die Gebrochenen dir einen Blick in die Zukunft gewähren, ist der Rebell wie ein Echo der Vergangenheit.

Wenn sie euch auf dem Weg in den Pub einen Besuch abstatten, sind sie die Erinnerung an das, was ihr jetzt nicht mehr habt: die Freiheit, die mit fehlender Verantwortung einhergeht. Sie repräsentieren die unbeschwerten Besäufnisse, die Wochenendtrips, Spontanpartys und die Zeit, in der du einen ganzen Karton Wein trinken konntest und kopfüber in einem Mülleimer vor dem KFC in Wakefield gelandet bist.

Rebellen sagen Dinge wie »Ich bin noch nicht bereit für Kinder« oder »Ich liebe Kinder, aber es ist schön, sie abends wieder abgeben zu können«. Was sie eigentlich meinen: »Es ist schön, sie abends wieder abgeben zu können – weil Freitag ist und es heute zwei Wodka-Wackelpuddings für einen im WildKatz gibt. Viel Spaß mit Pisse, Kacke und Tränen. Bis dann, ihr Loser!« Und wer könnte es ihnen verübeln? Vor kurzer Zeit waren wir selbst noch so.

Wirklich? Es ist Jahre her, dass wir zuletzt einen Club von innen gesehen haben (als ich das letzte Mal in einem Club war, hat der DJ einen Tanzflächenfüller von Shanks and Bigfoot aufgelegt). Die letzte Spontanparty war zum Eurovision Song Contest (ich habe Lasagne gemacht). Und wenn ich die Wahl hätte, würde ich mir lieber mit einer schönen Tasse Tee die Bauernhofidylle bei *Countryfile* reinziehen als zu einer Ibiza-Schaumparty zu gehen ... Aber darum geht's nicht. Wir haben zwar unsere Freiheit, vergnügungssüchtige Party-Animals zu sein, nicht ausgelebt, aber kaum ist diese Freiheit weg, vermissen wir sie.

Mit der Zeit beneidet man den Rebell immer mehr um seinen sorglosen Lebensstil. Doch diese Freigeister hocken bei ihrem Besuch nicht etwa auf eurem Sofa, um euch wegen des Lebens, für das ihr euch entschieden habt, ein schlechtes Gefühl zu geben. In diesen ersten Tagen ist ihr Beitrag zu eurem Abenteuer sonnenklar. Helden, merkt es euch: Verabschiedet euch von eurem inneren Rebellen. Von eurem sinnlosen, oberflächlichen, schweinecoolen alten Leben. Die Zeit ist gekommen, sich auf das neue vorzubereiten. Euer Abenteuer, fähige Eltern zu werden, hat begonnen, und jede großartige Reise beginnt zu Hause.

ALLEIN ZU HAUS

Nach einer Woche oder zwei löst sich die Wohnzimmer-Belagerung allmählich auf. Endlich verziehen sich die Nans, die Cousins und Cousinen, Tanten, Onkel und der Rest der Besetzung von *EastEnders* wieder, und ihr seid endlich allein, um euch damit abzufinden, was ihr getan habt.

Das war der Zeitpunkt, an dem mir langsam klar wurde, dass meine Vorstellung des Baby-Alltags zu Hause leider nicht ganz der Wirklichkeit entsprach. Sondern eher das Fantasieprodukt eines naiven Idioten mit einem Hirn von der Größe einer Kastanie waren.

Laut Experten würden in den ersten Wochen nach der Ankunft zu Hause einige Anpassungen vonnöten sein. Das stellte sich als schrecklich ungeeignetes Wort heraus. Unser neuer Alltag wurde auf die gleiche Art und Weise angepasst, wie der Asteroid, der fünfundsechzig Millionen Jahre vor Christus auf der Erde eingeschlagen ist, das Leben der Dinosaurier angepasst hat.

Wenn du Kinder hast und beim Lesen gerade ein Heißgetränk in der Hand hältst, solltest du es besser abstellen, denn jetzt wirst du einen Satz lesen, der nur als »arschlustig« beschrieben werden kann. Und zwar ist das ein Satz, den Lyns gesagt hat, als sie darüber nachdachte, wie es sein würde, nach der Geburt ein Jahr zu Hause zu bleiben. Sie sagte, ich zitiere:

»Dann habe ich endlich mal wieder Zeit zum Backen.«

Äh ja. So unfassbar ahnungslos waren wir in Sachen Alltag mit Baby. Daher überlegte ich mir vor der Geburt, während Lyns plante, sich die Zeit mit Brownies und Cake Pops zu vertreiben, welche DVD-Boxen ich noch nicht gesehen hatte und was für Bücher ich lesen könnte. Die ersten paar Wochen würden wir beide nicht arbeiten, wieso sollten wir diesen bezahlten Urlaub also nicht ausnutzen? Wieso sollten wir nicht ein kurzes heimeliges Traumleben genießen, während das Baby leise murmelnd schlief und nur gelegentlich aufwachte, um stillvergnügt gefüttert zu werden?

Lasst uns kurz zwei Wochen vorspulen und uns dabei zusehen, wie wir zwei Kauderwelsch stammelnden Wracks durchs Haus schlurfen: Lyns versucht, genug Zeit zu finden, um sich einen Toast zu machen, während ich beschließe, statt Romane lieber im Internet nachzulesen, was man bei wunden Brustwarzen macht, und längst nicht mehr an DVD-Boxen denke, sondern mir in YouTube-Videos die optimale Farbe von Muttermilchstuhl ansehe. Wir hatten keine Zeit, Kuchen zu backen oder *Breaking Bad* zu gucken – ebenso wenig, uns die weiße Stress-Spucke aus den Winkeln unserer schäumenden Münder zu wischen.

Vorm Verlassen des Krankenhauses hatten wir alle praktischen Ratschläge übers Nachhausekommen und was wir zu erwarten hätten gelesen. Doch was aus diesen Ratschlägen irgendwie nicht deutlich wurde, ist Folgendes: Es ist hart.

Verdammt hart.

ZEIT UND RAUM

Für ihre Stärke und ihr Durchhaltevermögen in den Wehen muss man eine Frau einfach bewundern: aber ihre Leistungsfähigkeit nach der Geburt ist schier unglaublich. Um sich von den körperlichen und geistigen Strapazen einer Geburt zu erholen, braucht man Schlaf, Fürsorge und Aufmerksamkeit. Doch beim Nachhausekommen stellen Frauen auf einmal fest, dass sich alle Aufmerksamkeit (einschließlich ihrer eigenen) ungeteilt auf den Neuankömmling richtet, und Schlaf bloß eine Wunschvorstellung ist. Sie tragen die Last des Stillens, die Last des Tröstens und in Lyndsays Fall auch noch die Last meiner Ahnungslosigkeit und Dummheit. Für Erstmütter ist der Übergang zwischen der Geburt und dem Kümmern um ein Baby zumindest zeitlich nahtlos, in Wirklichkeit aber so holprig, als hätte man gerade einen Autounfall hinter sich und müsste direkt mit Tellern jonglieren. Frauen haben nach der Geburt keine Zeit für Erholung, weil sie einfach keine Zeit haben.

Also scheint es vorschnell zu sagen, es sei hart für beide Elternteile. Aber das ist es. Mit einem Neugeborenen wird dein Zuhause plötzlich zum Arbeitsplatz. Einem Arbeitsplatz mit heftigem Druck und grausamen Arbeitszeiten, und das alles ohne Pausen oder Urlaub und ohne dass jemand an deinen Schreibtisch kommt, dir auf die Schulter klopft und sagt: »Hey, Bob! Super Leistung heute, nimm dir doch den Rest der Woche frei.«

Als wir aus dem Krankenhaus heimkamen, war es noch immer derselbe Backsteinhaufen wie vorher, aber wir waren jetzt Mummy und Daddy, und deshalb war es ein seltsamer, einmaliger Ort, an dem die Zeit einfach jeden Tag mit einem großen Haps verschlungen wird.

Zeit ist hier ohne Bedeutung. Du wirfst einen Blick auf die Uhr, und es ist 7.30 Uhr, und wenn du das nächste Mal nachguckst, ist Donnerstag. Tag und Nacht gibt es nicht. Nur den Abstand zwischen den Kaffees und die wundervollen Momente auf Toilette, wenn du mal durchatmen kannst.

Geschlagene zwei Wochen lang habe ich weder geduscht noch mich rasiert, kaum etwas gegessen, und keiner von uns beiden hat es aus Morgenmantel oder Schlafanzug hinausgeschafft. Wir sahen aus wie die vergessenen Patienten im Keller einer viktorianischen Irrenanstalt. Und ich roch wie ein Penner, der in eine Plastiktüte gekackt hat.

Wir hatten einfach keine Zeit, unsere Klamotten zu waschen und zu bügeln. Du kennst das bestimmt, wenn du aus dem Urlaub kommst und feststellst, dass du nichts Sauberes mehr zum Anziehen hast. Ein paar Tage lang bist du gezwungen, dich im hintersten Winkel deines Kleiderschranks durch den Bodensatz deiner modischen Vergangenheit zu wühlen. Frischgebackene Eltern stehen vor demselben Problem, nur in der Extremform. In dieser Phase bin ich einmal an die Tür gegangen, als eine Frau, die Geld für Blindenhunde sammelte, geklingelt hatte. Ich hatte einen leeren Blick und einen Bart, in dem man ein Croissant hätte verstecken können, dazu trug ich einen *Star-Wars*-Bademantel, Boxershorts, Gummistiefel und ein T-Shirt mit dem Aufdruck »Pull the trigger on my love gun«, das gratis bei einem KISS-Album dabei gewesen war. Die Frau trat einen Schritt zurück und sah aus, als wüsste sie nicht genau, ob sie um eine Spende bitten oder ihr Pfefferspray zücken sollte.

Sie erkannte, was ich erkannte, wenn ich in den Spiegel schaute: Ich war ein Mann am Rande des Abgrunds. Und Lyns stand neben mir und blickte in denselben Höllenschlund.

Innerhalb von wenigen Tagen nach Charlies Geburt hatten wir uns in absolute Wracks verwandelt. Als die Nachsorgehebamme zum ersten Mal vorbeikam, fragte sie uns, wie es uns ginge, und ich antwortete für uns beide: »Glücklich, aber total abgefuckt.« Lyndsay war so müde, dass sie sich nicht einmal für meine Ausdrucksweise entschuldigte. Unsere Hebamme lächelte höflich und sagte, wir hätten alles im Griff, und versuchte, uns einzureden, mit der Zeit würde alles einfacher und ein Baby zu haben sei eine »steile Lernkurve«. Was ungefähr so wahr ist wie die Aussage, dass der Everest ein bisschen hügelig ist.

Lernkurve Erstlingseltern:

Die gute Nachricht ist, dass diese Phase die härteste ist. Nach den ersten paar Wochen wird es ein wenig leichter. Nach Hause zu kommen ist die Feuertaufe (und die Hütte brennt, das kann ich dir sagen), aber ihr lernt schnell und fieberhaft. Und während ihr euer eigenes System für die täglichen Herausforderungen entwickelt, schafft ihr es plötzlich, euch kleine Zeiteinheiten freizuschaufeln, um Bilanz zu ziehen und zu schauen, welche Fortschritte ihr gemacht habt. Um euren Partner in den Arm zu nehmen, die winzigen Finger und Zehen eures brandneuen Persönchens zu bestaunen und euer turbulentes Leben zu genießen.

Die schlechte Nachricht ist, dass eure Lernkurve ab jetzt eher so aussieht:

Und ich weiß nicht, ob sie je wieder anders aussehen wird. Ist eben alles eine Frage der Anpassung.

DAS NEST

Wir glaubten, wir wären auf diese »Anpassung« vorbereitet. Oder hätten zumindest unser Haus vorbereitet. Fachleute nennen den Drang, vor der Geburt des Babys alles perfekt zu machen, »Nestbau«. Für die meisten Tiere und Vögel bedeutet »Nestbau«, das eigene Umfeld sicher und bequem zu machen. Für Menschen beinhaltet es, das Zimmer, in dem man normalerweise seinen ganzen überflüssigen Kram ablädt, in ein Babyzimmer zu verwandeln.

Die meisten Eltern konzentrieren sich in ihrem »Nestbau«-Drang auf die Einrichtung des Babyzimmers. Verständlich. Bisher ist der Bauch das Zuhause des Babys gewesen, die bequemste Umgebung, die ein Mensch je erleben wird. Im Bauch hatte es euer neues Menschlein warm und sicher, und alles, was es brauchte, war jederzeit verfügbar. Dann wurde es strampelnd und schreiend rückwärts durch ein Loch von nur einem Zehntel des Durchmessers seines Kopfes gezogen, in einen Raum hinein, in dem alle weinten und ausrasteten.

Da ist doch das Mindeste, was wir tun können, sein neues Schlafzimmer schön zu gestalten.

(Die naheliegendste Art und Weise, das Baby willkommen zu heißen, wäre, das Zimmer wie unser Körperinneres zu gestalten. Ich habe sogar darüber nachgedacht, eine Wandgestaltungslinie mit dem Namen »Wohnbauch« crowdfunden zu lassen. Damit könnten Eltern ihr Babyzimmer in unserem »Fruchtblasenmattlila« streichen und eine Wand als Hingucker mit unserer beliebten »Gebärmutterwand«-Tapete gestalten. Ich habe die Idee natürlich auch Lyns unterbreitet, aber sie war wohl nicht überzeugt, denn sie murmelte bloß tonlos das Wort »Idiot« und ließ sich bei dem, was sie gerade machte, nicht unterbrechen.)

Die meisten Eltern dekorieren ihr Babyzimmer auf die unbedrohlichste Weise, die sie sich vorstellen können. Mit Schablonen pinseln sie das Alphabet oder Sterne an die Wand, dazu kommen Kuscheltiere, helle Möbel und einladende, geschlechtergerechte Farben. Wir geben uns wahnsinnige Mühe, das Babyzimmer einladend, hell und bunt zu gestalten. Schleppen begeistert immer mehr supersüßes Zeug an. Bis es aussieht, als hätte Selbstmord-Bärchi mitten im Zimmer seinen Sprengstoffgürtel gezündet und seine Eingeweide aus Wolken, Sternen, Wünschen und Regenbogen auf allen Wänden verteilt.

Was auch immer eurem Geschmack entspricht, es muss perfekt sein: Erst viel später werden wir herausfinden, dass das Baby vermutlich nicht in diesem Zimmer schlafen wird, bis es alt genug ist, um eine Neugestaltung zu fordern. Und während dieses Zimmer zum Schrein wird, verkommt der Rest des Hauses zu einer vollgemüllten Bruchbude.

Babys sind mit moderner Wohngestaltung einfach nicht kompatibel: viel zu viel Kram.

KRAM

Damals, als es in Sachen Gestaltung noch angesagt war, seine Wohnung mit möglichst viel Krimskrams zu füllen, haben Babys perfekt in den Trend gepasst. Als Schönheit dadurch definiert wurde, wie viele Fotos und wie viel Nippes man noch auf seiner vollgerümpelten Kommode unterbringen konnte. Doch heutzutage setzen Einrichtungstrends auf Minimalismus und Purismus. Wir lesen Magazine und sehen uns Fernsehsendungen an, in denen von »klaren Linien« und »Feng Shui« die Rede ist, aber wenn ein Baby in ein solches Umfeld gerät, ist die größtmögliche Annäherung an »Feng Shui«, den Windeleimer so zu platzieren, dass man ihn beim Essen nicht riechen kann.

Merkwürdigerweise ist es meinen Beobachtungen zufolge egal, wie groß das Haus oder die Wohnung ist: Das Hauptproblem wird immer Platzmangel sein. Wir wohnen in einem durchschnittlich großen Haus. Aber egal ob ihr in einem möblierten Zimmer oder einem Riesenanwesen wohnt, es wird anscheinend einfach jeder vorhandene Platz ausgefüllt.

Der Kensington Palace, in dem Prinz William und Kate wohnen, hat siebenundfünfzig Zimmer, aber ich wette, wenn die Queen mal zu Besuch kommt, stolpert sie trotzdem über einen Lauflernwagen und muss erst die Babybadewanne vom Klodeckel nehmen, bevor sie einen abseilen kann.

Es muss irgendein physikalisches oder mathematisches Gesetz sein, das nur in Haushalten mit Baby gilt: »(EK+GK) ∝ VH«. Oder: »Erworbener Kram« plus »Geschenkter Kram« ist direkt proportional zum Volumen eures Hauses. Die Natur verabscheut Vakuum-Zustände, und das gilt insbesondere für Häuser mit Neugeborenen darin.

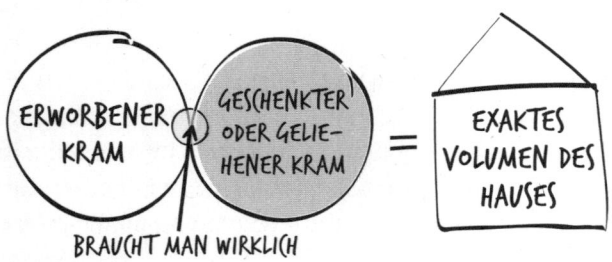

Um die Auswirkungen, die dieser ganze Kram in den Wochen nach der Geburt auf eine Wohnung hat, zu illustrieren, lasst uns doch eine schnelle Führung durch ein durchschnittliches Haus mit vier Zimmern und einem kleinen Baby machen.

Genauer gesagt, mein durchschnittliches Haus mit vier Zimmern und einem kleinen Baby.

Passt auf, wo ihr hintretet ...!

UNSER HAUS

Der Flur

Beim Betreten des Hauses wird euch direkt die massive Anhäufung von Kram in diesem kleinen Durchgangsbereich auffallen. Das ist auch einer der Gründe, warum wir seit

Charlies Geburt so selten draußen waren – wir kommen einfach nicht an dem ganzen Scheiß vorbei, um zur Haustür und nach draußen zu gelangen. Dieser schmale Durchgang ist permanent mit Kram gefüllt, den man braucht, um für einen Ausflug in die Außenwelt ausgerüstet zu sein: Kinderwagen, Regenschutz, Wickeltasche, Spielzeug, Kindersitz.

Wenn ich früher von der Arbeit nach Hause kam, habe ich schwungvoll die Haustür geöffnet, lässig meine Jacke und meinen Schlüsselbund hingeschmissen und bin zum Kühlschrank geschlendert, um mir ein Bier zu holen. Jetzt ist es schon eine ziemliche Leistung, genügend Kraft aufzubringen, um mit der Schulter die Tür aufzustemmen, weil sich so viel Kram dahinter türmt, und dann über ebenjenen hinwegzuklettern, um das Wohnzimmer zu suchen.

Das Wohnzimmer

Nachdem wir uns durch den Flur gekämpft haben, erreichen wir auf unserer kleinen Führung nun das Wohnzimmer. (Bitte ignoriert die teetrinkenden Leute: Das sind Babybesuch-Nachzügler, die sich immer noch nicht verpisst haben. Ja, ich meine dich, Tante Pat.)

Wir haben die letzten neun Monate damit verbracht, den Inhalt des örtlichen Babyausstatters in diesen Wohnraum zu transferieren. Deshalb streiten sich hier Stubenwagen, Babywippen, Lauflernwagen und Wickeltische mit den traditionelleren Wohnzimmermöbeln wie Sofa und Fernseher um den wenigen Platz. Wir haben zu viel gekauft. Ich habe dieses Jahr dreimal geweint: einmal, als ich Charlie zum ersten Mal auf einem Ultraschallbild gesehen habe, einmal, als er geboren wurde, und einmal, als die Abrechnung unserer Barclaycard kam. Wir haben *definitiv* zu viel gekauft. Und dann kamen die Verwandten mit noch mehr Kram. Und als die ersten Besucherscharen mit Geschenken und Spielzeug aufliefen und Eltern kistenweise Kram, den sie nicht mehr brauchten, bei uns abluden, quetschten wir alles rein und stapelten es auf den Kram, den wir bereits hatten. Füllten das Zimmer, als würden wir Tetris spielen. Deshalb hat sich dieser Raum von einem Zimmer, in dem man sich entspannt und Sozialkontakte pflegt, in eine Mischung aus Krabbelgruppe (wegen bedenklicher Sicherheits- und Hygienestandards unter Beobachtung des Amtes) und Lager eines Möbelhauses verwandelt.

Die Küche

Die Küche ist auch nicht viel besser. Niemand hat Platz in seinen Küchenschränken übrig. Über die Jahre füllen sich die Lücken mit lustigen Bechern und Biergläsern, mit denen du aus der Kneipe nach Hause getorkelt bist. Wenn man dann auf einmal Platz für Sterilisatoren und solchen Kram benötigt, stellt man sehr schnell fest, dass die Küche winzig ist und so viel Stauraum besitzt wie ein Hobbit-Arsch. Wie ihr seht, quellen alle Schränke über, und auf der Arbeitsfläche stapeln sich Löffel, Beißringe und Fläschchen. Und weil sich jedes Fläschchen in siebenundsechzig Einzelteile zerlegen lässt, muss man jedes Mal Tausende von Plastikteilen und Gummisaugern hin und her räumen, um an den Wasserkocher zu kommen.

Euch ist sicherlich auch der beeindruckende Jenga-Turm aus dreckigem Geschirr aufgefallen, der von der Spüle bis unter die Decke reicht – niemand wird in nächster Zeit dazu kommen. Es wird auch niemand den Küchenboden wischen, dessen Klebrigkeit durch das gleichzeitige Tragen von Baby und Essen, Tee oder Kaffee zustande kommt. Der Küchenboden ist ein schönes Beispiel dafür, wie sich neue Sauberkeitsstandards entwickeln. Normalerweise war der Boden sauber, wenn er glänzte. Inzwischen erklären wir ihn für sauber, wenn er noch nicht so klebrig ist, dass es dir auf dem Weg zur Spülmaschine die Schuhe auszieht.

Die Treppe

Vorsicht bitte auf der Treppe. Nicht einmal dieser Bereich ist immun gegen die Folgen des »Nestbaus«. Denn das Einzige, wofür ich Honk vor der Geburt Zeit gefunden habe, war ein Treppengitter anzubringen. Jetzt muss man dieses Scheißding jedes Mal, wenn man durch will, auf- und zumachen, als hätten wir freilaufende Schafe im oberen Stockwerk. Natürlich war ich damit zwei Jahre zu früh dran, und nun ist das Teil ein weiteres Hindernis in einem Haus, das jetzt wie von einem Idioten entworfen wirkt.

Das Badezimmer

Noch mehr Gerümpel. Plastikbabybadewanne, Babypflegezeug und ein halber Zoo von Plastikdelfinen, Enten und Pinguinen. SICHERHEITSHINWEIS: In diesem Raum bitte nichts anfassen. Auf den ersten Blick mag es sauber wirken, aber um das Baby nicht zu stören, vermeide ich es, bei meinen nächtlichen Toilettengängen das Licht anzuschalten. Aus diesem Grund habe ich, seit es geboren ist, in nahezu vollständiger Dunkelheit uriniert. Wie gesagt, es wirkt vielleicht sauber, aber ich schätze, wenn man sich so eine Art forensisches Luminol-UV-Licht besorgen würde, das Urin sichtbar macht, könnte man das Licht ausschalten, und der ganze Raum würde aufleuchten wie eine Jackson-Pollock-Pinkelparty.

Zimmer Nummer eins

Bitte bleiben Sie zusammen, während wir einen Blick in Zimmer Nummer eins werfen. Dieses Zimmer ist nun »Die Müllkippe« oder »Die Rumpelkammer«. Das Zimmer, in das wir den ganzen Schrott gestopft haben, der aus dem Babyzimmer ausgelagert werden musste. Hier befindet sich auch sonst alles, wofür in anderen Zimmern kein Platz ist, der ganze Kram, den wir vielleicht später brauchen, sowie Dinge, von denen wir uns einreden, wir würden sie irgendwann bei eBay einstellen. Dieses Zimmer ist praktisch voll bis obenhin mit Scheiß. Früher hatten wir eine Kommode dieser Art; jetzt ist es ein ganzes Zimmer. (Als wir angefangen haben, Dinge hier zu lagern, haben wir versucht, eine gewisse Ordnung herzustellen, indem wir alles in Kartons gepackt haben. Aber weil dieses Zimmer zur Einfahrt rausgeht, ähnelt es durch diese Kartonstapel ums Fenster herum auf unheimliche Weise dem Krähennest, aus dem Lee Harvey Oswald JFK erschossen hat.)

Zimmer Nummer zwei

Zimmer Nummer zwei ist unser Schlafzimmer. Lyndsays und meins. Viele Jahre lang war dieses Zimmer hauptsächlich für Schlaf und Sex da. Beides bis in alle Ewigkeit aufgeschoben. Nicht zuletzt, weil hier das Baby schläft. Es wird empfohlen, Babys die ersten sechs Monate im Elternschlafzimmer schlafen zu lassen, und an diese Empfehlung haben wir uns gehalten. Eine Empfehlung, die unser jungfräuliches Babyzimmer gegenüber nur umso überflüssiger erscheinen lässt.

Hier verbringen wir die meiste Zeit, daher betrachtet man diesen Raum am besten als eine Art Tracey-Emin-Kunstinstallation halbvoller Kaffeebecher, Teller, herumfliegender Klamotten und allgemeiner Unordnung. Offen stehende Kommoden spucken ihren Inhalt in die ohnehin schon chaotische Szenerie und vermitteln den Eindruck, als hätte hier ein Granatenangriff auf einen Trödelmarkt stattgefunden. In den Neunzigern gab es eine Kindersendung namens *Finders Keepers*, in der Kinder mit Helm und Gürteltasche bewaffnet einen Raum »plündern« durften, was bedeutete, Schätze zu finden, indem sie die Attrappe eines Hauses in Schutt und Asche legten. Unser Schlafzimmer sieht aus wie der Abspann von *Finders Keepers*, wenn erlaubt gewesen wäre, dass die Kinder vor der Show Badesalz schniefen.

Das Babyzimmer

Die letzte Station unseres Rundgangs ist das Babyzimmer.

Eine Oase der Ruhe. Ein makelloses Denkmal des Babydaseins.

Das niemand je betritt.

Meine Damen und Herren, damit ist unsere Führung beendet. Bitte vergessen Sie das Trinkgeld für die Gastgeber nicht und besuchen Sie unseren Souvenirladen. Dort bekommen Sie gratis Feuchttücher, um etwaige beim heutigen Besuch entstandene Flecken zu entfernen.

Abgesehen vom Babyzimmer ist in der Anfangszeit also jedes Zimmer des Hauses Katastrophengebiet. Wir waren so ordentlich. Aber jetzt ist das ganze Haus mit Zeug vollgestopft und derartig unordentlich, dass es dauerhaft so aussieht, als hätten gerade ein paar Arschlöcher bei uns eingebrochen. Wir wohnen schon viele Jahre in diesem Haus, und zum ersten Mal haben wir den Eindruck, dass die Wände auf uns zukommen. Und was einst ein helles und freundliches Zuhause war, ist jetzt nur noch ein paar Shoppingtrips zum Babyladen entfernt davon, zu einem dieser Messiehäuser zu verkommen, in denen die Bewohner irgendwann tot aufgefunden werden. Begraben unter einer Lawine unnützen und sinnlosen Krams.

DER CARGO-KULT DES ELTERNTUMS

So wurde unser Zuhause also zerstört. Oder wurde zu einem »Familienzuhause«. Plötzlich sah das Haus wirklich wie ein Ort aus, an dem eine junge Familie wohnt. Doch irgendwie machte es mir diese Tatsache nur umso schwerer, mich selbst als Elternteil zu sehen. Wir hatten ein Nest gebaut, kamen uns aber vor wie die Kuckucke.

Ich fühlte mich wie ein Betrüger. Das Haus war mit Wiegen und Spielzeug und Kleidung und allem Drum und Dran einer jungen Familie vollgepfropft. Doch anfangs hatten wir das unbehagliche Gefühl, wir hätten uns in die Laiendarstellung einer Familie verirrt, statt tatsächlich eine zu sein, und als wären wir von Requisiten umgeben.

Als ich noch Zeit zum Lesen hatte, habe ich mal eine *National Geographic* durchgeblättert und bin auf einen Artikel über primitive Stämme und deren sogenannte »Cargo-Kults« gestoßen. Während des zweiten Weltkriegs, als die Alliierten temporäre Militärbasen im Pazifikraum aufgebaut haben, kamen bis dahin isolierte Inselstämme zum ersten Mal mit westlicher Technologie in Kontakt. Sie erlebten plötzlich die »Magie« von Flugzeugen, Motoren und »Cargo« (Lebensmittelkonserven etc.).

Als der Krieg vorbei war und die Ausländer verschwanden, wurden Mythen und Religionen um diese mysteriösen Besucher und ihre magische Technologie gesponnen. Die Stämme bauten hölzerne Nachbildungen von Flugzeugen und schnitzten Waffen aus Holz. In einigen Fällen wurde sogar ein Flughafentower aus Bambus nachgebaut und ein Männchen mit halben Kokosnüssen als Kopfhörer über den Ohren hineingesetzt.

Sie glaubten fälschlicherweise, dass sie nur nachbilden mussten, was sie gesehen hatten, und sich mit diesen Objekten umgeben mussten, um wie die magischen Männer zu sein, die sie besucht hatten.

Als ich mich zwischen unseren ganzen Baby-Utensilien umsah, fühlte ich mich genau so: als wäre ich Mitglied eines »Cargo-Kults«. Es kam mir so vor, als hätten wir den ganzen Kram in unserem Haus angehäuft und die Umstände des Elterndaseins nachgebildet, weil wir hofften, uns dadurch endlich selbst wie Eltern zu fühlen. Aber in Wirklichkeit kam ich mir eher wie ein kleiner Mann in einer Hütte mit Kokosnuss-Kopfhörern vor.

Doch während ihr Vater-Mutter-Kind spielt, geschieht etwas Merkwürdiges: Plötzlich wird das Spiel Wirklichkeit. Fast unmerklich wird euch bewusst, dass ihr tatsächlich Eltern seid. Und das geschieht nicht durch den angehäuften Kram im Haus. (Eltern wird man genauso wenig mittels Büchern, Möbeln und Spielzeug, wie unser fleißiger Stamm eine Boeing 747 aus Bambus und Seilen bauen kann.) Eigentlich ist es auch nicht einmal Liebe oder Zuneigung, die dich in Mum oder Dad verwandelt. In dieser ersten Zeit ist es etwas wesentlich Unheimlicheres. Und zwar das dämmernde Bewusstsein, dass ihr allein verantwortlich für das Überleben dieses Babys seid. Wenn ihr euch nicht zusammenreißt, wird es nicht überleben.

Für dein Baby bist du nicht das primitive Stammesmitglied, sondern der magische Mann aus dem Westen; für dein Baby bist du Gott.

Du hältst sein Leben buchstäblich in deinen Händen, und da darfst du ruhig Angst haben, denn gute Eltern werdet ihr, weil ihr Angst habt, es zu versemmeln.

NICHT NACH HAUSE KOMMEN

Die Wahrheit ist: Man kommt nicht nach Hause. Das Zuhause, das ihr vor ein paar Stunden/Tagen hinter euch gelassen habt? Gibt es nicht mehr.

Was wir hinter uns gelassen haben, als wir ins Krankenhaus geheizt sind, war ein Zuhause, in dem wir uns spontan entscheiden konnten, einen Film zu gucken, eine Flasche Wein aufzumachen, auf ein schnelles Bierchen in den Pub rüberzugehen, uns zu unterhalten, zu duschen, zu pissen – zu denken.

Unser Zuhause war als Ort des Trostes gedacht, als Ort der Zuflucht. Aber jetzt stellte sich heraus, dass das Ding, vor dem wir so lange zu flüchten versucht hatten, uns nach Hause gefolgt war und wir es hereingelassen hatten. Und das Schlimmste, was man mit seelenfressenden Monstern machen kann, ist bekanntlich, sie hereinzulassen.

Denn es macht sie nur umso mächtiger.

Allerdings stellt sich heraus, dass Monster, und seien es seelenfressende, eine wunderbare verändernde Kraft sein können, und unseres hereinzulassen war die beste Entscheidung unseres Lebens. Ja, unser Zuhause hat sich verändert. Vor Charlies Geburt hatten wir ein tolles Leben, und von mir werdet ihr keinen sentimentalen Spruch hören von wegen erst mit ihm wäre unser Haus ein Zuhause geworden. Unser Haus war bereits ein Zuhause. Mit Charlie wurde unser Zuhause ein Trümmerhaufen, ein Wrack, ein Ort, an dem Zeit aufgefressen und wir ausgespuckt wurden, ein Ort, an dem Anarchie, Chaos und Wahnsinn regieren.

Und wer hätte sich je träumen lassen, dass all das genau das war, was unserem Zuhause gefehlt hatte?

3

SCHLAF

Ich fürchte, Schlaf ist heute Abend nicht angesagt.

Es ist Schlafenszeit, aber Charlie hat mir bloß diesen Blick zugeworfen, der besagt:

»Nun, Vater, ich habe mein Bad sehr genossen, bin mehr als zufrieden mit dem Buch, das du gerade vorgelesen hast (wie du weißt, ist *Zogg* eins meiner Lieblingsbücher). Und ich freue mich wie immer über das 28-Pfund-Rainforest-Friends-Nachtlicht, das du bei Debenhams erworben hast. Die einschläfernden Melodien sind überaus angenehm, und die Mischung aus Klassik und Jazz habe ich wie immer als außerordentlich beruhigend empfunden.

Daher ist es nur recht und billig, dich wissen zu lassen, dass ich trotz deiner bewundernswerten Bemühungen absolut gewillt bin, auf den geringsten Versuch, mich heute Abend in mein Bettchen zu legen, mit einem so heftigen Ausraster zu reagieren, als würde mich die irakische Polizei gerade waterboarden.

Ich werde um mich schlagen, strampeln und meinen Rücken durchbiegen wie in einer Gymnastikübung für

Wirbellose und mich gebärden, als würde ich gerade nicht in mein Bettchen abgelegt werden, sondern in einen aktiven Vulkan.

Mir ist scheißegal, wie müde ich bin: Ehe heute einer von uns beiden einschläft, werden die Nachbarn denken, du würdest deine Haustiere schlachten. Also schnall dich an, Sackgesicht, denn heute Abend werden wir rausfinden, aus welchem Holz du geschnitzt bist.«

Ich geh dann mal Kaffee aufsetzen ...

Ich erinnere mich noch genau an den Moment, in dem ich gemerkt habe, dass der Schlafentzug Spuren hinterlässt. Es war ungefähr nach drei Monaten, und ich war gerade dabei erwischt worden, wie ich im Kaufhaus einer Frau auf die Brüste gestarrt hatte.

Eigentlich habe ich ihr gar nicht auf die Brüste gestarrt, ich habe den Flapjack auf dem Cafeteria-Tisch vor ihr angestarrt. Mir war der Flapjack aufgefallen. Dann fiel mir ein, wie hungrig ich war. Dann fragte ich mich, wie Flapjacks wohl gemacht werden, und dann musste ich darüber nachdenken, was für ein lustiges Wort das doch war – Flapjack, Flapjack, Flapja...

Ich war in einen Zustand abgedriftet, den Schlafforscher als »hypnagogisch« bezeichnen. Dieser Geisteszustand, bei dem man ins Leere starrt und in einen traumartigen, benebelten Bewusstseinszustand eintritt, ist absolut verbreitet bei Menschen mit Schlafmangel. Das hätte ich zumindest vor Gericht ausgesagt, wenn die Frau im Kaufhaus die Polizei gerufen und sich beschwert hätte, dass ein kreidebleicher Mann ihr gerade fünfzehn Minuten lang auf die Titten gestarrt, dabei gesabbert und das Wort »Flapjack« gemurmelt hätte.

Ich muss völlig geistesgestört ausgesehen haben. Und in gewisser Weise war ich das auch. Schlafentzug wird nicht ohne Grund als Foltermethode verwendet. Er greift Geist und Seele an. Er macht ein körperliches und emotionales Wrack aus dir und setzt deine Fähigkeit, rationale Entscheidungen zu treffen, und ironischerweise auch alles andere, was du brauchst, um dich zuverlässig um ein kleines Baby zu kümmern, außer Kraft. (Außerdem verwandelt er dich in einen gebäckbesessenen Perversen.)

SCHLAFENTZUG

Seltsamerweise ist Schlafentzug durch die Genfer Konventionen nicht ausdrücklich verboten. Sollte er aber. Allerdings haben selbst die reaktionären Gesellschaften, die noch immer auf Folter zurückgreifen, Skrupel, ihn als Verhörmethode zu benutzen. Nicht, weil er nicht grausam und ungewöhnlich genug wäre, sondern weil er das Opfer in einen nutzlos herumstammelnden Volldeppen verwandelt, aus dem nichts Sinnvolles herauszubekommen ist.

Amen.

Ich kann mir nicht vorstellen, dass ein Verhör eines Menschen, der seit mehreren Tagen wach ist, auch nur eine nützliche Information liefert. Hast du je versucht, dich mit den Eltern eines Neugeborenen zu unterhalten? Das ist, als würde man Schachstrategien mit einem Muffin diskutieren. Es ist unmöglich, irgendetwas auch nur annähernd an Information grenzendes herauszubekommen. Sie sind fahrig. Ihre Hirne schweifen ab wie die von Kindern. Sie antworten unzureichend auf Fragen, zum Beispiel mit »Ja« oder »Nein« auf solche, die man nicht mit »Ja« oder »Nein« beantworten kann.

Wenn die Wirkung von Schlafentzug sich bei Gefängnisinsassen genauso äußert wie bei frischgebackenen Eltern, wäre jedes Verhör sinnlos:

»Wo sind die gestohlenen nuklearen Sprengköpfe?«

»Was? Ach, die ... [gähn] ähm ...«

»Wie sieht Ihre Mission aus?«

»Nein ... ich werde nicht ähm ... äh, was?«

»Sind Sie Teil des Janus-Programms?«

»Äh, ha ha ... [kicher] Sie haben ›Anus‹ gesagt.«

»Herrgott nochmal, lasst den Volltrottel schlafen. Wenn er aufwacht, versuchen wir mal, seine Eier an eine Autobatterie zu hängen.«

SCHLAF, VOR DER GEBURT

Jahrelang habe ich mir die Nicht-Unterhaltungen, die man führt, wenn jemand ein Baby bekommen hat, angehört und mitgemacht. Die üblichen Witzeleien über den Mangel an Schlaf: »Und, lässt er euch schlafen?« »Hält sie euch wach?« usw. Mir war nicht klar, wie unlustig der Mist wirklich war. Ich meine, ich wusste natürlich, dass diese Art von Kommentar nie lustig ist. Aber jetzt, da diese Sprüche auf mich gemünzt sind, würde ich sie auf einer Lustigkeitsskala knapp über einer Hoden-OP einordnen.

Jetzt würde ich am liebsten zu allen Leuten gehen, mit denen ich herumgeflapst habe, und mich bei ihnen entschuldigen. Wie die meisten Nicht-Eltern ging ich davon aus, dass Eltern, die sich über Schlafmangel beklagen, einfach nur meinen, dass das Baby sie nachts aufweckt und ihr Schlaf deshalb unterbrochen und wenig erholsam ist. Aber in Wirklichkeit ist es nicht das nächtliche Aufwachen, das einen umbringt. Es ist das Monat für Monat anwachsende Schlafdefizit.

Und das wirklich Schockierende? Du bist schon total fertig, bevor der kleine Mistkerl überhaupt seinen brutalen, alptraumhaften, türeneintretenden Auftritt hingelegt hat. Schon bei der Geburt leidest du an Schlafmangel.

Vielleicht bist du ja einer der Glücklichen oder ein Soziopath – die Art von sorglosem Typen, der es während des neunmonatigen Countdowns bis zur Geburt schafft, eine vernünftige Menge Schlaf zu bekommen, aber das ist unwahrscheinlich. Bei den meisten werdenden Eltern killen der Stress und die Angst vor dem, was kommt, jeglichen Schlaf so zuverlässig wie Amphetamine. Die drei Monate vor Charlies Geburt war ich viel zu aufgedreht zum Schlafen; jedes Mal, wenn ich versucht habe, die Augen zu schließen, fühlte ich mich aufgeputscht, als hätte ich mir Kokain gespritzt oder Lance Armstrongs Pisse getrunken.

Für die werdende Mutter ist die Zeit unmittelbar vor der Geburt der unbequemste Teil der Schwangerschaft. Lyns beschreibt es so: »Du hast die Ausmaße eines Bungalows, deine Füße sind geschwollen wie Clownsschuhe, und deine Blase ist das Kuschelkissen des Babys.« Der Nicht-Schwangere hat zwar die wesentlich geringere Last zu tragen, aber er ist trotzdem dafür verantwortlich, seinen Bungalow aus dem Bett zu hieven, damit dieser auf die Toilette gehen kann, oder seiner Partnerin einen Krampf wegzumassieren oder ihr ins Gesicht zu lügen und zu sagen, dass alles gut wird, obwohl er sich selbst so überfordert fühlt wie ein Astronaut in einem U-Boot.

Und das alles, bevor die erste Wehe da ist.

Die Zeit vor der Geburt ist eine schlaffreie Zone.

Dann (wie ich vielleicht schon erwähnt habe) dauert die Geburt selbst auch noch Ewigkeiten. Und es ist erstaunlich, wie wenig Nickerchen man in einem Raum machen kann, in dem gerade eine Frau eine wimmernde Bowlingkugel aus ihrer Vagina katapultiert.

Wenn das Baby kommt, seid ihr also bereits todmüde, leidet an einer Extremform des Jetlags ... Nur ist es ein Jetlag, bei dem man nie aus dem Flugzeug steigt. Und das Baby ist jetzt da. Der Jet, in dem ihr gesessen habt? ... Ist gerade gegen einen Berg gekracht.

SCHLAF, NACH DER GEBURT

Der National Health Service rät dazu, ein Schläfchen zu machen, wenn das Baby schläft:

> Versuchen Sie zu schlafen, wenn das Baby schläft. Es mag verlockend sein, die Zeit zu nutzen, sich um Liegengebliebenes im Haushalt oder andere Pflichten zu kümmern, aber manchmal ist Erholung wichtiger. Stellen Sie sich einen Wecker, wenn Sie befürchten, zu lange zu schlafen.

Da haben wir's: Ignorier alle »verlockenden« Pflichten. Und pass auf, dass du nicht zu lange schläfst.

...?

Was. Zum. Henker?!

In welchem Paralleluniversum soll dieser Ratschlag denn bitte sinnvoll sein? An alle: Der NHS ist die beste und großzügigste aller großen britischen Institutionen. Aber diese eine Perle der Weisheit muss von einem Praktikanten stammen, oder von jemandem, der sich nach einem Schlag auf den Kopf aus der Notaufnahme dorthin verirrt hat.

Wenn man frischgebackene Eltern fragt, ob eine ihrer Befürchtungen sei, zu lange zu schlafen, würden sie diese Befürchtung ungefähr in der Gegend von »zu lange Wasserskifahren« oder »von einem zeitreisenden Stück Obst entführt werden« ansiedeln. Zu lange schlafen? Keine große Sorge.

Doch zumindest der erste Teil dieser Empfehlung wird überall verbreitet. Schlaf, wenn das Baby schläft. Und zugegeben, von außen betrachtet erscheint das sinnvoll.

Denn Neugeborene schlafen anscheinend durchschnittlich sechzehn Stunden am Tag. (Als ich diese Zahl zum ersten Mal gelesen habe, bin ich von einem Tippfehler ausgegangen, aber es stimmt.) Wenn das Baby also sechzehn Stunden am Tag schläft, und man ermutigt wird, in dieser Zeit ebenfalls zu schlafen, könntet ihr Nicht-Eltern zu Recht denken: »Wo liegt das Problem? Faule Sau.«

Tja, das Problem liegt darin, dass Babys in Fünfzehnminutenhäppchen schlafen. Die restliche Zeit trinken sie, oder kacken oder kotzen oder müssen gewickelt werden. Sobald du das Chaos beseitigt hast, das sie in den vorherigen fünfzehn Minuten angerichtet haben, sind sie also schon wieder wach. Und die längste Schlafphase, die du seit dem Tag davor geschafft hast, war um zwei Uhr nachts, als du ausnahmsweise einmal daran gedacht hast zu blinzeln.

Das ist werdenden Eltern nicht klar. Das war mir nicht klar. Denn es gibt nichts, was dich darauf vorbereiten würde. Ich habe vor kurzem eine Elternzeitschrift gelesen, in der es in der Heftmitte unter der Überschrift »Genießen Sie Ihr Neugeborenes« einen langen Artikel mit Expertentipps für werdende Eltern gab. Tipps dieser Art:

»Genießen Sie diese Phase, denn diese Zeit ist einzigartig.« und:

»Die ersten Wochen mit Ihrem Neugeborenen sind etwas ganz Besonderes. Unschätzbar wertvoll.«

Mhm. Bevor Charlie geboren wurde, hätte ich gesagt, dass das echt berührende, süße Tipps sind. Aber inzwischen ist mir klar geworden, dass diese Art von »Expertentipps« die Augen vor der Realität verschließen und einen nicht im Geringsten vorbereiten.

Wenn ich jetzt an dieses Magazin denke, kann ich es nur fahrlässig finden. Die Autorin von »Genießen Sie Ihr Neugeborenes« sollte sich schämen. Die Schreiberlinge solchen gefährlichen Unsinns sind Römer, ihre Leser Christen, und Elternschaft ist ein Rudel hungriger Löwen.

Es wirkt alles harmlos, und im besten Fall wird es wie die sinnlose Philosophie von Internet-Memes mit Sonnenuntergang im Hintergrund aufgenommen. Im schlimmsten Fall trägt es jedoch zu dem Gefühl von Unzulänglichkeit und Schuld bei, das junge Eltern ohnehin schon haben. Ein Gefühl des Versagens, weil sie kurz nach der Geburt nicht in der Lage sind, die ganze Zeit mit einem fetten Grinsen im Gesicht rumzulaufen und jede Minute zu genießen.

Man kann nicht jede Minute genießen. Das ist viel zu anstrengend. Und außerdem lässt sich Liebe nicht in Genuss messen. Manchmal reicht es schon, wach zu sein.

Als mich dasselbe Elternmagazin vor ein paar Monaten um einen Tipp für werdende Eltern bat, habe ich ihnen das hier geschickt:

Man vs. Baby
Supertipp Nr. 1
WERDENDE ELTERN
… wie wäre es, zur Vorbereitung auf euren Familienzuwachs euer Konto zu leeren, euch Kotze auf die Schulter zu schmieren & gelbe Kacke unter die Fingernägel und nicht mehr zu schlafen, bis ihr glaubt, ihr müsstet sterben?

Ich will ehrlich sein. Ich habe nichts mehr von ihnen gehört.

MÜDIGKEITSWETTBEWERB

Zwangsläufig kommt es zwischen Eltern, weil der Stress ununterbrochen brodelt, zu Sticheleien und Streit, und das Thema Schlaf ist auf diesem Schlachtfeld das am heftigsten umfochtene. Der »Müdigkeitswettbewerb« ist die liebste Sportart erschöpfter Pärchen. Ihr streitet euch darum, wer am wenigsten, wer zuletzt und wer am längsten geschlafen hat, und beäugt den anderen neidisch, wenn ihr den Verdacht habt, dass er die Augen geschlossen hat. Ich bin nicht gut im Diskutieren, aber als es um Schlaf ging, habe ich meiner Ansicht nach überzeugend, logisch und stimmig zu meinen Gunsten argumentiert.

Ich konnte mit Kuchendiagrammen und Tabellen beweisen, wann ich es geschafft hatte, weniger Schlaf als Lyns zu bekommen. Schließlich erledigte ich nachts meinen Anteil, ich wechselte Windeln und half beim Füttern, obwohl ich weiterhin von neun bis fünf arbeiten ging.

Aber Lyns arbeitete zu Hause, von zwölf bis zwölf, vierundzwanzig Stunden am Tag. Außerdem war sie die letzten neun Monate schwanger gewesen, hatte die Geburt durchgestanden und war fürs Füttern zuständig, den ganzen Tag, jeden Tag.

Natürlich war Lyns müder. Natürlich war unser Wettbewerb darum, wer am erschöpftesten war, ein sinnloser Kampf. In den Olympischen Spielen unseres Schlafmangels war Lyns Usain Bolt, und ich irgendein fetter Stabhochspringer aus Kasachstan, der eine Medaille dafür haben wollte, überhaupt angetanzt zu sein.

Und trotzdem habe ich mich gestritten. Ein neugeborenes Baby ist wie eine scharfe Handgranate, und jeder echte Mann würde sich darauf stürzen, um die Mutter seines Kindes zu retten ... aber ich bin kein echter Mann, ich bin ein Feigling. Ich habe es nicht nur nicht geschafft, mich darauf zu werfen, nein, manchmal habe ich sie sogar in Lyns' Richtung gekickt und bin in Deckung gegangen. Jämmerlich, ich weiß, aber zu meiner Verteidigung, ich war erschöpft, mein Hirn war Matsch und hat versucht, sich mit zweifelhafter Logik zu verteidigen. Mein Rat an alle Männer, die diese Phase durchmachen und glauben, sie wären müder als ihre Partnerin: seid ihr nicht. Im Nachhinein stelle ich fest, dass meine Argumente das Gebrabbel eines Irren waren, mit der Überzeugung eines Wahnsinnigen vorgebracht, der Tauben anschreit. Ich *war* müde. Aber nicht so müde wie Lyns. Ich lag falsch. Das hier hängt jetzt in unserem Badezimmer:

Lyns hat bei den Formulierungen geholfen ...

   (Übrigens fechten nicht alle Paare diesen Kampf aus. Genauso wie ich Männer getroffen habe, die noch nie eine Windel gewechselt haben, sind mir auch schon Männer untergekommen, die es irgendwie geschafft haben, keinmal nachts aufzustehen, und auch überhaupt nicht an Schlafmangel litten. Vor kurzem habe ich bei einer Hochzeit mitbekommen, wie sich eine interessante Diskussion zwischen Mann und Frau »entwickelte«. Der Dad zeigte auf die beiden Zwillingsmädchen: »Echt pflegeleicht, die beiden«, sagte er mit einer Spur von Selbstgefälligkeit. »Schlafen quasi seit der Geburt durch.« Worauf seine Frau entgegnete: »Sag mal, willst du mich verarschen!? Die beiden waren der reinste Alptraum. *Du* schläfst seit der Geburt durch, du faule Sau!« Mit diesen Worten schubste sie ihm den Kinderwagen entgegen und stürmte an die Bar, um sich volllaufen zu lassen. Zurück blieben unangenehm berührt die faule Sau und ich, um uns über Autos oder etwas ähnlich Unverfängliches zu unterhalten. So falsch ich auch lag, als ich dachte, ich könne im Müdigkeitswettbewerb mithalten, immerhin bin ich nicht wie der Typ.)

ÜBERLEBEN

Gerade, als wir dachten, wir könnten nicht noch müder werden, bekam Charlie Gelbsucht. Was anscheinend sehr verbreitet ist. (Für diejenigen, die sich für wissenschaftliche und medizinische Einzelheiten interessieren, es hat irgendwas mit Vitaminen zu tun und führt dazu, dass man wie eine Figur aus den *Simpsons* aussieht.) Normalerweise ist es nichts Ernstes, aber weil die ganz entfernte Möglichkeit besteht, dass es doch gefährlich ist, sind wir vor Angst fast ausgerastet. Obwohl wir davon ausgehen mussten, wir würden es nicht überleben, noch weniger Schlaf zu bekommen, schafften wir es doch. Drei Tage lang bekamen wir kein Auge zu, während wir zusahen, wie Charlie Blutuntersuchungen über sich ergehen ließ, Stunden in einem Inkubator unter Sonnenbank-Lampen lag und die Ärzte versuchten, seinen

Vitamin-D-Spiegel wieder so weit zu erhöhen, dass er wieder das rosa Kind wurde, das wir bekommen hatten. Wir wurden die ganze Zeit von Adrenalin, Stress und Angst regiert und gingen über unsere Grenzen hinaus, als wir feststellen mussten, wie es ist, sich Sorgen zu machen, extreme Sorgen.

Es ging ihm gut. Aber diese Grenzerfahrung deckte auf, wie wenig Schlaf man offensichtlich braucht, um auf den Beinen und am Leben zu bleiben.

Wenn Leute das abgelutschte Zitat von Margaret Thatcher bringen, die anscheinend nur vier Stunden Schlaf pro Nacht brauchte, dachte ich immer, wow, beeindruckend. Inzwischen denke ich, dass Thatcher eine Pussy war. Vier Stunden Schlaf ohne Unterbrechung? Von wegen Eiserne Lady.

Junge Eltern kommen mit einem Bruchteil dessen aus. Ja, sie wandeln mit dem leeren Blick eines Menschen durch die Gegend, der von einem außerirdischen Parasiten übernommen wurde, der sich in sein Hirn gebohrt hat. Aber sie funktionieren. Sie führen die einfachsten Tätigkeiten, die nötig sind, mit der Entschlossenheit eines erschöpften Forschers aus und konzentrieren sich schlicht darauf, einen Fuß vor den anderen zu setzen. Es ist nicht ideal. Alle frischgebackenen Eltern erzählen sich Geschichten von Autoschlüsseln im Gefrierschrank oder wie sie mit nur einem Schuh zum Supermarkt gegangen sind und vergessen haben, was sie kaufen wollten.

Und wie ich bereits erwähnte, führt derart wenig Schlaf zu Fehlurteilen, Streits und allgemeiner Arschigkeit. Thatcher mag viele Jahre lang mit vier Stunden Schlaf ausgekommen sein, aber womöglich hatte das auch Einfluss auf einige ihrer Urteile und Entscheidungen. Historiker posaunen gern heraus, wie wenig Schlaf sie brauchte, aber diese Historiker sollten lieber noch einmal genauer hinschauen. Es besteht durchaus die Möglichkeit, dass sie die Schulmilch abgeschafft, die Kopfsteuer eingeführt und die Bergarbeiter zugrunde gerichtet hat, weil sie müde und etwas miesepetrig war.

Schlaf ist also wichtig. Und nach den ersten chaotischen Wochen muss ein Plan her. Der Schlafmangel von vor und nach der Geburt muss ausgeglichen und der Baby-Jetlag bekämpft werden, und der Schlüssel dazu ist, dass euer Baby durchschläft. Nichts einfacher als das.

ROUTINE

POLIZEILICHES VERHÖR

Verdächtiger: Matt Coyne. 12.11.15   Fallnr.: 885089

Officer: Erzählen Sie uns in Ihren eigenen Worten, was passiert ist, Mr. Coyne.

Coyne: Also, jemand hat betont, wie wichtig Routine für das Baby sei, also habe ich ihn mit bloßen Händen erwürgt und die Leiche verbrannt.

Officer: Verstehe, Sie können gehen.

Schafft eine Routine. Das ist Ratschlag Nummer eins, den junge Eltern bekommen. Aus Büchern, von Verwandten, von Freunden. Er ist fast schon eine stehende Redewendung und klingt jedes Mal, als würde die Person, die ihn äußert, dir gerade eine jahrhundertealte Weisheit mit auf den Weg geben. Ach echt? Routine, sagst du? Das hab ich ja noch nie gehört. Wir dachten eigentlich, wir improvisieren einfach. Oder richten uns mit dem Füttern und Schlafenlegen nach Runensteinen oder Phrenologie. Wir wollten ihm nachmittags sein Frühstück geben, ihm seine Gutenachtgeschichte zum

Abendbrot vorlesen und ihn um Mitternacht wecken, um einen scheiß Kajakausflug zu machen. Also vielen Dank. Da wir jetzt wissen, dass wir ihn jeden Abend zur gleichen Zeit füttern, baden und hinlegen müssen, ist bestimmt alles in Butter.

Falls du das gerade liest und einer der 43 619 Leute bist, die mir diesen Rat gegeben haben, versteh mich bitte nicht falsch: Das war sicherlich nett gemeint. Der Gedanke ist auch bestimmt nicht falsch, aber es gibt bei dieser ganzen Routine-Sache ein grundlegendes Problem: das Baby. Babys ist Routine genauso scheißegal wie quantitative Lockerung oder der Brexit. Routine ist etwas für Leute, die schon länger als sechs Monate existieren. Routine ist etwas für Wesen, die nicht jeden einzelnen Tag frustrierender- und faszinierenderweise anders sind. Manchmal badet Charlie gern, und manchmal ist es, als würden wir ihn in flüssigen Stickstoff tauchen. Manchmal freut er sich, wenn man ein Buch mit ihm anschaut, manchmal würde er es am liebsten in tausend Stücke zerfleddern und sich selbst in den Rachen stopfen. Und manchmal will er schlafen, aber manchmal will er dich auch tagelang wach halten, bis du halluzinierst, deine längst verstorbene Urgroßmutter Rose würde im Bad nebenan auf dem Klo hocken.

SCHLAFTRAINING

Während ich das schreibe, ist Charlie gerade acht Monate alt, und ich muss ganz ehrlich sagen, dass bisher keine zwei Tage gleich waren. Wir feiern seine erste durchgeschlafene Nacht wie einen Meilenstein, nur um festzustellen, dass er bloß Kräfte für die darauffolgenden vier Nächte gesammelt hat, in denen er in seinem Bettchen Party macht, als hätten wir ihm PCP und dosenweise Monster verabreicht.

Als Charlie ungefähr vier Monate alt war, erreichte diese quälende Unvorhersehbarkeit ihren Höhepunkt, und ich tat etwas, was bis dahin undenkbar gewesen wäre. *Ich* holte freiwillig Expertenrat ein.

Das Erste, was ich las, stammte von dem angesehensten Kinderpsychologen der Wissenschaftsgeschichte, Dr. Benjamin Spock, der schrieb:

> Mit vier Monaten schlafen die meisten Babys hauptsächlich nachts und wachen dabei vielleicht ein- oder zweimal auf.

Und ich weiß noch ganz genau, dass ich dachte »Ach, Schnauze, Spock«, und woanders nachgeschaut habe ...

Die offensichtlichste Anlaufstelle für angemessene, vernünftige und wohlüberlegte Ratschläge war natürlich ISIS.

ISIS

Auf einer Pinnwand im Kursraum unseres Geburtsvorbereitungskurses hing ein Zettel, auf dem als beste Ansprechpartner für Probleme mit dem Babyschlaf die Leute von ISIS genannt wurden. Für einen fundamentalistischen dschihadistischen Todeskult schien mir das eine interessante Nebenbeschäftigung zu sein. Doch dann schaute ich mir den Zettel genauer an und stellte fest, dass ISIS in diesem Falle für »Infant Sleep Information Source« steht – eine echte Organisation, die trotz der wesentlich größeren Organisation, die sich im Augenblick im Irak und in Syrien eine Anhängerschaft aufbaut, stur an ihrem Namen festhält. »Wir waren zuerst da« lautet vermutlich der Standpunkt der Infant Sleep Information Source, und da muss ich ihnen und dem Chef ihrer Organisation, Alan Qaida, natürlich recht geben. (Okay, Letzteres habe ich mir gerade ausgedacht.) Egal, obwohl ich jetzt, nachdem ich den Namen gegoogelt habe, wahrscheinlich auf der Beobachtungsliste von MI5 und CIA stehe und die Chance besteht, dass ich nicht mehr nach Amerika einreisen kann, ohne dass die Zollbeamten mich auseinandernehmen, hat ISIS mir tatsächlich interessante Einblicke verschafft.

Ihrer Internetseite zufolge gibt es zwei Kategorien von Methoden, Babys zum Durchschlafen zu bewegen: »präventive« und »therapeutische«.

Das erscheint mir ziemlich überschaubar: »präventiv« bedeutet »Das müsst ihr machen, damit ihr es nicht verkackt«, und »therapeutisch« bedeutet »Das müsst ihr machen, nachdem ihr es verkackt habt«. Natürlich tendierten wir zum Therapeutischen.

Und hier sind ein paar Methoden, die wir ausprobiert haben:

Schlaftagebuch

Schlaftagebuch führen ist eigentlich ganz einfach. Im Prinzip führst du es stundenweise und notierst, wann und wie lange das Baby nachts wach war. Dadurch erhältst du einen Überblick über seinen persönlichen Schlafrhythmus und kannst so tagsüber seine Schläfchen und Fütterzeiten besser abpassen und eine genau auf das Kind zugeschnittene Bettbring-Routine entwickeln. Ein Verfechter dieses Systems überreichte uns ein Tagebuch zum Ausfüllen, in dem ein Beispiel des idealen Zwölf-Stunden-Schlafs eines vier

Monate alten Babys abgedruckt war. Es war nicht sonderlich nützlich: Nach vier Tagen gaben wir auf. Vielleicht hätten wir länger durchhalten sollen, aber bei Tageslicht betrachtet verwandelte es sich sehr schnell in das deprimierendste Tagebuch nach Anne Frank.

Schlaftagebuch Ihres Babys

Beispiel:

20:00 - Schlafenszeit

20:15 - 0:00 - Schlaf

00:00 - 00:15 - Im Schlaf füttern

00:15 - 5:00 - Schlaf

5:00 - 5:15 - Leichte Unruhe

(Windel wechseln & wieder hinlegen)

5:15 - 7:00 - Schlaf

7:00 - 8:00 - Guten Morgen!

Denken Sie daran: Jedes Baby hat seinen eigenen Schlafrhythmus. Erwarten Sie nicht, dass dieses Beispiel exakt zutrifft. Es soll lediglich als Anhaltspunkt dienen.

Schlaftagebuch Ihres Babys Datum: 25.07.16

20:00: SCHLAFENSZEIT.
20:00–21:00: BRÜLLT, ALS WÜRDE WELT UNTERGEHEN
21:00–21:10: KRÜMMT SICH, BIS KOPF KNÖCHEL BERÜHRT
21:10–21:14: SCHLÄFT ... 4 MINUTEN LANG
21:14–21:25: BRÜLLT, ZERKRATZT SICH GESICHT MIT FINGER-NÄGELN UND BOXT SICH MEHRMALS IN HODEN
21:25–21:28: BEINE IN GITTERSTÄBEN VERKEILT
21:28–21:35: SCHLÄFT ... 7 MINUTEN
21:35–21:45: TÄUSCHT ATEMSTILLSTAND VOR
21:45: FÄNGT WIEDER AN ZU ATMEN
21:45–22:00: BRÜLLT 1/4-STUNDE DAUERHAFT ETWAS, WAS WIE "MUUUUNGOO–BOOOHNEN" KLINGT
22:00–22:15: STÖSST SICH KOPF AM BETTCHEN
22:15–22:25: STRAMPELT WIE AUF IMAGINÄREM FAHRRAD
22:25–22:28: SCHLÄFT BESCHISSENE 3 MINUTEN
22:28–22:45: PRUSTET MIT DEN LIPPEN UND MEIN GOTT!? ... WAS STINKT HIER SO!!
22.4.6. /2. JEDEN LEBENSWILLEN VERLOREN
TÖTET MICH. TÖTET MICH. TÖTET MICH.

Babyhypnose

Ich hatte immer so meine Zweifel an der Wirksamkeit von Hypnose. Eigentlich seit Martin Bignall mir in der Highschool erzählt hat, Hypnose sei eine tolle Art, »Tussis flachzulegen«. Martin Bignall war vierzehn Jahre alt, wog fünfundvierzig Kilo, trug eine Brille mit Glasbausteinen und hatte so starke Akne, dass es sogar Gott zum Weinen brachte.

Wenn jemals eine »Tussi« Martin angesprochen hätte, wäre er implodiert. Hypnose funktionierte bei Martin nicht, und meiner Meinung nach auch bei niemand anderem. Das einzige Umfeld, in dem Hypnose große Erfolge zu feiern scheint, sind heruntergekommene Strandpromenadenschuppen, wenn man einen angetrunkenen Selbstdarsteller aus dem Publikum holen und dazu bringen will, dass er eine rohe Zwiebel isst oder so tut, als wäre er ein Huhn. Um ein Baby zum Schlafen zu bringen, ist sie nutzlos.

Ich habe es trotzdem eines Abends versucht. Ich habe Charlie dazu gebracht, mir in die Augen zu schauen, und habe ihm mit ruhiger, einschläfernder Stimme erklärt, dass seine Augenlider immer schwerer werden. Charlie starrte mich an, und ehrlich gesagt hatte er mehr Erfolg damit, mich zu hypnotisieren, als umgekehrt. Er blieb hellwach, und ich döste weg und wachte eine Stunde später neben seinem Bettchen auf und fragte mich, ob er mich wohl gerade eine Stunde lang durchs Haus gejagt und ich gegackert und ein imaginäres Ei gelegt hatte.

Hochnehmen, Hinlegen

In dieser Methode (vertreten von einer Frau, die sich gruseligerweise »Babyflüsterer« nennt) wird betont, wie wichtig es ist, dein Baby nicht in den Schlaf zu wiegen. Stattdessen sollst du es hochnehmen, wenn es schreit, und wieder ablegen, sobald es aufgehört hat. Auch wenn du das Hunderte von Malen tun musst. Das Problem dabei ist, dass du es am Ende so oft hochgenommen und wieder abgelegt hast, dass du es auch direkt in den Schlaf hättest wiegen können. Du wiegst es bloß auf und ab statt hin und her. Wortklauberei. Das einzig Gute an dieser Methode ist das Workout, das du gratis dazubekommst. Dreißigmal pro Stunde ein Neun-Kilo-Gewicht zu stemmen ist eine beschissene Methode, um ein Baby zum Schlafen zu kriegen, aber eine super Methode, um sich einen formschönen Bizeps zuzulegen. Wir haben das zwei Wochen lang ausprobiert. Nach diesen vierzehn Tagen waren wir erschöpfter als vorher und machten keinerlei Fortschritte. Und abgesehen von den dicken Muckis, habe ich am Ende leider auch eine Haltung wie Gollum entwickelt. Wie eine Dame mit dem Usernamen »#PrincessAnne12« im Mumsnet-Schlaftrainingsforum so schön sagte: »Versaut einem richtig schön den Rücken.« (Ich glaube, sie war nicht die echte Prinzessin Anne.)

Ausschleichende Entwöhnung

Der Grundgedanke hinter der ausschleichenden Entwöhnung ist, dem Baby allmählich abzugewöhnen, dass es deine Anwesenheit zum Einschlafen braucht. Zum Beispiel kannst du dich auf einen Stuhl neben sein Bettchen setzen und den Stuhl jeden Abend ein Stückchen weiter wegrücken, bis du schließlich nicht mehr im Zimmer bist. Der Theorie nach schläft dein Baby auf diese Weise ein, ohne dich dabei zu brauchen. Auf einer Internetseite wurde empfohlen, den Stuhl jeden Abend dreißig Zentimeter weiter vom Bett wegzurücken. Und da wären wir auch schon direkt beim Problem mit dieser Technik. Ich weiß ja nicht, wie groß so ein Babyzimmer im Durchschnitt ist, aber unseres ist ziemlich klein, und Charlies Bettchen steht keinen Meter von der Tür entfernt. Am zweiten Abend saßen wir bereits auf dem Flur. Eher Hau-drauf als ausschleichend. Diese Methode soll anscheinend schon nach zwei Wochen erste Erfolge zeigen. Tja, zwei Wochen entsprechen über vier Metern. Wenn wir das durchgezogen hätten, wäre ich nach zwei Wochen komplett außer Hörweite gewesen, hätte mit meinem Stuhl in der Einfahrt der Nachbarn gesessen und wäre mir ziemlich dämlich vorgekommen. Ich habe sogar Empfehlungen gelesen, diese Methode mehrere Monate lang anzuwenden. Am Ende des ersten Monats wäre ich an der Post vorbei gewesen, nach zwei Monaten an der Bücherei, und innerhalb von fünf Monaten hätte ich es bis zum Schwimmbad geschafft.

Extinktion

Man sollte meinen, dass man sich für eine so kontroverse Methode einen weniger aggressiv klingenden Namen hätte ausdenken können. Das klingt ja wie ein Euphemismus für Mord, den ein Auftragskiller benutzen könnte. Und obwohl ein Mord an deinem Baby das Schlafproblem lösen würde, ist die »Extinktion« nicht ganz so brutal. Es gibt auch noch einen umgangssprachlichen Namen für diese Methode, der allerdings auch nicht viel besser ist: »Schreien lassen«. Wie ich schon sagte, auch nicht viel besser. »Schreien lassen« klingt doch sehr nach »Schnauze halten« oder »Zähne zusammenbeißen«. (Aber wenigstens umgeht man damit das Wort »Extinktion« und alle Assoziationen zu Mord, Tod und dem Genozid an Tierarten, die vorm Aussterben bedroht sind, weil aus ihnen chinesische Sexmedikamente hergestellt werden.)

»Schreien lassen« besteht im Großen und Ganzen daraus, dass Babys sich in den Schlaf weinen.

Wir haben es nicht ausprobiert. Damit will ich niemanden verurteilen, der es tut. (Inzwischen sollte klar sein, dass ich nicht die leiseste Ahnung habe, wovon ich hier rede.) Ich kenne viele Leute, die aufs Schreienlassen schwören, und ihre Kinder scheinen ohne die tödliche Triade psychologischer Probleme aufzuwachsen: Bettnässen, Grausamkeit gegenüber Tieren und Zündeln.

So wie ich es verstanden habe, geht es nicht einfach darum, das Schreien des Babys zu ignorieren, sondern es feststellen zu lassen, dass es auch allein in Sicherheit ist. Es geht wohl um Selbstregulation. (Was mich zu der Frage bringt: Wieso nennen sie das Ganze nicht Selbstregulationsmethode?)

Ich sage nur so viel: Ich kann mich nicht daran erinnern, wie meine Eltern damals, als ich ein Baby war, die Sache mit dem Schreien angegangen sind, aber meine Mum erzählt immer wieder die gleiche Geschichte. Als ich ein bisschen älter war als Charlie jetzt, habe ich wohl in den schrillsten Tönen gekreischt, weil ich nicht schlafen wollte. Und eines Abends, als meine Mum und mein Dad am Ende ihrer Kräfte waren, beschlossen sie, mich schreien zu lassen. Nach einer Stunde oder so war alles ruhig. Meine Eltern waren natürlich begeistert: Es war zwar schwer, mich schreien zu lassen, aber es funktionierte offensichtlich. Ihren Erzählungen zufolge gingen sie nach zwei Stunden zu mir hinein, um nachzusehen, ob alles okay war, und stellten fest, dass ich gar nicht geschlafen hatte, sondern die letzten beiden Stunden damit verbracht hatte, mich und die Wände mit meiner eigenen Kacke zu bemalen.

Ich lächelte, winkte meiner Mum mit meinem braunen Händchen zu und wurde nie wieder zur »Selbstregulation« allein gelassen.

*

Es gibt noch Tausende andere Schlaftrainingsmethoden, die von Schlaftrainern und -gurus empfohlen werden, um deine Müdigkeit auszunutzen und an dein Geld zu kommen. Im

Prinzip sind sie jedoch alle nur Varianten von drei grundlegenden Methoden:

- METHODE 1: Das Baby gar nicht schreien lassen – du Weicheier großziehender, verhätschelnder Hippie.
- METHODE 2: Das Baby ein bisschen schreien lassen – du erbärmlicher, verwirrter, unentschlossener Idiot.
- METHODE 3: Das Baby schreien lassen – du unmenschliches, groteskes, herzloses Monster.

Egal, wofür ihr euch entscheidet, es ist falsch. Und der Masse an Eltern nach zu urteilen, die um drei Uhr nachts auf Facebook anzutreffen sind, funktioniert sowieso nichts von der ganzen Scheiße.

WAS FUNKTIONIERT

Jeder, der halb wahnsinnig vor Müdigkeit im Morgengrauen Recherche zu Schlaftraining betrieben hat, wird mir recht geben: Die Scheiße von der Schokolade zu trennen, ist praktisch unmöglich. Kein anderes Thema ist ein derartiges Minenfeld der Widersprüche. Als ich auf meinem Blog zum ersten Mal das Stichwort »Schlaftraining« erwähnte, bekam ich haufenweise Nachrichten mit professionellen Ratschlägen. Die ersten (und einzigen) beiden, die ich gelesen habe, fingen so an:

1. Ein Baby schreien zu lassen ist keine Folter. Es führt weder zu einem erhöhten Stresspegel noch zu bleibenden emotionalen Schäden bei Babys.
2. Für ein Baby ist es Folter, wenn man es schreien lässt.

Wenn Experten sich so heftig widersprechen, wird jeder Ratschlag sinnlos.

Ich bin mir sicher, dass all diese Gurus, die ihre Theorien verbreiten, das Schlafverhalten von Babys eingehend erforscht haben. Ich bin mir sicher, dass sie alle möglichen Experimente durchgeführt und massenhaft Abkürzungen hinter ihrem Namen haben. Das merkt man. Sie sondern Sätze ab wie diesen: »Ob jung oder alt, sobald es dunkel wird, setzt Ihre Zirbeldrüse das Hormon Melatonin frei. Dadurch ...«

Sorry, bin kurz eingenickt ...

Und das ist das Ärgerliche an Expertenmeinungen. Solche Widersprüche bedeuten doch, dass *niemand* irgendwas weiß. Nicht wirklich. Und wenn von Zirbeldrüsen oder irgendwelchen anderen Drüsen geschwafelt wird, während wir unter Schlafentzug leiden und nach Antworten suchen, fühlen wir uns einfach nur verarscht. Eltern wollen keine wissenschaftlichen Details, sondern eine schnelle Lösung. Wir wollen nicht hören, dass es keine schnelle Lösung gibt. Wir wollen eine!

Experte: »Ja, aber es gibt keine schnelle Lö...«
Eltern: »Sie haben nicht zugehört.«

Also ist man irgendwann an einem Punkt, an dem es absolut berechtigt ist, alle Ratschläge zu ignorieren. An dem es vernünftig erscheint, das Baby in den Schlaf zu wiegen oder es trinken zu lassen, wann es will, oder ihm sogar zu erlauben, in eurem Bett zu schlafen. »Mir ist bewusst, dass ich damit ein Monster erschaffe und in zwei Jahren ein Kleinkind haben werde, das niemals schläft ... na und?«, denkt man sich dann. »Wenn ich nicht wenigstens ein paar Stunden Schlaf pro Nacht bekomme, bin ich bis dahin eh tot.« Und so greifen wir auf Dinge zurück, von denen uns mehrfach gesagt wurde, es sei »das Schlimmste, was man tun kann«, und wir tun es trotzdem – weil es funktioniert:

Herumlaufen

... bis dir die Füße bluten. Ein Baby hochzunehmen, wenn es schreit, reicht zur Beruhigung häufig aus. Es hin und her zu wiegen ist die nächste Stufe. Und wenn das nicht hilft, ist das nächste Level herumlaufen – bis du einen Trampelpfad in den Teppich gelaufen hast, der aussieht wie der Weg zur Dartscheibe in einem Arbeiterclub im Norden. Als kleines Experiment habe ich eine Woche lang so einen Pedometer/ Schrittzähler getragen, um herauszufinden, was für eine Entfernung ich beim Herumlaufen eigentlich zurücklege. Ich hatte das Ding schon vor Charlies Geburt eine Weile getragen und bin damals ungefähr 32 000 Schritte pro Woche gegangen. Zum Vergleich die Statistik einer Woche, als Charlie etwa vier Monate alt war und sich weigerte zu pennen:

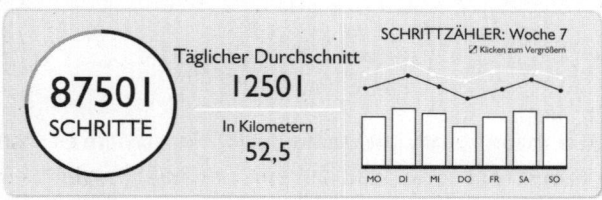

Innerhalb einer Woche war ich auf über fünfzig Kilometer gekommen. Ich habe es ausgerechnet: Das ist ungefähr so, als würde ich von unserem Haus bis nach Hull laufen. Barfuß.

Man kann also durchaus sagen, dass Herumlaufen ziemlich viel kostbare Energie auffrisst. Aber es hat drei unschlagbare Vorteile:

1. Es funktioniert. Es bringt das Baby dazu einzuschlafen (tief genug, dass du es ablegen kannst).
2. Es hält fit.
3. Wenn man hin und her läuft statt geradeaus, landet man nicht in Hull.

Der einzige Nachteil am Herumlaufen ist, dass alle Experten einhellig der Meinung sind, es sei »das Schlimmste, was man tun kann«. »Mit einem Baby auf dem Arm herumzulaufen konditioniert es zu einer übermäßigen Abhängigkeit von ...« Bla bla. Psst, sonst wacht er auf.

Das Auto

Eigentlich gibt es nur zwei vernünftige Erklärungen, warum man um drei Uhr morgens in Unterwäsche durch menschenleere Straßen fährt. Entweder versucht man verzweifelt, die Leiche einer toten Prostituierten loszuwerden, oder man versucht, ein störrisches Baby zum Schlafen zu bewegen.

Autofahren funktioniert einfach.

Nachdem der Kampf um Schlaf schon ein paar Monate andauerte, fanden wir heraus, dass es den gleichen Effekt hatte wie Chloroform, wenn wir Charlie in seinen Kindersitz schnallten und einmal um den Block fuhren. Wir hatten festgestellt, dass er tagsüber bei Ausflügen immer gegen seine Schläfchen ankämpfte. Wenn wir jedoch im Auto unterwegs waren, fiel er bereits nach ein paar Metern ins Koma wie ein narkoleptisches Schaf. Wir kamen beide gleichzeitig darauf: Könnte das nicht auch abends klappen, als letzter Ausweg?

Als Charlie an diesem Abend unruhig wurde, verfrachtete ich ihn also einfach auf den Rücksitz und drehte eine Runde mit dem Auto. Keine fünf Minuten später schlief er tief und fest. So fest, dass ich wieder zu Hause angekommen den Kindersitz abschnallen und hoch in sein Zimmer tragen konnte. Und dort konnte ich unser schlafendes Baby einfach in sein Bettchen kippen.

Überzeugt davon, etwas Unglaubliches entdeckt zu haben, ging ich am nächsten Tag ins Internet, um herauszufinden, ob auch andere diese Methode benutzten, und natürlich stellte ich fest, dass Millionen von Eltern exakt das Gleiche tun, um ihre Kinder zum Schlafen zu kriegen. Außerdem stellte ich fest, dass diese Methode unter Experten als »das Zweitschlimmste, was man tun kann« gilt. Meine Fresse.

Wir hatten herausgefunden, dass die Auto-Methode funktionierte, weil wir Charlies und unser Verhalten am Tag beobachtet hatten. Eine Offenbarung ...

Tagessimulation

Wenn Leute sagen, sie hätten »wie ein Baby« geschlafen, meinen sie eigentlich selten, sie hätten mit Unterbrechungen geschlafen, wären regelmäßig kreischend aufgewacht und hätten sich in dem verzweifelten Versuch, Aufmerksamkeit zu erheischen, eingekotet und das Gesicht zerkratzt. Wenn Leute diesen Ausdruck benutzen, meinen sie normalerweise, sie hätten tief und traumlos geschlafen. Leider denken Babys nicht im Traum daran, tief zu schlafen.

Schlafende Babys wachen beim leisesten Geräusch auf – deshalb schleichen Eltern nachts nur noch durchs Haus wie Geister. Und deshalb verwandeln sich Eltern in nächtliche Ninjas; Ninjas, deren Ehrenkodex nicht mit dem Bushido beginnt, sondern mit der Übereinkunft, die Toilettenspülung niemals nach zwanzig Uhr zu betätigen. Eltern müssen lernen, eins mit ihrem Haus zu werden, versiert darin, knarzende Dielen und die knarrende siebte Stufe auf der Treppe zu meiden, die beim Drauftreten immer klang wie eine seufzende Nonne, sich jetzt aber anhört, als würde man Björk in den Arsch treten. Um Meister der Stille zu werden, müssen Eltern die Kunst erlernen, Husten zu unterdrücken, bis ihnen die Kehle brennt wie Feuer, und Niesen zu unterdrücken, bis sie nach innen niesen, was sich anfühlt, als würdest du dir gleich in die Hose scheißen, während dir die Augäpfel explodieren. Sie müssen es beherrschen, ohne zu atmen und mit willentlich angehaltenem Herzschlag von der Seite des Bettchens zu weichen. Niemals so lang, dass sie umkippen und sterben, aber lang genug, um das infernalische BA-BUMM-BA-BUMM-Geräusch zu dämpfen, das ohrenbetäubend durch die absolute Stille, die sie geschaffen haben, donnert.

Eltern lernen, schweigend zu kommunizieren, nur durch Augenbewegungen und eine ausgedachte Zeichensprache, die der von Soldaten ähnelt, wenn sie leise durch Dschungelterrain vordringen. Und wenn gerade absolute Stille herrscht, alle Geräusche unter Kontrolle gebracht wurden, die friedvolle Ruhe euer Baby ins erholsame Nichts trägt ... geht irgendein Spacken an eurem Haus vorbei, reißt eine Tüte Chips auf, und alles ist für den Arsch. Schönen Dank auch, Trevor, lass dir deine Cheese and Onion schmecken, du egoistisches Arschloch.

Als wir merkten, wie problemlos Charlie in einer lauten Umgebung wie dem Auto einschlief, kamen wir auf die Idee, dass wir das Ganze womöglich falsch angegangen waren. Vielleicht waren wir zu leise. Vielleicht lag es ja gerade an dem stillen Umfeld, das wir geschaffen hatten, dass alle Geräusche nachts übertrieben laut klangen und Charlie weckten.

Hier ein Blogpost über den Augenblick, in dem mir das klar wurde:

Der endlose Man-vs.-Baby-Kampf um den Schlaf geht in die nächste Runde ...

Psst, Charlie schläft. Aber kann sich irgendjemand erklären, warum wir, während er tagsüber schläft, einen Krieg mit Blechblasinstrumenten austragen könnten, ohne dass er mit der Wimper zuckt ... doch kaum legt man ihn abends ins Bett, könnte sechzig Kilometer entfernt eine Maus in ein Taschentuch furzen, und er würde sofort senkrecht im Bett stehen von wegen »Was zur Hölle war das jetzt bitte!?« ... Es ist nicht so, als würde er gar nicht schlafen, er hat bloß einen leichteren Schlaf als O. J. Simpsons neue Perle.

Am wahnsinnigsten macht es mich, wenn er tief schläft und ich ihn in sein Bettchen lege ... oder gerade aus dem Zimmer gehen will ... und mein Ellbogen oder mein Knie dieses fiese Knacken von sich gibt ... ohne Scheiß, das reicht, um ihn wach zu machen.

Dummerweise scheine ich den Körper eines Achtzigjährigen mit Arthrose zu haben. Mir ist vorher nie aufgefallen, wie oft meine Gelenke krachen und knacken ... Wenn ich in einem leisen Haus versuche, mich lautlos zu bewegen, klingt es, als hätte jemand eine Ladung feuchtes Holz ins Feuer geworfen.

Wir haben es mit Weißem Rauschen probiert, aber neben einem lauten Radio mit verstelltem Sender zu schlafen, sorgt dafür, dass ich am liebsten den Kopf gegen die Wand hauen will. Wir haben es sogar mit einer App probiert, die das Geräusch von Regen simuliert, aber davon musste ich alle zehn Minuten aufs Klo.

Ich glaube, um ihn nachts zum Schlafen zu kriegen, müssen wir die gleichen Bedingungen schaffen wie tagsüber, das heißt, alle Lichter anmachen, staubsaugen, den Fernseher anschalten und eine laute Aufnahme der Nachbarn beim Mülltrennen abspielen, während ich »Martin« von British Gas am Telefon zusammenscheiße. Ich wette, dann schläft er wie ein Stein.

Also haben wir genau das gemacht. Wir ahmten Tagesbedingungen nach. Wenn Charlie nicht schlafen wollte, versuchten wir, Staubsauger, Radio oder Fernsehen, Waschmaschine oder Trockner anzumachen. Und unglaublich, aber wahr, es funktionierte. Und endlich bekamen alle ein wenig Schlaf. Zumindest bis die Stromrechnung kam und wir uns alle zusammenkauerten und weinten.

DER SCHLAF WIRD KOMMEN

Das Thema Schlaf kann für die meisten jungen Familien richtiggehend zur Obsession werden. In einer Studie wurde überschlagen, dass frischgebackene Eltern im ersten Babyjahr durchschnittlich sechsundzwanzig Stunden Schlaf pro Woche einbüßen. Kein Wunder also, dass wir völlig fertig sind, die Wände hochgehen und wehmütig vom Tod träumen.

Wie wir gesehen haben, bekommst du eine Million unterschiedliche Ratschläge, wenn du dein Baby zum Durchschlafen bewegen willst. Wahrscheinlich hat sogar jeder mit seiner Meinung recht. Ihre Theorie stimmt – bei *ihrem* Baby. Die ehrlichen Experten betonen, dass es keine Theorie gibt, die sich auf alle anwenden lässt. Wie unsere liebe spanische Nachsorgehebamme Sylvia zu sagen pflegt: »Es gibt kein Patentantenrezept.«

Das stimmt. Es gibt keine schnelle Lösung, und manchmal gibt es gar keine Lösung, außer Zeit.

Ein Freund von mir hat mal das Logischste, Tröstlichste und Vernünftigste gesagt, was ich je zu diesem Thema gehört habe, und zwar das:

Sie schlafen nicht – aber irgendwann dann doch.

Es ist keine tiefschürfende Erkenntnis. Es ist keine Schlussfolgerung, die man nach Jahren der Forschung oder nach Experimenten an Ratten oder Welpen zieht. Für diese Weisheit brauchte mein Freund keine Abkürzungen hinter seinem Namen und auch kein jahrzehntelanges Studium. Aber trotzdem ist sie immer wahr.

Ich glaube, wenn du zu dem Zeitpunkt, an dem dein Baby beschließt durchzuschlafen, zufällig gerade eine Schlaftrainingsmethode ausprobierst, wirst du zeit deines Lebens schwören, dass diese Methode wirkt. Es liegt in der Natur des Menschen, Muster und Strukturen zu sehen, wo keine sind.

Und wenn es um Babys Schlafgewohnheiten geht, sind Muster und Strukturen schrecklich schwer greifbar.

Während ich das hier schreibe, wacht Charlie nur noch selten nachts auf. Mit circa zehn Monaten hat er einfach angefangen durchzuschlafen. Er hat nicht geschlafen – aber dann irgendwann doch.

All denjenigen unter euch, die immer noch Trampelpfade in den Teppich latschen, sich zu den Mördern auf die nächtlichen Straßen gesellen oder dieses Buch mitten in einer scheinbar endlosen Nacht lesen, biete ich dies als allgemeingültige Wahrheit, als heimatlichen Leuchtturm und Hoffnung in der Ferne:

Sie schlafen nicht – und irgendwann dann doch.*

* (Aber sie wachen scheißfrüh auf.)

4

AUSSCHEIDUNGEN

Dieses Kind produziert mehr Scheiße als Kanye West.

Im Ernst, ein Exemplar von allem, was West je produziert hat, würde garantiert keine Mülltonne füllen – drei Tage den Windeleimer leeren, und ich kriege nicht mal mehr den Deckel unserer Tonne zu.

Als der Erfinder der Atombombe, Robert Oppenheimer, die unmenschliche Zerstörung sah, zu der seine Erfindung fähig war, soll er aus der *Bhagavad Gita*, einer heiligen hinduistischen Schrift, zitiert haben. Er sagte: »Jetzt bin ich zum Tod geworden, der Zerstörer der Welten.« Oder so ähnlich. Daran musste ich denken, als Charlie zum ersten Mal in die Badewanne gekackt hat.

Darauf kann dich nichts vorbereiten. Eben habt ihr noch fröhlich rumgeplanscht, und im nächsten Augenblick hast du einen Schauplatz der Verwüstung vor dir. Die Art von ökologischer Katastrophe, bei der Umweltschützer tote und noch nach Luft schnappende Möwen aus dem Wasser fischen. Der reinste Sumpf, und mittendrin saß unser Baby, ein Swamp Thing im Miniaturformat, das immer noch planschte und spritzte und irgendwie selbstzufrieden wirkte.

Schlimmer geht nicht. Aber fünfzig Prozent des Babyalltags besteht aus Scheiße. Buchstäblich.

MEKONIUM!

Der NHS-Website zufolge soll man vom allerersten Windelwechseln an »versuchen, keinen Ekel vor dem Windelinhalt zu zeigen, denn Ihr Baby soll nicht lernen, dass es etwas Unangenehmes oder Negatives ist, ein Häufchen zu machen«. Also erstens ist mir egal, was die Experten meinen, aber: Ein neugeborenes Baby hat nicht den blassesten Schimmer, wie

»Ekel« aussieht. Zweitens ist Scheiße im Großen und Ganzen unangenehm. Sie wie ein freundliches braunes Haustier zu behandeln, führt garantiert zu Schwierigkeiten.

Mit allem gebotenen Respekt für die NHS-Psychologen, aber ich würde mir mehr Sorgen um die Langzeitfolgen für ein Kind machen, dessen Eltern seine Exkremente dümmlich angrinsen und eine Windel aufmachen, als wäre sie ein Hochzeitsgeschenk: So werden Serienkiller gemacht. Entgegen dem, was die Profis raten, sollten wir uns also nicht allzu schlecht dabei fühlen, wenn wir beim Öffnen der Windel leicht entsetzt aussehen. Meist haben wir allen Grund dazu.

Direkt nach der Geburt und etwa noch eine Woche danach kackt das Baby etwas namens »Mekonium« aus. Als ich das Wort zum ersten Mal gehört habe, habe ich mir gewünscht, es schon gekannt zu haben, als ich 1998 nach einem Namen für meine Synth-Indieband gesucht habe. Es klang wie ein ausgedachter Planet oder einer der X-Men. Tatsächlich (und informativer wird dieses Buch nicht) besteht Mekonium aus den Überresten dessen, was das Baby im Mutterleib aufgenommen hat: Fruchtwasser, Galle, Schleim, einem alten Stiefel, einem Fahrradreifen …

Es ist schwarz. Es hat die Konsistenz von Teer. Es sieht aus wie dämonisches Marmite oder das Zeug, mit dem der Teufel seine Einfahrt erneuern würde. Das Erste, was du bei seinem Anblick tust, ist das Köpfchen deines Babys nach einem Geburtsmal in Form von drei Sechsen abzusuchen. Ja, es ist verstörend, und auf den ersten Blick ein weiterer unerwünschter Beweis dafür, dass dein Baby an der Pforte des Todes steht.

Die gute Nachricht ist, dass die Mekonium-Phase nach ein paar Tagen vorbei ist. Die schlechte Nachricht ist, dass du schon bald die Einfachheit dieser Schisse vermissen wirst, denn die nächsten Monate werden von Gesprächen über die Vielfalt derer, die noch kommen, geprägt sein. Welche Farbe sie haben, welche Konsistenz, wie oft, wie sie riechen, und dass dieser eine echt ein bisschen aussah wie Jeff Goldblum.

WAS FÜR EINE SCHEISSE ...

Abgesehen vom Lock-Schiss (siehe Einleitung) sind hier die Abscheulichkeiten, auf die du gefasst sein musst:

Der Standard: selbsterklärend – die alltägliche Nullacht-fuffzehn-Kacke. Kein Problem für den routinierten Windelwechsler.

Der Schmierer: Ein scheinbar harmloser Standard, aber dank einer schlecht sitzenden Windel oder der Schlafposition des Zwergs ist der Inhalt über seinen ganzen Körper verschmiert, so dass du den Eindruck hast, dein Kind sei absichtlich darin mariniert worden. Wenn nicht du ihm die letzte Windel angezogen hast: finde den Schuldigen. Wenn du es warst: gib der fehlerhaften Windel die Schuld.

Das Phantom, oder der Wunsch-Schiss: Auch dieser erfüllt alle Eigenschaften eines Standards. Das angestrengte Drücken, der Klang, sogar der Geruch. Doch wenn die Windel entfernt wird, ist nichts drin. Keine Sorge. Ein Wurmloch hat sich zwischen Po und Windel aufgetan, und die Kacke hat unser Raum-Zeit-Kontinuum verlassen. (Ich habe keine Ahnung, wo im Universum das Wurmloch endet und wo diese unchristliche Ladung Scheiße und Horror landen, aber ich habe Grund zur Annahme, dass es der Wickelraum des TK Maxx in Doncaster ist.)

Der Einsiedler: Wie beim Phantom ist die Windel leer, aber du siehst schon, dass etwas im Anmarsch ist. Wenn du wischst, merkst du, dass da etwas ist, aber es ist schüchtern. Schau später noch mal nach.

Der Expressionist: eine Furz-Kack-Kombo. Die Kombination von Druckluft und Exkrementen kann ein postmodernes Meisterwerk kreieren. (Bloß nicht innehalten und bewundern, es könnte durchaus ein Lock-Schiss sein.)

Die Suppe: Die Windel hat die Form einer Schüssel angenommen und ist randvoll. Nicht einfach zusammenfalten: Diese Windel muss wie ein Abendmahlkelch andächtig mit beiden Händen zum Windeleimer oder irgendwohin getragen werden, wo sie ausgekippt werden kann, am besten über den Gartenzaun oder in den Schicksalsberg.

Der Todesschiss: Diese Monstrosität kündigt sich auf Babys Gesicht an, indem vor lauter Anstrengung alle Adern sichtbar werden, als würde es gerade versuchen, ein Auto anzuheben. Das ist der Schiss, der Elvis getötet hat. Und für die Umsetzung dieser Anstrengungen sind unfassbare Kräfte vonnöten. Wenn andere Kackladungen wie ein militärisches Bombardement wirken, ist das hier »Shock and Awe«, als würde das Baby von einem Moment auf den nächsten die Hälfte seines Körpergewichts verlieren. Versuch auf keinen Fall, das alleine wegzumachen. Ruf deine Partnerin. Gott, ruf die UNO.

Der Jeff Goldblum: Wahrscheinlich wirst du ihn nie zu Gesicht bekommen. Uns ist er nur einmal begegnet, aber er sah wirklich ein bisschen aus wie Jeff Goldblum.

Natürlich musst du dir diese ganzen unterschiedlichen Arten von Ausscheidungen nicht merken. Das Ganze kann vereinfacht werden, indem man sie nach Schweregrad einordnet. Bei uns zu Hause verwenden wir eine Variation der Richter-Skala. Alles über vier ist ein Zweimannjob, alles über sechs »Alarmstufe Rot«. Siebenen und Achten sind »Endgegner«.

Wir hatten noch nie eine Neun.

In den dunkelsten Ecken des Internets hört man von Neuner-Schissen. Den Berichten zufolge braucht man für eine Neun Schutzanzüge und hat danach eine Wickelunterlage mit der Halbwertszeit der Kantine von Fukushima.

KACK-EXPERTEN

Mit welcher Kategorie von Kacke du es auch zu tun hast, die Experten ignorieren die Tatsache, dass es da Unterschiede gibt. Babybestseller sind voll von Kapitelanfängen wie »Wenn Ihr Baby in die Windel gemacht hat ...«, ohne darauf einzugehen, dass der Ausdruck »in die Windel machen« alles zwischen ein paar Sprenkeln und einigen der oben genannten Abscheulichkeiten abdeckt.

Ein vergleichbares Problem besteht, wenn in diesen Büchern mit typischer Zurückhaltung von »Pipi« die Rede ist. Als Vater eines Jungen fand ich den Tipp, ein Tuch über seine Geschlechtsteile zu legen, um Pisse im Gesicht zu vermeiden, ziemlich gut. Doch auch in diesem Fall wird verschwiegen,

dass er manchmal pisst, als wäre er auf einem Junggesellen-
abschied gewesen, und diesen Strahl hält kein Tuch der Welt
auf. Bei diesen Gelegenheiten brauchen wir Plastikcapes,
wie man sie in den ersten Reihen am Delfinbecken von Sea
World bekommt. Und abgesehen von der Tuch-Idee liefert
auch keins der Babybücher einen Vorschlag, was zu tun ist,
wenn dein Baby so viel gepinkelt hat, dass sich auf der Wickelunterlage eine Pfütze gebildet hat und es in seinem eigenen Urin herumplanscht wie ein fröhliches Entlein.

Indem sie den Mythos verbreiten, alle Windeln (und
Babys) seien gleich, weigern sich nahezu alle erhältlichen
Bücher, sich der Wahrheit des Wickelns zu widmen – ein
Versäumnis, das häufig von einer grotesk vereinfachten Ab-
bildung eines friedlichen Kindes, das sich seelenruhig den
Hintern säubern und eine neue Windel anlegen lässt, illustriert wird. Jedes Mal blättere ich enttäuscht um und muss
feststellen, dass sich auch dort keine weiteren Abbildungen
befinden, die Eltern beim Beseitigen eines »Kack-Nackens«
zeigen, und dass auch der Frust, den Klebestreifen der alten
Windel aus Versehen an den Klebestreifen der neuen Windel
geklebt zu haben, nirgendwo illustriert wird. (Das passiert
mir ständig. Mein Rekord versehentlich zusammengekleb-
ter Kackwindeln liegt bei vier. Das Ergebnis war eine dekora-
tive Kette, die aussah wie das Produkt einer Bastelstunde für
geistesgestörte Inkontinente.)

SCHEISSE-JEDIS

Um ehrlich zu sein, war der Geburtsvorbereitungskurs eine
ziemlich gute Vorbereitung auf diese ganzen Widerwärtig-
keiten. Die meisten Elternkurse bieten eine gute Einfüh-

rung ins Windelwechseln, aber ich zumindest ging mit der Einstellung hin, das sei reine Zeitverschwendung. Ich meine, wie schwer konnte es schon sein, einem Baby eine Wegwerfwindel anzuziehen? Dumm wie ich war, dachte ich, dass es mit den buntgemusterten Windeln und Klebestreifen so sein müsste, als würde man ein besonders abscheuliches Geschenk verpacken.

Als Teil unserer »Einführung ins Windelwechseln« sollte ich mit einem anderen Mann ein Team bilden, und wir bekamen eine Puppe zum Üben. (Ich weiß nicht, wieso wir nicht mit unseren Partnerinnen zusammen üben durften – hatte wohl irgendetwas damit zu tun, das Verantwortungsgefühl der Väter fürs Windelwechseln zu stärken.) Um es realistischer zu gestalten, verbarg sich in der Windel der Puppe eine Art Chutney, das die Exkremente repräsentieren sollte. Es war schwieriger als gedacht. Ich hatte einen der Klebestreifen nicht richtig geöffnet, und als ich versuchte, die Windel abzunehmen, löste sich mit Schwung der Streifen und katapultierte etwas Chutney in Jeremys Mund. Der war so ins Rollenspiel vertieft, dass er kurz vergaß, dass es Chutney war, und sich würgend über den nächsten Papierkorb beugte.

Das war kein vielversprechender Beginn meiner Windelwechselkarriere, und Jeremys Partnerin sah ihn an, als hätte sie den größten Fehler ihres Lebens begangen. (Womit sie natürlich recht hatte: Im Laufe der Woche, die der Geburtsvorbereitungskurs dauerte, stellte sich heraus, dass Jeremy ein absoluter Vollhonk war.) Aber trotz diesem holprigen Start wurden wir bei jedem Kurstermin besser, und nach einer Weile hatten wir alle das gute Gefühl, wenigstens eine Fähigkeit meisterhaft zu beherrschen. Wir waren die Scheiß-Jedis.

Natürlich wurde dieses Selbstvertrauen vom tatsächlichen Windelwechseln schnell ad absurdum geführt. So nützlich Geburtsvorbereitungskurse auch sein mögen, denk dran: Puppen halten still. Puppen pinkeln dir nicht in die Augen oder kacken deine Ärmel voll, während du dich um die Scheiße kümmerst, die sie gerade verzapft haben. Puppen fassen nicht hinein, als wäre es Nutella, oder schnappen sich das Tuch, mit dem du sie saubermachst, und stecken es sich in den Mund. Und Puppen schreien und kreischen auch nicht die ganze Zeit über, als würde die Welt untergehen ... Oder, viel, viel schlimmer, lachen dir nicht ins Gesicht, weil du so erbärmlich überfordert bist.

DER »WECHSLER«

Eins der Hauptprobleme ist, dass man sich nie sicher sein kann, was für ein absurdes Theater sich in einer Windel abgespielt hat, ohne nachzugucken. Doch sobald du das tust, bist du verpflichtet, »der Wechsler« zu sein. Vor Charlies Geburt fand ich es immer absurd, wenn Eltern am Esstisch oder sonst wo den Verdacht hatten, dass ihr Baby gekackt hatte, die Nase in seinem Po vergruben und tief einatmeten, als wäre es Meeresluft, um dann beiläufig zu verkünden: »Ja, er hat gekackt.« Inzwischen weiß ich, dass diese Oldschool-Methode, obwohl wir inzwischen über ausgeklügelte Technologien verfügen, um alle möglichen Vitalzeichen zu messen, der einzige Weg ist, um festzustellen, ob ein Baby in die Windel gemacht hat. Aber auch diese Methode funktioniert nicht fehlerfrei. Du kannst versuchen, dem Geruch, Klang oder Rumoren nach zu urteilen, aber wenn du die Hose runterziehst, kann es sein, dass du entweder einem Phantom aufgesessen bist oder aber eine glatte Neun vor dir hast.

Das Windelwechseln folgt auch keinem Zeitplan: Babys kennen keine Regelmäßigkeit. Wie damals, als ich mich in der Studentenzeit nur von Fleisch ernährt habe, kann es sein, dass sie tagelang nichts von sich geben. Dann wiederum gibt es Zeiten, in denen sie extrem produktiv sind. Unsere häufigste Google-Suchanfrage im ersten Monat war: »Wie oft sollten Babys kacken?« Erstaunlicherweise ist laut Experten alle fünf Tage normal, zwölfmal am Tag aber ebenso normal. Wie zur Hölle kann das beides normal sein? Wenn ein Baby einen Monat alt ist und nur alle fünf Tage kackt, dann hat es erst sechsmal in seinem Leben gekackt, wohingegen es bei zwölfmal am Tag bereits dreihundertsechzigmal gekackt hat? Wenn man diese beiden Kinder nebeneinander in ein Aquarium setzen und sie sich selbst überlassen würde, hätte das rechte meinen Berechnungen nach beide längst begraben, ehe das linke überhaupt eine teelöffelgroße Menge rausgedrückt hätte.

Vor diesem Hintergrund ist es besonders wichtig, einen vernünftigen Ansatz bezüglich der Arbeitsteilung zu haben. Da gäbe es das einfache, abwechselnde »Ich war letztes Mal dran«. Oder das umstrittenere »Er/sie liegt auf dir«-System. Beide Methoden haben Vor- und Nachteile. Bei der »Ich war letztes Mal dran«-Methode müssen sich beide Parteien daran erinnern, wer die letzte Windel gewechselt hat, und wenn man bis zu zwölfmal am Tag wickelt, ist das nicht ganz einfach. Außerdem kann diese Verwirrung ausgenutzt und die Gedächtnisschwäche einer an Schlafmangel leidenden Person gegen sie verwendet werden. Wenn dein Partner auf Zack ist und das Erinnerungsvermögen eines Cyborgs besitzt, gibt es kein Entrinnen. Lyns ist so, und bei diesem Szenario ist der »Ich war letztes Mal dran«-Ansatz wenig flexibel. Ein Meteorit könnte durch unsere Decke krachen und mir

Arme und Beine abreißen – Lyns würde trotzdem auf meinen zuckenden Torso hinabblicken und sagen: »Du bist dran, Stumpfi.«

Die »Er/sie liegt auf dir«-Methode ist da wesentlich flexibler. Derjenige, auf dem das Baby liegt, während es in die Windel macht, ist verantwortlich für die Beseitigung. Das Problem bei dieser Variante liegt darin, dass jeder versucht, dem anderen den schwarzen Peter zuzuschieben und das Baby zu einer Art radioaktivem Football wird. Nachdem wir diese Methode eine Zeitlang angewendet hatten, befanden wir uns in einer Art eskalierendem Kalten Krieg, in einem gefährlichen Spiel mit dem Feuer, bei dem wir versuchten, Charlie so lange wie möglich auf dem Arm zu behalten und ihn dann in letzter Sekunde abzugeben. Der Schlüssel zu einer erfolgreichen Übergabe ist übrigens, »die Grimasse« früh genug zu bemerken. In den Sekunden, bevor es losgeht, nimmt das Gesicht des Babys einen gewissen Rotton an und friert hochkonzentriert ein, als würde es gerade versuchen, ein besonders widerspenstiges Marmeladenglas zu öffnen. Die Kunst besteht darin, es loszuwerden, bevor es den Deckel aufbekommt.

Bei der Frage, ob ihr die »Ich war letztes Mal dran«- oder die »Er/sie liegt auf dir«-Methode wählt, gibt es noch ein, zwei Faktoren, die das Ganze verkomplizieren. Zum Beispiel, was man tut, wenn das Baby kackt, während es allein im Bettchen liegt, auf einem Fremden oder einem Familienmitglied, das so entfernt verwandt ist, dass es die Aufforderung, die Ärmel hochzukrempeln und sich ans Werk zu machen, mit »Bist du irre?« beantwortet. Wir jedenfalls sind nach Berücksichtigung aller oben genannten Aspekte bei einer kombinierten Methode gelandet, die für uns ihren Zweck erfüllt. Klingt kompliziert, aber ich habe das mal in einem einfachen Diagramm zusammengefasst:

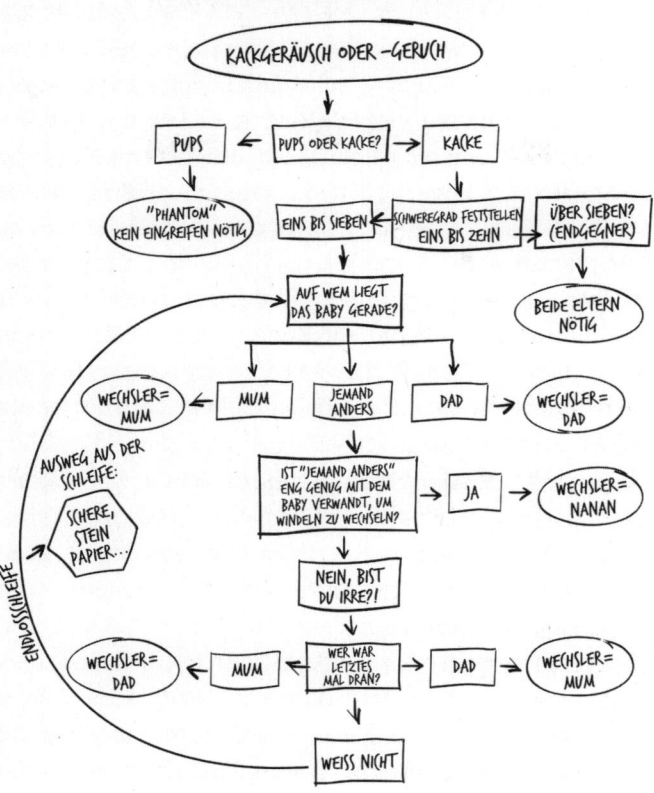

WER IST DRAN MIT WINDELWECHSELN?

KACKGERÄUSCH ODER –GERUCH

PUPS ← PUPS ODER KACKE? → KACKE

"PHANTOM"
KEIN EINGREIFEN NÖTIG

EINS BIS SIEBEN ← SCHWEREGRAD FESTSTELLEN
EINS BIS ZEHN → ÜBER SIEBEN?
(ENDGEGNER)

BEIDE ELTERN
NÖTIG

AUF WEM LIEGT
DAS BABY GERADE?

WECHSLER=
MUM ← MUM

JEMAND
ANDERS

DAD → WECHSLER=
DAD

AUSWEG AUS DER
SCHLEIFE:

SCHERE,
STEIN
PAPIER...

IST "JEMAND ANDERS"
ENG GENUG MIT DEM
BABY VERWANDT, UM
WINDELN ZU WECHSELN? → JA → WECHSLER=
NANAN

ENDLOSSCHLEIFE

NEIN, BIST
DU IRRE?!

WECHSLER=
DAD ← MUM ← WER WAR
LETZTES
MAL DRAN? → DAD → WECHSLER=
MUM

WEISS NICHT

VON DER »ENTHÜLLUNG« ZUM »INDIANA«

Du hast also den Schaden beurteilt und ein Phantom ausgeschlossen, die Windel muss gewechselt werden, und du bist dran.

Wie ich bereits erwähnte, bin ich inzwischen ziemlich

119

geschickt im Windelwechseln. Ich stelle mir dazu gerne vor, ich wäre ein Kandidat der Spielshow *The Cube*, und Phillip Schofield stünde mit ängstlicher, aber ermutigender Miene in der Nähe. Schließlich ist der Vorgang an sich ein mehrstufiges Wettrennen gegen die Zeit. Sobald du mit dem Wickeln beginnst, setzt der Countdown ein, und die Frage ist, ob du diese Aufgabe schaffst, ehe das nächste Ereignis eintritt. Wenn der Glaswürfel, in dem die Kandidaten bei *The Cube* ihre Aufgaben lösen müssen, mit Rohren ausgestattet wäre, aus denen sie mit Pisse und Kacke besprüht würden, wenn sie ein »Leben« verlieren, wäre es eine ziemlich genaue Nachbildung des Zeitdrucks, unter dem der Wechsler steht.

Hier kommen also die unterschiedlichen Parts/Herausforderungen des Windelwechselns.

Zunächst einmal ist da die »Enthüllung«. Die Enthüllung ist durch Hoffnung charakterisiert. Während die Klebestreifen der Windel gelöst und der Inhalt offenbart wird, hofft und betet ein Teil von dir, es möge ein Phantom sein – oder wenigstens nur ein brauner Schatten.

Diesem Part folgt das »Leugnen«. Sobald du ein absurdes Theater freigelegt hast, schließt du die Windel augenblicklich, leugnest ihre Existenz und versuchst, in einen Zustand der Ahnungslosigkeit zurückzukehren wie Schrödinger, der versuchte, die Kiste mit seiner toten Katze wieder zu schließen.

Danach kommt das »Zusammenklappen«. Das war mal ein richtig guter Tipp, den mir unsere Hebamme gegeben hat: Klapp die Windel einfach in sich selbst zusammen, um den ganzen Schmierkram in einer Art Kack-Pastete zusammenzuhalten. So kann er sich normalerweise weder auf dir noch auf deinem Baby verteilen.

Das Zusammenklappen wird rasch gefolgt von der »Säuberung« (selbsterklärend). Und sobald wir die Säuberung hinter uns gebracht haben, kommen wir zu einer entscheidenden Phase des Wickelns: der »Indiana«.

Der Indiana ist der heikelste Part der ganzen Operation, da er die Entfernung der beschmutzten Windel und den sofortigen Austausch durch eine saubere beinhaltet. Es ist exakt das gleiche Manöver, das Indiana Jones in *Jäger des verlorenen Schatzes* vollführt, als er eine Goldstatue durch einen gleich schweren, mit Sand gefüllten Beutel ersetzen muss. Indy gelingt es nicht, und schon ist die Kacke am Dampfen. Wenn dir dieser Part misslingt, ist die Kacke am Dampfen und verteilt sich auf den Wänden, dem Teppich und dem Hund. Im Ernst, wenn jetzt der Donner einsetzt, hast du verloren.

Es gibt noch einen weiteren Schritt, womöglich den wichtigsten von allen, der jedoch stets unterschätzt wird. Das »Zukleben«. Normalerweise ist dies der Zeitpunkt, an dem du feststellst, dass du die Windel falsch herum angezogen hast. Die Dinger sind einfach immer falsch herum. Immer. Es ist nahezu unmöglich, die Vorderseite einer Windel von der Rückseite zu unterscheiden. Die Rückseite ist nur ein wenig größer. Windelhersteller neigen schlauerweise dazu, Comictierchen auf beide Seiten zu drucken, statt einer bitter benötigten Beschriftung mit dem Wort »VORNE« auf der Vorderseite und »HINTEN« auf der Hinterseite. Irgendwie

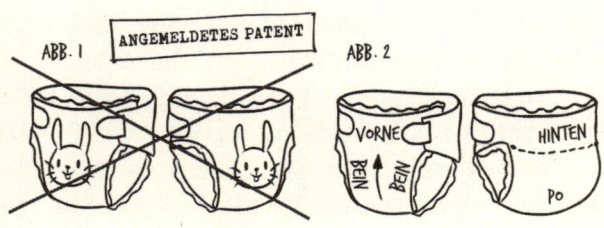

scheinen sie zu glauben, Eltern würden sich mitten im Vorgang des Wickelns hinsetzen und die herumtollenden Elefanten bestaunen, statt zu denken: »Bitte, lieber Gott, lass sie diesmal richtig herum sein, sonst kackt mir das Baby auf die Hand.«

Wenn dir die ganze Windelsache zu sehr zu schaffen macht, könntest du es mit »windelfrei« probieren. Ja, es ist genau das, wonach es klingt, und ja, es ist genauso irre, wie der Name bereits andeutet.

Die Idee ist, dem Kind keine Windel anzuziehen, sondern zu merken, wann das Baby kurz davor ist zu kacken, und es über eine Schüssel oder die Toilette zu halten. Das ist ein Beispiel der völlig bekloppten Ideen, die auf eine Rückkehr zu einer natürlicheren Form der Kindererziehung abzielen. Verfechter dieser Methode labern den üblichen Mist von wegen »als wir in Höhlen gelebt haben, hatten wir noch keine Windeln«. Und obwohl das durchaus der Wahrheit entsprechen mag, hatten wir damals auch keine verdammten Teppiche. Dem Buch *Baby-Led Parenting* zufolge muss man neben den »Treffern« auch mit »vielen Fehlschüssen« rechnen ... Sag bloß?! Innerhalb einer Woche wird euer Haus aussehen und riechen wie ein Schweinestall. Statt Windeln zu wechseln werdet ihr einmal die Woche ausmisten und euch fragen, wo die ganzen Besucher abgeblieben sind. (Übrigens, was machst du, wenn Junior gerade durch die Gänge von Sainsbury's stromert?)

Windelfrei ist nur eine von vielen bizarren Theorien, die sich um Babykacke ranken. Am Anfang des Kapitels haben wir uns mit dem Rat des NHS beschäftigt, beim Wickeln nicht zu angeekelt zu schauen, um das Kind nicht zu verstören. Andere Experten treiben es auf die Spitze und schlagen vor, das Windelwechseln mit deinem unwissenden Neugeborenen zu besprechen, ihm zu erzählen, dass es gekackt und gepinkelt hat und wieso du es jetzt wickelst. Wenn du diese einfachen Tipps befolgst, könne das Wickeln zu einer »schönen, vertrauten Zweisamkeit« werden.

Also, jeder, wie er mag, aber ich ziehe es in Sachen Zweisamkeit dann doch vor, Charlie *Die Schnecke und der Buckelwal* vorzulesen, und ich werde mir kein schlechtes Gewissen einreden lassen, nur weil ich das Wickeln nicht als lustiges soziales Event sehen kann. Und ich fühle mich auch nicht schlecht, weil mir gelegentlich vor Ekel die Gesichtszüge entgleisen und ich schreie: »Du liebes Jesuskind aus dem scheiß Orient, Mann!«, wenn ich ein Monster freilege. Ich werde auch garantiert keine Minderwertigkeitskomplexe entwickeln, weil mich der Gedanke, dass unser Sohn durchs Haus krabbelt und überall seine kleinen Geschenke hinterlässt, nicht sonderlich begeistert.

EINE KURZE ANMERKUNG ZU ZWILLINGEN

Mir ist durchaus bewusst, dass einige unter denen, die das hier gerade lesen, Eltern von Zwillingen sind oder werden. Und sie werden beim Lesen dieses Kapitels, und vermutlich des ganzen Buches, verächtlich kichern. Lasst mich eins klarstellen: Ich habe große Ehrfurcht vor Zwillingseltern, vor allem in Hinblick auf die Sache mit den Ausscheidungen.

Ein Kumpel von mir ist Vater von zwei Zwillingspaaren, und als ich ihm von unseren Schwierigkeiten beim Wickeln erzählt habe, hat er bloß gelacht. Er meinte, auf eins aufzupassen, während man das andere wickelt, sei schwierig, aber wenn sie sich vorher absprechen würden, sei es wie *Apocalypse Now*. Während einer Pisse abfeuere, komme Scheiße

aus dem anderen geflogen. Wickeln sei die pure Eindäm-
mungs-Übung, als spiele man Whac-A-Mole. Aus seinem
Mund klang das wie Armageddon. Ein anderer Freund, Gavin, war dabei, während wir uns darüber unterhielten, und
kam auf die einfachste Lösung aller Zeiten: Wähle einfach
deinen Lieblingszwilling und lass den anderen in seiner eigenen Scheiße sitzen. Gavin hat keine Kinder. Aber mit einem derartigen Problemlösungstalent wird er eines Tages
einen verdammt guten Vater abgeben.

ALSO …

Es wird nie deutlicher als beim Windelwechseln, wie erbärmlich so ein menschlicher Säugling ist. Andere Spezies
können direkt nach der Geburt laufen, Schutz suchen und
Gefahr erkennen, kommunizieren und verstehen. Aber ein
Baby ist völlig abhängig von dir. Es ist zu nichts in der Lage
außer essen, ausscheiden und Spuckeblasen machen.

Die Erkenntnis, für die einfachsten Bedürfnisse eines
kleinen Menschen verantwortlich zu sein, ist überwältigend,
aber die Beschäftigung mit den Piss- und Kackseiten des Elternseins ist ein ebenso guter Maßstab für elterliche Liebe
wie die Häufigkeit, mit der du sie herumschleuderst und ihnen etwas von Bauernhoftieren vorsingst.

Und denk immer daran, wenn dein Kind auf der Wickelunterlage liegt, mit den Armen rudert und seine Socken in
seine eigenen Exkremente taucht, dass du eines Tages womöglich selbst wieder in diesem Säuglingszustand enden
wirst: Wenn Alter und Gebrechlichkeit sich um deinen runzligen Körper legen, schließt die Zeit ihren unerbittlichen
Kreis, und das Kind wird Vater für den Mann.

Und wenn dieser Tag in meinem Leben kommt und Charlie plötzlich verantwortlich für meine grundlegendsten Bedürfnisse ist, werde ich mit einem Funkeln in meinen weisen Augen und Rache in meinem Herzen die Gelegenheit ergreifen ...

Und mich vollscheißen.

5

FÜTTERN

Wenn es darum geht, dein Baby zu füttern ... hat ungefähr jeder eine Meinung dazu.

Du könntest die unglaublichen Massen von Studien und Forschungsergebnissen zu Fettleibigkeit im Kindesalter wälzen, dich von den dringenden Empfehlungen der Ernährungsberater verrückt machen lassen, die dich mit farblich unterteilten Diagrammen zuschmeißen, mit denen der Salz- und Zuckergehalt von jedem Häppchen des Bio-Essens gemessen wird, das die Lippen deines Babys passiert.

Aber im Prinzip läuft es auf Folgendes hinaus:

Still dein Baby, wenn du kannst. Mach dir keinen Kopf, wenn du es nicht kannst. Und wenn das Kleine dann zu fester Nahrung übergeht, versuch, ihm nicht die ganze Zeit gequetschtes Monster Munch mit Twix zu geben. Sonst wird es so dick und doof wie jemand, der es für eine gute Idee hält, seinem Kind die ganze Zeit Monster Munch und Twix zu geben.

Es gibt Momente im ersten Jahr als Eltern, die dir seltsam vorkommen. Momente, in denen dir bewusst wird, dass die erste Zeit des Elternseins größtenteils unter Ausschluss der Öffentlichkeit stattfindet. Und Momente, die einfach total surreal und merkwürdig sind.

Einen dieser Momente erlebte ich, als ich eines Nachmittags nichtsahnend unser Schlafzimmer betrat, wo meine Partnerin, mit der ich bereits zwanzig Jahre zusammen bin, voll verkabelt von einer Willy-Wonka-artigen Maschine gemolken wurde.

Eine elektrische Milchpumpe ist eigentlich genau das: eine Melkmaschine, die von einem fetischistischen, irren Genie entworfen worden sein muss.

Ich konnte mich schwach entsinnen, dieses Ding in unserem vorgeburtlichen Kaufrausch gekauft zu haben. Aber es angeschlossen und in Aktion zu sehen, war etwas völlig anderes. Alles, was ich sehen konnte, waren Kabel und Schläuche, die wiederum zu einem großen, komischen Trichter führten, den Lyns an ihre Brust hielt. Durch die zugehörigen rhythmischen Saug- und Pumpgeräusche wirkte es ein bisschen so, als würde sie ein obskures osteuropäisches Musikinstrument spielen.

(Übrigens ist das Geräusch der Pumpe wirklich ganz angenehm. Nachdem ich mich an den seltsamen Anblick gewöhnt hatte, war mein nächster Gedanke, dass ich Lyns nur noch ein paar Topfdeckel zwischen die Beine klemmen und ihr beibringen müsste, Mundharmonika zu spielen, um eine ganz gute Nummer daraus zu machen.)

Doch wie sich herausstellt, ist eine Milchpumpe in Aktion noch eins der harmlosesten Dinge, denen man in der bizarren Welt der Babyernährung begegnen kann. Und das will was heißen. Wirklich seltsam sind die Meinungen, Urteile und exzentrischen Einstellungen der Besserwisser, der Fieslinge, der Gestörten und derjenigen, die einfach nur dumm sind.

Also, *das* ist echt seltsam.

FLÄSCHCHEN ODER BRUST

Im März 2016 äußerte der Promi-Essensaufwärmer Jamie Oliver seine Meinung zu den Vorteilen des Stillens. Ihm zufolge kann es grausame Folgen haben, sich gegen das Stillen zu entscheiden. Dinge wie Wachstumsstörungen, Fettleibigkeit sowie ein schlechter Gesundheitszustand.

Man muss Oliver lassen, dass er mit seinem Kommentar die besten Absichten verfolgte. Aber ihm war absolut nicht klar, dass er sich damit auf das ultimative Erziehungs-Minenfeld begab: die Frage nach Fläschchen oder Brust. Und als die Reaktionen darauf sich überschlugen, wurde ihm allmählich bewusst, dass es unwesentlich weniger kontrovers gewesen wäre, ein Kochbuch mit Zeichnungen von Mohammed neben den Rezepten herauszubringen.

Er argumentierte weiter, Stillen senke das Brustkrebsrisiko, sei praktisch, nährstoffreich, besser und kostenlos. Das mag zwar alles stimmen, aber als er es als »einfach« beschrieb, stürzte sich sofort eine Gruppe von Leuten auf ihn – eine Gruppe von Leuten, die der Ansicht war, dass ihre Meinung mehr wert war als die eines Typen, der im Fernsehen kocht: will heißen Frauen. Genauer gesagt, Frauen, die tatsächlich Brüste besaßen ... und versucht hatten, sie zum Stillen zu benutzen.

Es ist nicht einfach. Nach allem, was ich gesehen habe, kann es unglaublich schwierig sein und häufig schlicht unmöglich.

Ich glaube, die meisten Menschen können den »Stillen ist das Beste«-Kram nachvollziehen. Lyns stillt Charlie auch, aber zu sagen, es wäre leicht, ist einfach nicht wahr. Und auch den Erfahrungen von anderen, mit denen ich gesprochen habe, nach zu urteilen, ist Stillen nicht unbedingt das Beste, wenn die Anstrengung dazu führt, dass du seelisch am Ende und am Rande des Wahnsinns bist, oder wenn sie dem schrecklich verbreiteten Dementoren junger Mütter in die Hände spielt: Depressionen.

Ich will damit nicht sagen, dass Stillen keine gute Sache wäre, aber es gibt tausend Faktoren, die beeinflussen, wie gesund ein Kind aufwächst, und vielleicht wiegt die geistige Gesundheit seiner Mutter sogar schwerer als sie alle zusammen.

Außerdem habe *ich* auch Fläschchen bekommen. Ich lebe noch, ich bin nicht fettleibig, ich stehle keine Damenschuhe, ich bin keine zwei Meter groß, ich habe es überlebt. Frag mal deine Freunde. Wenn du unterscheiden könntest, wer von ihnen Fläschchen und wer die Brust bekommen hat, wäre ich doch sehr erstaunt. Die wohlmeinenden Kommentare über die Vorteile des Stillens in allen Ehren, aber es ist doch etwas komplizierter. Sonst könnten die Verfechter von »Stillen ist das Beste für Ihr Baby« bei erwachsen gewordenen Babys den Beweis antreten und problemlos einen Raum voller Menschen in zwei Gruppen aufteilen: Die Stillkinder erkennen sie an ihrem strahlenden Teint und den Waschbrettbäuchen und die Flaschenkinder an Rachitis und fehlenden Zähnen.

EINFACH?

Bevor ich Dad wurde, dachte ich in meiner Unwissenheit ebenfalls, Stillen sei doch kein Problem. Ich dachte, der Vorgang, ein Baby zu stillen, wäre ein Beispiel für die Eleganz der Evolution. Dass die Natur Frauen mit dieser natürlichen, fest installierten Nahrungsquelle für ihren Nachwuchs ausgestattet hat: immer verfügbar, leicht zugänglich, mit nippligen Teilen, die perfekt auf die Form eines Babymunds abgestimmt sind. In meiner unendlichen Beschränktheit nahm ich an, dass das Stillen im Großen und Ganzen darin bestünde, dem Baby eine Brustwarze in den Mund zu stopfen, bis sie eines Tages Chicken Nuggets verlangen. In Wirklichkeit ist die Konstruktion fehlerhaft. Dem Baby scheint nicht klar zu sein, dass sein Mund »perfekt geformt« ist, und manchmal nicht einmal, dass es trinken sollte. Babys haben keinen blassen Schimmer von diesen Dingen und müssen es erst lernen. Das Problem ist, dass sie noch nicht sehr lange auf der Welt sind und deshalb keine große Lust haben, etwas zu lernen.

Der Wahn, Frauen zum Stillen zu ermutigen, beginnt schon im Krankenhaus, wo alle im Raum ihre Aufmerksamkeit auf den Nippel richten – alle außer dem Baby, das nach all den Jahren der Evolution immer noch blind wie ein Trüffelschwein herumschnüffelt und mit dem Kopf wackelt, bis das spitze Ding in die Nähe seines Mundes kommt. Dann sieht es aus, als sei es dabei »anzudocken« (ein herrlicher Begriff, der eher Bilder von Wohnwagen und Anhängerkupplungen heraufbeschwört), aber in letzter Sekunde ändert es die Richtung und wackelt wieder ein wenig mit dem Kopf, während alles um es herum Oooh und Aah schreit, als hätte es gerade ein leeres Tor verfehlt.

Die schöne und schlichte Würde eines an der Brust trinkenden Babys kommt später, denn in der Orientierungsphase ist es völlig unfähig und kommt in etwa so würdevoll rüber wie ein Fisch, der versucht, eine Tür zu rammeln.

Offensichtlich gibt es unzählige Gründe, wieso Babys der Stillstart schwerfällt. Manchmal schießt die Milch nicht ein, oder sie haben Probleme mit dem Andocken, oder ihr Saugreflex ist nicht stark genug, oder wer weiß, vielleicht haben sie auch einfach keinen Bock. Wir haben mit jedem einzelnen Grund Bekanntschaft gemacht in diesen ersten, frustrierenden Tagen, in denen man versucht, das Baby zu etwas zu kriegen, was es von Natur aus können soll. Irgendwann wollten wir einfach nur noch, dass Charlie es »hinkriegt«. Aber es war fast so, wie ein WLAN einzurichten, wenn sich alle Einzelteile weigern, miteinander zu kommunizieren. Wir wussten, dass die Passwörter richtig waren, alle Lampen leuchteten ... aber es funktionierte einfach nicht.

Schließlich war es auch noch um den letzten Rest Würde geschehen, als eine alte Häsin von Hebamme anfing, Lyns' Möpse zu kneten wie ein Bauer, der eine widerwillige Kuh melkt. Rotgesichtig und hemdsärmelig, wie Schwester Bennett war, rechnete ich jeden Augenblick damit, dass sie sich einen dreibeinigen Schemel heranziehen und versuchen würde, einen Eimer zu füllen, und dabei Lyns beim kleinsten Tropfen die Flanke tätscheln und »Gutes Mädchen« brummeln würde.

Aber er hat es hingekriegt. Plötzlich hat Charlie es hingekriegt. Und das war ein triumphaler Augenblick.

Es ist komisch, jetzt zurückzublicken und daran zu denken, was für ein schwieriger Prozess es war. Während ich das hier schreibe, trinkt Charlie an der Brust wie ein alter Säufer, der mit seinem Bierglas zum Zapfhahn schlendert. Aber für Lyns war es, wie für die meisten Frauen, hart.

Das Nächste, wovor ich mich jetzt fürchte, ist allerdings das Abstillen. Offensichtlich wollen Babys das Stillen, sobald sie es nach all der Mühe einmal draufhaben, nicht mehr aufgeben. Und die Ratschläge, wie man ein Baby von der Brust wegbekommt, sind nicht viel besser als »Stemmen Sie einen Fuß fest in den Boden, den anderen gegen die Brust der Mutter, packen das Kind an den Füßen und ziehen so fest, wie Sie können.«

STILLEN UND DIE FREAKS

Die Wahl zwischen Flasche und Brust (und wie einfach es ist, sich für Letztere zu entscheiden) wird kontrovers diskutiert, aber das ist nichts gegen die Kontroverse bezüglich des Stillens in der Öffentlichkeit. Alle paar Monate schaltet sich ein Promi ein und bestätigt, wie »ekelhaft« das sei. Oder irgendein Restaurant oder Hotel hinterm Mond zerschießt sich die eigene TripAdvisor-Bewertung, indem es von einer armen Frau fordert, sie solle sich »bedecken« (als würde sie nackt am Buffet stehen und nicht ihr Baby stillen).

Die Kommentare der hauptberuflichen Idiotin, äh, TV-Prominenz Katie Hopkins über stillende Frauen sind typisch:

> »Es kann nicht angehen, dass man sich bei dem Gedanken ekeln muss, sich Milch in den Tee zu gießen. Packt sie weg, Mädels.«

Nigel Farage stimmte ihr offensichtlich zu, indem er vorschlug, stillende Mütter (und nicht nur dunkelhäutige) sollten »sich in die Ecke setzen«.

Wie wär's mit der Vertreterin von Moral und gutem Geschmack Katie Price? Diese ständig halbnackte menschliche Hüpfburg hat gesagt:

»Ich will mir beim Abendessen nicht die nackten Möpse einer anderen Frau anschauen.«

Was ein bisschen lächerlich ist, wenn man bedenkt, dass das gesamte Vereinigte Königreich gute zehn Jahre lang kaum einen Toast verspeisen konnte, ohne ihre aufgeblasenen Titten im Fernsehen oder in der Zeitung zu sehen.

Selbst die Gesellschaftsphilosophin Kim Kardashian hat sich in die Debatte eingeklinkt und mit ihrem bekanntlich überaus umfangreichen Vokabular »Iih« getwittert, als eine Frau in ihrer Nähe ihr Baby stillte.

Iih, allerdings.

Wie extrem deprimierend ist es, wenn eine Frau sich bemüht, ihr Baby zu stillen, nur um sich von diesen bescheuerten Ansichten und öffentlichen Ekelbekundungen entmutigen zu lassen? Und ehrlich gesagt habe ich wirklich geglaubt, dass diese Art von Entmutigung im echten Leben ein Mythos sei. Dass es in Wirklichkeit außer ein paar vereinzelten Beispielen niemanden gibt, der tatsächlich solche Ansichten vertritt ... und dann wird dir klar, dass es sie doch gibt.

Über den Augenblick, in dem mir das klar wurde, habe ich auf Man vs. Baby gebloggt:

Stillen und die Freaks

Ich weiß, das ist bestimmt alles nichts Neues, aber wer sind diese bescheuerten Spinner, die ein Problem mit dem Stillen in der Öffentlichkeit haben? Oder die komischen Vögel, die sagen, es sei ihnen »egal«, solange es »diskret« passiere?

Ähm ... jetzt mal ehrlich ... hat irgendjemand mal indiskretes Stillen beobachtet? Ich jedenfalls habe noch nie eine Frau gesehen, die gestillt hätte, indem sie zum Hard-House-Remix von »Here Comes the Boom« demonstrativ ihre mit Nippel-Tassels bestückten Titten enthüllt. Oder ihr Baby an einer rotierenden Zielscheibe befestigt hätte, um mit Trommelwirbel unterlegt aus zwei Metern Entfernung Milch Richtung Kind zu spritzen.

Wenn ich mich recht entsinne, habe ich sogar noch nie eine Brustwarze gesehen, wenn eine Frau gestillt hat, denn ... (und hier kommt die wissenschaftliche Erklärung) ... daraus trinkt das Baby ja. Der Nippel ist also konstruktionsbedingt vom Mund des Kindes bedeckt. (Vielleicht habe ich auch einfach nicht so intensiv gegafft wie diese Freaks, die das so ekelhaft finden.)

Was man sieht, während ein Baby an der Brust trinkt, ist ... sein scheiß Hinterkopf. Und wenn du den Hinterkopf eines Babys eklig findest, solltest du dir erst mal angucken, was aus seinem Arsch kommt.

Seltsamerweise scheinen sowohl Männer als auch Frauen ein Problem damit zu haben, aber wer sind diese Menschen bloß? Wer sind diese Frauen, die so zart besaitet sind, dass die Möglichkeit, eine Brust zu sehen, sie aus den Latschen kippen lässt ... Und wer sind diese Männer, die so behütet sind, dass der Anblick eines unbedeckten Nippels augenblicklich zu einem Anfall führen könnte?

Ist doch merkwürdig ... Diese Leute sind angeekelt von einem Kind beim Abendessen ... meist, während sie selbst ihr eigenes zu sich nehmen ... Was ist so furchterregend daran, womöglich eine Brustwarze zu erspähen, während man seine Suppe isst?

Das Ironische daran ist, dass du, falls du dich hier gerade angesprochen fühlst, das größte Ekelpaket im ganzen Restaurant bist. Und garantiert bist du auch das Arschloch, das die Nase rümpft, wenn das Baby vor Hunger schreit.

Aber wieso rege ich mich eigentlich so darüber auf?

Wir haben vorhin in einem Pub was gegessen, und das Pärchen gegenüber hatte eindeutig ein Problem damit, dass Lyns gestillt hat ... (Sie haben die internationale Idiotensprache verwendet: »Augenverdrehen«.)

Das war das erste Mal, dass ich offene Feindseligkeit dem Stillen gegenüber erlebt habe (ich hab das echt für einen Mythos gehalten).

Und ... Ich hab zwar nichts gesagt, aber um sie zu ärgern, habe ich mein Shirt ausgezogen und den Rest meiner Fleischplatte oben ohne gegessen. (Und da ich über Weihnachten ziemlich zugeschlagen habe, habe ich ordentlich Holz vor der Hütte.)

Jedenfalls kann ich stolz einen kleinen Sieg vorweisen: Sie sind ohne Nachtisch gegangen, und Mr. Arsch hat nicht mal sein Bier ausgetrunken.

Wobei, ein bisschen ging die Sache nach hinten los ... Ich hab mir mit der Bratensauce vom Yorkshirepudding eine meiner Männertitten verbrannt, und Lyns ist beim Anblick meines weißen, teigigen Körpers der Appetit auf ihren Brokkoli-Auflauf vergangen.

... Aber als sie sich mit einem Schütteln ihrer hohlen Köpfe verpisst haben, fühlte es sich trotzdem irgendwie nach Verschwesterung an.

Jetzt könnte es ja durchaus sein, dass dies ein einmaliges Ereignis war. Und ich musste mir anhören, dass ich womöglich überempfindlich oder paranoid war, dass mein Beschützerinstinkt etwas zu stark ausgeprägt ist oder das alles bloß in unseren Köpfen stattgefunden hat. Aber wir haben seitdem mehrere ähnliche Situationen erlebt.

Davon abgesehen waren die Online-Reaktionen auf diesen Post echt bizarr und zeigten, dass diese Art von unterschwelligem Ekel an öffentlichen Orten überall in unserer ach so tollen Nation vorkommt.

Die Kommentare und Nachrichten, die ich bekommen habe, waren voller Anekdoten passiver und offen zur Schau getragener Feindseligkeit gegenüber stillenden Müttern. Und klar könnten alle Frauen, die mir geschrieben haben, paranoid sein oder sich Situationen ausdenken, aber noch viel bezeichnender waren die Kommentare der Anti-Still-Fraktion. Diese Kommentare zeigten, dass diese Freaks tatsächlich existieren, und zwar jede Menge davon. Und deren Kommentare sind echt noch mal ein ganz anderes Level von »verrückt«. Ungefähr Level 10 auf der Verrücktheitsskala ... also so verrückt wie Lady Gaga, die Charlie Sheen aus einer Puddingkanone schießt ...

Hier ein Beispiel für die Kommentare, die ich auf den »Stillen und die Freaks«-Blogpost bekommen habe:

> »Typischer linker Schwachsinn. Wieso sind diese Feminazis so scharf drauf, der Welt ihre Titten zu zeigen. Ich will dass [sic!] nicht sehen meine Familie will das nicht sehen. Pack sie weg.«

Mhm, engstirnig, dumm, schräg, aber noch nicht total verrückt. Also gut, wie wär's damit:

> »Dann will ich meine Eier auch aus dem Hosenstall baumeln lassen und durchlüften. Sie sind nichts Sexuelles, sondern auch bloß Vorratsbehälter. Wieder ein Paradebeispiel dafür, dass Frauen privilegiert statt gleichberechtigt sein wollen.«

Oder hiermit:

> »Stellt euch mal vor, was Männer zu hören kriegen würden, wenn sie mit gezücktem Pimmel rumlaufen würden, um jederzeit pinkeln zu können. Das ist vielleicht in der unzivilisierten Welt und bei Tieren normal, aber probiert's mal aus, Männer, und hört euch die Kommentare an.«

Siehst du? Vollkommen irre. Die Erkenntnis, dass einige Leute nicht damit klarkommen, Nippel zu sehen, war das eine, aber was da jetzt für Typen aus ihren Löchern gekrochen kamen ... Eine ganze Subkultur komischer Naserümpfer, die eine merkwürdig verzerrte sexualisierte Sichtweise des Ganzen hatten. Das waren nicht die einzigen Kommentare, die forderten, Brüste genauso wie Schwänze und/oder Eier zu behandeln und sie zur Wahrung von Sitte und Anstand in der Öffentlichkeit zu bedecken.

Ehrlich gesagt habe ich auf die meisten dieser Kommentare gar nicht geantwortet. Ich halte es für das Beste, nicht auf derart labile Menschen einzugehen. Nicht dass sie auf einmal in deinem Garten stehen und ins Gebüsch sabbern. Aber da die meisten von ihnen wahrscheinlich Schwierigkeiten damit haben, lange Sätze zu lesen, wage ich doch folgende Aussage:

Es ist ziemlich schräg, Brüste nur als sexuelle Objekte zu empfinden. Ich bin ein heterosexueller Mann, der Brüste wirklich sehr mag, aber mir ist trotzdem bewusst, dass ihr Hauptzweck nicht darin besteht, dass ich beidhändig damit jongliere und dabei laut »Jippiie!« schreie. Ihr Hauptzweck ist Ernährung. Und da ich ein relativ ausgeglichener Erwachsener bin, kann ich Möpse durchaus gleichzeitig als Sexobjekt und als Nahrungsquelle für ein Kind sehen. Ich bin in der Lage zu kontextabhängigem Denken. Schließlich verändern sich gewisse Körperglieder je nach Kontext. Ein Penis ist so lange etwas, aus dem du urinierst, bis du anfängst, damit an einer Bushaltestelle herumzuwedeln, oder, um ein passenderes Beispiel zu wählen, dein Arsch ist etwas, womit du Stuhl ausscheidest, bis du anfängst, aus ihm zu sprechen.

Im Laufe des letzten Jahres habe ich viel Zeit mit Diskussionen über dieses Thema verbracht. Aber manche Leute sind eben einfach saudumm. Und da ich nicht noch mehr Lebenszeit verschwenden wollte, fand ich, es sei an der Zeit, dieser Debatte ein Ende zu setzen. Also habe ich mir diesen einfachen Multiple-Choice-Fragebogen ausgedacht, mit dem du überprüfen kannst, ob du in dieser Sache richtig- oder falschliegst:

Wenn Sie eine stillende Frau sehen, was denken Sie?

A: Was für ein schöner Anblick, eine Frau, die ihr Baby füttert, wie es die Natur vorgesehen hat.

B: Da bekommt gerade ein Baby sein Abendessen.

C: Das ist ja abartig, das sollte verboten werden, jetzt muss ich nach Hause gehen und mir die Augen auswaschen, ich hab mir buchstäblich ins Hemd gemacht, so ekelhaft ist das, etc.

ANTWORT: Wenn Sie hauptsächlich mit C geantwortet haben, sind Sie ein Arschloch.

BEIKOST

Ob du dich nun für Fläschchen, die Seltsamkeiten des Stillens, für Zwiemilch oder eine Amme entschieden hast oder deinem Baby erlaubst, bei einer freundlichen Ziege zu trinken, früher oder später müssen sich alle Babys an feste Nahrung gewöhnen. Ansonsten gehörst du irgendwann zu den Müttern, die ihre Teenager immer noch mit einem Nippel durchs Schultor stillen. (Sosehr ich auch dagegen bin, andere für ihre Entscheidungen in Sachen Stillen zu verurteilen, aber sobald dein Kind so alt ist, dass ihm der Milchschaum im Schnurrbart hängenbleibt, solltest du vielleicht übers Abstillen nachdenken.)

In alten Zeiten war die Umstellung von Milch auf feste Nahrung eine große Sache. In Zeiten hoher Säuglingssterblichkeit wurde dies als wichtiger Meilenstein betrachtet und sehr ernst genommen. Im ernstesten Buch aller Zeiten, der Bibel, heißt es, jeder, der von Milch lebe, sei »unfähig, richtiges Reden zu verstehen«, »feste Speise« hingegen sei »für Erwachsene, deren Sinne durch Gewöhnung geübt sind, Gut und Böse zu unterscheiden«.

Es kommt mir etwas extrem vor, zu behaupten, wenn du deinen Knirps nicht ganz fix auf Fischstäbchen umgestellt bekämest, wäre er nicht in der Lage, zwischen Gut und Böse zu unterscheiden. Aber wenn ein Buch mit sprechenden Tieren, einem Mann, der in einem Wal wohnt, und einem geschwätzigen Busch sagt, das sei superwichtig, dann sollte man das wohl lieber ernst nehmen.

Es gibt auf jeden Fall jede Menge ernsthafte Experten-empfehlungen bezüglich Beikost und den besten Startzeit-punkt dafür. Es wird geraten, nach sechs Monaten damit anzufangen. Aber wir waren uns sicher, dass Charlie schon eher für richtiges Essen bereit war, denn er hatte mehr Milch verlangt und angefangen, auf seiner Faust herumzukauen wie auf einem Burger. Wir dachten, wenn unser Baby mit Eigenkannibalismus anfängt, wird es wohl bereit sein für einen Keks. Doch wie sich herausstellte, sind das überhaupt keine Anzeichen dafür, dass das Baby bereit für feste Nah-rung ist. Es war Fehlalarm, denn das waren einfach Dinge, die Babys halt so machen. Eines der Hauptanzeichen für Beikostreife ist, wenn sie neugierig auf das sind, was ihr esst, und deshalb haben wir verstärkt darauf geachtet. Mit unge-fähr sieben Monaten war Charlie mehr als neugierig. Eines Tages kam ich spät von der Arbeit nach Hause und aß eine Pizza, und jedes Mal, wenn ich ein Stück davon zum Mund führte, schaute er mich wie gebannt an. Und als ich das letzte Stück gegessen hatte, starrte er mich nur an, als wolle er sa-gen: »Ich schwöre bei Gott, wenn da nicht noch ein Stück für mich in der Schachtel ist, dann schlage ich das ganze Haus kurz und klein.« Er war bereit.

Wir machten uns verständlicherweise Sorgen, Charlie feste Nahrung zu geben. Kaum hatten wir ihn an Flüssignah-rung gewöhnt, sollte er mit Dingen klarkommen, an denen er sich verschlucken könnte. Irgendwie wirkte das wie ein Riesenschritt, so als würde man die Stützräder vom Fahrrad des Kindes abmontieren und es auf der Autobahn fahren lassen. Natürlich gibt es eine Übergangsphase, in der die feste Nahrung ungefähr so fest ist wie Altersheimsuppe. Aber dann kommt der Augenblick, in dem man etwas Reis oder eine Nudel mit auf den Löffel gibt. Und obwohl diese etwas gehaltvolleren Happen vorsichtshalber so klein sind, dass sie kaum mit bloßem Auge zu erkennen sind, bleibt einem trotzdem das Herz stehen, während man darauf wartet, ob sie es runterschlucken. Tun sie. Keine Sorge. Ersticken ist wirklich selten.

Neben der ständigen, verbreiteten Angst vor dem Ersticken machten wir uns Sorgen wegen Allergien. Offensichtlich kann so etwas vererbt werden, und als Kind war ich gegen diverse Lebensmittel allergisch. Als ich ungefähr in Charlies Alter war, hatte ich eine allergische Reaktion auf gelbe Lebensmittelfarbe und war auf einmal aufgebläht wie ein Kugelfisch. Ich musste im Krankenhaus wegen des anaphylaktischen Schocks behandelt werden. »Du sahst aus wie ein süßer kleiner Fatty Arbuckle«, erzählt meine Mum mir regelmäßig. »Ich bin fast gestorben«, erinnere ich sie dann gern. »Ein süßer kleiner Fatty Fatty Arbuckle«, beharrt sie und kneift mir in meine vierzigjährigen Wangen. Unglaublich.

Glücklicherweise habe ich meine schlechten Allergie-Gene wohl nicht weitergegeben, und Charlie hatte keine Probleme, den Brei, den wir ihm auftischten, zu schlucken.

Sobald wir unsere eigenen Ängste überwunden hatten, war es mit Charlie und der Beikost eigentlich total unproblematisch. Ich weiß, manche Eltern haben Schwierigkeiten, ihre Kleinen dazu zu bekommen, feste Nahrung zu sich zu nehmen, aber wir hatten wohl einfach Glück, und Charlie stürzte sich aufs Essen wie Enten auf Brot.

Es gab nur Weniges, was er nicht mochte. In einer unserer Broschüren stand, dass es wichtig sei, dem Baby unterschiedliche Speisen zu geben, um zu sehen, was es mag und was nicht. Darin stand auch, man solle lernen, den Gesichtsausdruck des Babys zu lesen, da es nicht immer einfach zu beurteilen sei. Na, ich weiß ja nicht. Meiner begrenzten Erfahrung nach bekommen Babys leuchtende Augen und reißen den Mund auf wie ein gähnendes Nilpferd, wenn sie etwas mögen. Wenn sie es nicht mögen, schneiden sie eine Grimasse und verziehen das Gesicht, als hätte man gerade gequetschten Rattenanus verfüttert. Kein großer Interpretationsspielraum.

Aber selbst wenn du das Glück hast, ein Baby zu haben, das jeden Scheiß isst, solltest du daran denken, dass du einige Lebensmittel vermeiden solltest. Natürlich dauert es eine Weile, ehe Junior ein Rib-Eye-Steak verputzen kann, aber es gibt noch andere Dinge, die nicht gut für ihn sind.

SCHLECHTES ESSEN, GUTES ESSEN

Uns wird eingetrichtert, dass wir genau darauf achten müssen, was wir unseren Babys zu essen geben, da sie sonst eine Überdosis an Salz und Zucker bekommen und zu kleinen Fettsäcken werden. Die mit sechs schon so ein Elektromobil brauchen, wie es sie in manchen Einkaufszentren gibt. Die Zeiten, in denen man einfach eine Dose Spaghetti mit Tomatensauce in die Mikrowelle stellen und sich für gute Eltern halten konnte, sind längst vorbei. Das Zeug ist pures Gift.

Was soll man ihnen stattdessen geben? Nach einer kurzen Recherche auf Netmums meine ich eine ziemlich klare Regel aufstellen zu können: Je mittelschichtiger das Essen ist, desto besser.

Einem Beikostplan auf Netmums.com zufolge sind Dinge wie Avocado, Grissini, Frischkäse und Tofu sehr gut als Fingerfood geeignet.

Praktischerweise warnt dieselbe Liste auch vor ein paar Standard-Lebensmitteln, die in jedem Vorratsschrank zu finden sind. Dinge wie Ziegenmilch, Blauschimmelkäse, Honig und natürlich Hai oder Marlin.

Also, ich bin jedenfalls froh, dass ich diese Liste gefunden habe, bevor ich Charlie mein Spezialgericht »Mit Käse überbackener Honig-Hai« gekocht habe.

Man könnte einwenden, dass diese Listen etwas exklusiv sind und Dinge beinhalten, die im Großeinkauf normaler Menschen nicht vertreten sind. Diese Listen sollen außerdem schon im Babyalter zu gesundem Essen anregen und Fettleibigkeit bei Kindern bekämpfen. Aber Fettleibigkeit bei Kindern ist in ärmeren Gegenden am häufigsten verbreitet, und mal ganz ehrlich, in dem Wohngebiet, in dem ich aufgewachsen bin, standen Avocado, Hummus und feinster Blauschimmelkäse selten auf dem Speiseplan.

Weniger wohlhabende Familien müssen auch bei den Lebensmitteln für ihre Kinder sparen und laden selten einen Sternekoch zu einem Degustationsmenü ein. Wieso sind diese Listen nicht ein bisschen realistischer: Cracker statt Grissini, Joghurt statt Frischkäse und die ranzige Gummisohle von einem alten Flipflop statt Tofu? Der Rat, sich beim Blauschimmelkäse möglichst etwas zurückzuhalten, zeigt doch, dass die Experten womöglich ein bisschen zu abgehoben sind.

Was wir ebenfalls nicht an unseren Nachwuchs verfüttern sollen, ist alles Abgepackte: alles, was in Packungen, Dosen oder Gläsern verkauft wird. Pack mal einen Quetschi inmitten einer Gruppe biobesessener Eltern aus und warte auf die missbilligenden Blicke, als hättest du vor, Schwefel in dein Baby reinzulöffeln.

Eltern sollen von Anfang an alles Essen für ihr Baby selbst kochen und pürieren. Am besten pflücken sie auch noch das Gemüse selbst, nackt im Mondschein, und danken dabei Gaia, der Mutter Erde, für ihre Opfergaben.

Das Problem ist unser altbekannter Feind: die Zeit. Es dauert länger, als man denkt, Gemüse zu schnippeln, zu dünsten oder zu kochen und es dann zu pürieren (und hinterher das Chaos zu beseitigen). Aber das Frustrierendste daran sind die winzigen Mengen, die dabei herauskommen. Du kannst einen ganzen Kofferraum voller Gemüse ankarren, aber sobald es gedünstet und püriert ist, stehst du mit drei winzigen Töpfchen Brei da und fragst dich kopfkratzend, wo zur Hölle der Rest geblieben ist. Außerdem wartet jetzt ein Spülberg von der Größe des K2 auf dich.

Deshalb können Gläschen und Quetschis mit Babynahrung ein Geschenk Gottes sein. Vor allem, wenn du nicht zu Hause bist und gerade keinen Haufen frisches Gemüse, frisches Hühnchen, Kocher, Messer, Dampfgarer und Pürierstab zur Hand hast. Ich weiß, viele Beikost-Gurus sind militante Gegner von allem in Gläschen-Form, und vermutlich stimmt es, dass nicht alle Babynahrung gleich ist. Und vielleicht beinhaltet auch nicht alles die gleichen Nährstoffe wie frisches Essen. Aber ich wette, die Babynahrung ist längst nicht mehr so schlimm wie die, die wir als Kinder bekommen haben: ein Teil Salz auf zwei Teile Zucker und genug Lebensmittelfarbe, um deine Kacke zum Leuchten zu bringen.

Obwohl Charlie gelegentlich einen Quetschi isst, wird er wohl trotzdem nicht gleich Haarausfall und Skorbut bekommen. Ich denke, das geht in Ordnung.

Außerdem wird nach ungefähr einem Jahr alles leichter, weil dein Baby dann dasselbe essen sollte wie ihr. Das Problem ist nur, dass ihr das letzte Jahr über kaum etwas gegessen habt. Eigentlich ein Wunder, dass wir alle überhaupt noch am Leben sind.

Die letzte Mahlzeit, die wir vor Charlies Geburt gegessen haben, war ein opulenter Sonntagsbraten. Ein Riesenberg Roastbeef mit Gemüse und allem Pipapo. Unser letztes Sonntagsessen, während ich das hier schreibe, war ein Erdnussbuttersandwich. Wobei ... Sandwich? In Wirklichkeit hatten wir kein Brot, deshalb saßen Lyns und ich nebeneinander und haben uns die Erdnussbutter mit bloßen Händen in den Mund geschaufelt wie zwei ausgemergelte Bären, die über ein herrenloses Glas gestolpert sind.

Charlie speist königlich, aber die einzigen Mahlzeiten, die wir für uns zustande kriegen, stammen vom Lieferdienst. Deshalb steht zu hoffen, dass Charlie in nächster Zeit nicht dasselbe isst wie wir, da wir uns von schrecklich ungesundem Chinafraß, Essen vom Inder und Fish & Chips ernähren. Ich habe noch nie sonderlich gesund gegessen, aber seit Charlie geboren wurde, essen wir, als wollten wir uns mit einer Glutamat-Überdosis umbringen. Mein Cholesterinspiegel ist auf 7,6 gestiegen, was für Laien ausgedrückt bedeutet, dass ich mehr Bacon als Mensch bin. Wie gesagt, es ist erstaunlich, dass wir noch leben. Der Plan ist, gesünder zu essen, bevor wir unsere Mahlzeiten gemeinsam mit Charlie einnehmen. Aber ich schätze, das müssen wir schrittweise in Angriff nehmen. Im momentanen Zustand würde mein Körper die Einführung von Obst und Gemüse in meinen

Speiseplan nicht überstehen. Ich fürchte, er würde die Vitamine abstoßen, ich würde einen Schock erleiden, und meine Eingeweide würden platzen.

AUF IN DEN KAMPF

Beim Anblick eines Babys nach dem Essen hältst du es nicht für möglich, dass auch nur ein Fitzelchen des Essens es wirklich in seinen Mund, geschweige denn seinen Magen geschafft hat. Charlie ist da nicht anders: Egal, was er isst, am Ende der Mahlzeit ist er vollständig damit bedeckt. Er sieht nicht aus, als hätte er überhaupt etwas gegessen: Er sieht eher so aus, als wäre das Essen vor ihm explodiert, ehe er anfangen konnte.

Anscheinend ist das ein gutes Zeichen. Meiner Erfahrung nach sehen alle Kinder bis zu einem Alter von drei Jahren am Ende ihrer Mahlzeiten aus, als wären sie hinterm Haus gewesen und hätten in den Mülltonnen gewühlt. Eins der entscheidenden Merkmale eines gut gedeihenden, glücklichen Babys ist, dass es mit Joghurt beschmiert ist, sich die Haare mit der Soße der Baked Beans gestylt und gequetschtes Obst in die Ohren gestopft hat.

Es gibt im Wesentlichen zwei Herangehensweisen, ein Baby zu füttern:

Brei oder Breifrei

In diesem Stadium sollen Babys den Empfehlungen nach ihr Essen »erforschen«. Obwohl es gut wäre, wenn währenddessen auch etwas davon in ihrem Bauch landen würde, sind alle Experten einhellig der Meinung, dieses Erforschen zu ermutigen. Vor allem beim Breifrei-Ansatz werden Babys ermuntert, ihr Essen mit den Händen zu erkunden.

Das ist alles schön und gut, aber in den Empfehlungen steht leider kaum etwas dazu, wie man es vermeidet, dass die Umgebung aussieht, als hätte man die Schlacht von Little Big Horn auf einem Hochzeitsbüffet nachgespielt.

Lätzchen sind nach diesen Staubwedelschuhen für Katzen das sinnloseste Kleidungsstück, das je erfunden wurde. Sie schützen zwar die fünfzehn Zentimeter unter dem Kinn des Babys, aber das hilft dir, deinen Möbeln und dem Rest des Zimmers – der Bereich, den man am besten mit »Explosionsradius« beschreiben könnte – herzlich wenig. Ich kenne den Vorschlag, man solle Zeitungspapier auslegen, und um den Boden zu schützen, ist das auch keine schlechte Idee. Aber wenn dein Nachwuchs auch nur im Entferntesten Charlie ähnelt, müsstest du den ganzen Raum mit Plastikplane verkleiden, ungefähr wie der TV-Serienmörder Dexter, kurz bevor er seine Opfer brutal ermordet. Charlies Reichweite ist unglaublich. Nach einem besonders lebhaften Pasta-Essen musste ich Spaghetti vom Fernseher und der Terrassentür kratzen – in unterschiedlichen Räumen ... Selbst als wir dachten, wir hätten alle Spuren beseitigt, roch es ein paar Tage später beim Fernsehen angebrannt – die Geruchsquelle stellte sich als Nudelrest heraus, der an der Glühbirne baumelte. (Als ich am nächsten Tag zur Arbeit ging, fand ich sogar noch was in meiner Hosentasche.) Dabei sind Nudeln im Vergleich zu anderen Dingen auf Babys Speiseplan noch einfach zu entfernen. Dem *New Scientist* zufolge ist die härteste bekannte Substanz das diamantartige »wurtzitische Bornitrid«, aber es ist offensichtlich, dass eingeweichte Weetabix, die am Fenster getrocknet sind, nie getestet worden sind. Im feuchten Zustand bekommt man das Zeug mit einem Feuchttuch noch leicht weg; wenn es erst angetrocknet ist, kannst du bei dem Versuch, auch nur eine Kerbe hineinzubekommen, eine Flex verschleißen. Wenn ihr Breifrei ausprobieren wollt, rate ich euch, einen Hund anzuschaffen. Unser Jack Russell Eddie hat in den letzten paar Monaten fünf Kilo zugenommen, weil er das Haus wie ein Minensuchhund nach herumliegendem Essen absucht. Und wenn er weiter an der Weetabix-Masse am Fenster leckt, könnte es in ein paar Jahren womöglich wieder sauber sein.

Brei zu füttern hält ebenfalls Herausforderungen bereit. Obwohl es erfahrungsgemäß weniger Sauerei macht, ist es trotzdem empfehlenswert, Schutzanzüge und Brillen zu tragen, wenn du etwas Schmieriges fütterst ... in dem Alter also bei allem.

Wenn du dein Baby mit Brei fütterst, hat das den Vorteil, dass du ungefähr abschätzen kannst, wie viel dein Baby tatsächlich zu sich nimmt. Du musst nicht durchs Zimmer laufen und versuchen zu berechnen, wie viel Essen es nicht in seinen Mund geschafft hat. Du kannst es Löffel für Löffel abmessen. Außerdem kannst du es mit erprobten Methoden zum Essen ermuntern, wie zum Beispiel so zu tun, als wäre der Löffel ein Zug oder ein Flugzeug. (Es ist lächerlich, wie Babys den Mund bei einem Löffel zukneifen, ihn jedoch öffnen, sobald du sie überzeugen kannst, dass es ein Transportmittel ist.)

Ganz so einfach ist es natürlich nicht. So gern Charlie auch isst, noch mehr Spaß macht es ihm zu warten, bis ein voller Löffel kurz vor seinem Mund schwebt, um ihn in letzter Sekunde wegzuschlagen. So entstehen herrliche abstrakte Kunstwerke an der Rückenlehne des Sofas und den Wänden. Wenn du eine Schüssel in Charlies Nähe stellst, kippt er sie um. Mit Absicht. Ihn zu füttern ist wie Schikane in der

Gefängniskantine. Du hast ihm nichts getan, und er leert einfach grundlos und mit voller Absicht die Schüssel aus: »Mach das sauber, Schlampe, das hier ist mein Revier.«

Es ist jedenfalls längst keine saubere Angelegenheit. Und es gibt eine extrem wichtige Regel: Nie den Löffel aus der Hand geben.

Charlie die Macht über den Löffel zu geben ist, als würde man ihn bewaffnen. Mit Essen auf dem Löffel haben seine Angriffe eine noch größere Reichweite. Ohne Essen auf dem Löffel rammt er ihn sich ins Auge oder in den Schlund wie ein Schwertschlucker. Wenn du versuchst, ihm den Löffel wegzunehmen, landen wir sofort wieder bei den »Knastre-geln«, und er schwingt ihn wie eine improvisierte Stichwaffe in einer Gefängnis-Prügelei. Er trommelt mit ihm, dirigiert ein unsichtbares Orchester und versucht, ihn sich in die Nase zu stecken. Er tut damit alles außer essen. Gib niemals den Löffel ab. (Bis du musst. Du willst ja auch nicht neben deinem achtzehnjährigen Kind in der Mensa sitzen und ihm mit einem aufmunternden »Tut-tuuut« das Essen reinlöf-feln.)

SCHEISS AUF DIE SAUEREI

Ich liebe es, Charlie beim Essen zuzuschauen. Scheiß auf die Sauerei.

Wie er sein Essen umherschmeißt, Furzgeräusche macht und sich durch seine Mahlzeit prustet, hickst und rülpst. Ich liebe seinen Gesichtsausdruck, wenn er etwas mag, und noch mehr liebe ich seinen Ausdruck, wenn er etwas eklig findet. Ich liebe es, wie er sich mit seinem Essen das Gesicht wäscht und wie er sich wild fuchtelnd mit Leib und Seele einer einzelnen Bohne oder einer gequetschten Banane widmet.

Eigentlich traurig, dass wir ihm diese Begeisterung abtrainieren wollen. Vielleicht sind wir diejenigen, die von ihm lernen sollten.

Als Erwachsene nehmen wir die ganze Sache mit dem Essen viel zu ernst. Lächerlich, wie wir unsere Kartoffeln peinlich genau von unseren Möhren fernhalten und unsere Mahlzeiten in süß und salzig trennen, sie in der richtigen Reihenfolge mit dem dafür vorgesehenen Besteck und geschlossenem Mund zu uns nehmen. Traurig.

Ich weiß nicht mehr, wie oft ich vor der Glotze gesessen und eine Folge von *MasterChef* geschaut habe und mir, wenn die melodramatische Musik mal wieder ihren Höhepunkt erreichte, gedacht habe: Alter Schwede, das ist nicht die Kubakrise, sondern ein bescheuerter Shepherd's Pie.

Wo kommt diese Verbissenheit beim Essen her? Was ist aus dem puren Genuss geworden, den man an einem gut essenden Baby beobachten kann?

Ich will damit nicht sagen, dass Erwachsene bei einem Mittagessen im Pub ihre Suppe wieder mit den Fingern essen und Bratensoße an die Wand schleudern sollten (oder vielleicht doch). Ich will nur sagen, dass wir die wahre Freude am Essen verloren haben. Und wenn wir versuchen, diese Ernsthaftigkeit auch unseren Kindern und Babys aufzudrücken (natürlich mit den besten Absichten), verderben wir ihnen womöglich etwas wunderbar Kindliches.

Und all die seriösen Empfehlungen und Ratschläge sind sicher gut gemeint ... aber doch auch etwas zu viel des Guten.

Unseretwegen kann Charlie also sein Essen erforschen, so lange er möchte, und es herumschmeißen, bis er beschließt, damit aufzuhören. Vielleicht lassen wir ihn auch

gelegentlich etwas essen, das nicht auf der offiziell aner-
kannten Liste genehmigter Lebensmittel steht. Vielleicht
wird auch nicht alles, was er isst, bio sein. Vielleicht kommt
es auch manchmal aus einem Gläschen oder Quetschbeutel
oder enthält zu viel Zucker.

Und vielleicht, wenn er ein bisschen älter ist und eines Tages zu mir sagt: »Dad, ich mag das Gemüse echt nicht«, vielleicht werde ich dann zu ihm sagen:

»Weißt du was, Charlieboy? Ich auch nicht ... Scheiß drauf,
lass uns Pudding essen.«

6

UNTERWEGS

Vor einiger Zeit war ich im Urlaub und wurde in extrem betrunkenem Zustand von ein paar Kumpels zu einem Fallschirmsprung überredet. Kurz bevor wir am nächsten Tag ein klappriges kleines Flugzeug besteigen sollten, füllte ich nervös eine Haftungsausschlusserklärung aus. Da fiel mir das Kleingedruckte ins Auge: Dort stand, dass wir im Falle, dass etwas schiefginge, »unfallhaftpflichtversichert« wären. Ich fragte den Australier, dem der Laden gehörte, was das bedeutete, und er sagte: »Kumpel, das heißt, wenn dein Schirm nicht aufgeht und du in einen Schuppen krachst ... na ja ... dass die Kosten für den Schuppen von der Versicherung übernommen werden.«

In dem Augenblick habe ich mich genauso gefühlt, wie ich mich heute fühle, als wir zum ersten Mal mit Charlie rausgehen wollen – als würden wir uns aus zwanzigtausend Fuß Höhe aus einem Flugzeug stürzen. Unser Haus ist zu einem sicheren Ort geworden, und diese Sicherheit zu verlassen ist beängstigend. Ich weiß, dass wahrscheinlich alles gut geht ... aber ich kann das Gefühl nicht abschütteln, dass es ein großer Schritt (ins Leere) ist und die Möglichkeit besteht, dass wir in Panik geraten oder ins Trudeln, oder dass unser Fallschirm nicht richtig aufgeht und wir in einen Schuppen krachen.

Dabei gehen wir bloß in den Supermarkt.

Am 23. August 1973 wurden während eines Banküberfalls in einer der größten Banken in Stockholm drei Frauen und ein Mann als Geiseln genommen. Sie wurden mehrere Tage von zwei Ex-Häftlingen festgehalten. Die Geiseln litten unter Schlafmangel und Hunger und waren verwirrt. Doch in diesem Zustand geschah etwas Seltsames: Sie begannen, sich mit den Bankräubern zu identifizieren, sogar Zuneigung für sie zu entwickeln. (Zwei der Frauen gingen schließlich eine Beziehung zu ihren Geiselnehmern ein.)

Psychologen, die dieses Phänomen erforscht haben, fanden heraus, dass dies eine typische Reaktion auf Gefangenschaft ist. So typisch, dass der Zustand nach dem Fall benannt wurde: Stockholmsyndrom. Charakteristisch für das Syndrom ist:

- gefühlte Unfähigkeit zu entkommen
- Ausschluss von Sichtweisen jenseits der des Peinigers
- Wahrnehmung kleiner Nettigkeiten des Peinigers den Geiseln gegenüber in einem Kontext der Angst

Ich habe noch kaum eine bessere Beschreibung des Alltags mit Neugeborenen gefunden.

Wenn man das im Hinterkopf hat, ist es umso wichtiger, nach einer Weile rauszugehen, frische Luft zu schnappen und andere Leute zu treffen – und wenn auch nur, um herauszufinden, ob du wirklich eine Bindung zu deinem Baby aufgebaut hast oder einfach nur am Stockholmsyndrom leidest und angefangen hast, dich mit deinem Peiniger zu identifizieren.

Wünsch uns also Glück, wenn wir zum ersten Mal wieder ins Sonnenlicht blinzeln. Draußen: Dieser Ort, an dem wir früher oft waren, als wir noch kein Baby hatten. Ein geheimnisvoller, fremder Ort, an dem es Getränke und Essen und andere Menschen gibt.

Ungewaschen, ungekämmt und mit müden Augen sehen wir aus, als hätten wir die letzten zehn Jahre an eine Heizung gekettet in Beirut verbracht. Aber wir sind wild entschlossen, unser Nest zu verlassen, haben uns vorgenommen, ein Leben außerhalb unserer eigenen vier Wände zu leben, sind begierig darauf, diesen Schritt zu wagen, stolz und erhobenen Hauptes loszuschreiten, auf in de...

Oh Scheiße ... wir haben was vergessen ...

MOBILMACHEN

Die Menge an Kram, den man benötigt, um ein Baby außerhalb des Hauses am Leben zu halten, ist unfassbar. Die Nazis haben weniger Zeug mitgenommen, um in Russland einzumarschieren, als du jetzt für einen kurzen Abstecher in den Supermarkt brauchst: Feuchttücher, Windeln, Wickeltasche, Spielzeug, Kinderwagen, Regenschutz für den Kinderwagen, Autositz, Decken, Mütze, Kleidung, Wechselkleidung, Notfallwechselkleidung, Handy, Handyladegerät, Spucktücher, Lätzchen, den langsam dahinschwindenden Lebenswillen.

Ich habe schon Geschichten von Leuten gehört, die umdrehen mussten, weil sie das Baby zu Hause vergessen hatten. Und das glaube ich sofort. Man könnte es eher Mobilmachen als Aufbruch nennen. Vor Charlies Geburt bestanden meine Vorbereitungen aufs Rausgehen darin, mir ein KitKat zu schnappen und daran zu denken, eine Hose anzuziehen.

Aber mit einem Baby im Schlepptau muss der gesamte Inhalt des Hauses ins Auto geladen werden. Oder, wenn wir zu Fuß unterwegs sind, in das winzige Körbchen, das wie der Hodensack eines Kamels unter dem Kinderwagen deines Babys hängt.

DER »SPORTWAGEN«

Nehmen wir einmal an, dass wir unseren ersten Ausflug in die Außenwelt zu Fuß wagen. Der wichtigste Teil unserer Ausrüstung für diese Art von Expedition ist der Kinderwagen. Der Buggy. Oder, nachdem Marketingarschlöcher hinterhältig sein Image aufpoliert haben, als wir gerade nicht hingesehen haben: der Sportwagen. (Denn in Marketingland sind junge Eltern sportlich unterwegs. Und klar, man könnte es durchaus als »Sport« bezeichnen, wie eine angesengte Sau durch den Laden zu rasen, den Kinderwagen wie einen Streitwagen aus *Ben Hur* vor sich herschiebend, während man versucht, in dem fünfzehnminütigen Zeitfenster, in dem der Nachwuchs schläft, den Wocheneinkauf zu erledigen.)

Ich dachte immer, ein Kinderwagen sei nur dazu da, dem Baby einen fahrbaren Untersatz zu geben. Sie können nicht laufen, du kannst sie auch nicht die ganze Zeit herumschleppen, also was wäre einfacher als ein praktisches Gerät, das einen Sitz für das Baby hat, vier Räder und einen Griff zum Schieben? Ich dachte, ein Kinderwagen sei quasi eine gepolsterte Schubkarre. Nachdem ich sechs Monate damit verbracht hatte, 472 verschiedene Kinderwagen die Gänge des Babyladens auf und ab zu schieben, stellte ich fest, dass ich falschgelegen hatte. Es gibt unzählige verschiedene Modelle, allesamt mit albernen Lifestyle-Bezeichnungen wie »The Windsor« oder »Zest«. Die Dinger sind alles andere als einfach, im Gegenteil, die Menschheit hat noch kein Hilfsmittel hervorgebracht, das so unnötig komplex und kompliziert ist wie dieses. Leider machen die Firmen, die sie herstellen und vertreiben, den Kaufprozess mit ihren schwachsinnigen Beschreibungen nur noch verwirrender. Hier zwei Beispiele:

1. Der Rahmen ist ein ergonomisch designtes Carbon-Chassis mit aluminiumlegierten Rädern mit gefederter Einzelradaufhängung für Topleistung selbst auf unebenstem Terrain. Die Unterseite sorgt durch die Beschichtung mit hitzeabweisendem Material für Temperaturbeständigkeit.
2. Das leichte Fahrgestell besteht aus Aluminium und carbonfaserverstärktem Kunststoff, das Fahrwerk mit Rocker-Bogie-Aufhängung sorgt dafür, dass die Aluminiumräder auch bei starken Unebenheiten auf dem Boden bleiben. Jedes der Vorder- und Hinterräder kann individuell gesteuert werden und ermöglicht somit 360-Grad-Wendungen.

Beispiel Nummer eins ist die Herstellerbeschreibung des Kinderwagens, den wir gekauft haben.

Beispiel Nummer zwei stammt von der NASA und beschreibt deren Mars-Rover »Curiosity«.

Weißt du jetzt, was ich mit unnötig kompliziertem Schwachsinn meine? Allein von diesen beiden Beschreibungen ausgehend könnte ich nicht sagen, welches der Kinderwagen und welches das 2,5 Milliarden Dollar schwere Forschungsprojekt ist, das zum roten Planeten reisen und dort Daten sammeln soll.

(Hätte ich online bestellt, hätte ich glatt das Falsche erwischt. Mit einem Visa-Card-Limit von 2,5 Milliarden Dollar hätte es leicht passieren können, dass wir Charlie jetzt in einem interplanetaren Forschungsroboter durch die Gänge von Sainsbury's schieben würden.)

DIE »HÖLLENSPORTKARRE 1000«

Man muss der Dame, die uns unseren Kinderwagen verkauft hat, jedoch zugutehalten, dass sie ihr Bestes gegeben hat, die Eigenschaften der Wagen, die wir uns angeschaut haben, vereinfacht zu erklären. Janet erläuterte, »Carbon-Chassis« bedeute einfach, dass es leicht sei, »verstärkter Stahlrahmen«, dass er stabil sei, und so weiter. Doch als Verkäuferin versuchte Janet natürlich auch eifrig, den Mehrwert der teureren Modelle zu betonen.

(Meine Reaktionen darauf fanden übrigens nur in meinem Kopf statt.)

»Dieses spezielle Modell verfügt über Einzelradaufhängung und Allwetter-Bereifung für jeden Untergrund.«

Das ist toll, aber wir wollen mit ihm ja bloß in den Supermarkt und nicht auf den Kilimandscharo.

»Dieses spezielle Modell verwenden Prinz William und Kate für Prinz George.«

Tja, Janet, ehrlich gesagt wäre es mir auch pupsegal, wenn der Papst Jesus darin rumschieben würde. Er ist teuer. Selbst wenn er vergoldet wäre, einen Diamantengriff hätte und jedes Mal, wenn das Baby kackt, eine Konfettikanone abfeuern würde, wäre er noch teuer.

»Dieses spezielle Modell verfügt über ein UV-Schutz-Sonnendach mit Lichtschutzfaktor 50+.«

Wir sind hier in England.

»Dieses spezielle Modell besitzt einen ausklappbaren Sonnenschirm.«

Wir sind hier in England.

»Dieses spezielle Modell verfügt über ein Moskitonetz.«

Janet? Du weißt schon, dass wir hier in England sind, oder? Bisher versuchst du mir das perfekte Fahrzeug zu verkaufen, um mit einem Baby auf einen Berg, durch eine Wüste und durch einen malariaverseuchten Sumpf zu schieben.

»Dieses spezielle Modell verfügt über eine lebenslange Garantie.«

Super – falls wir mal ein Rad verlieren, während wir den vierzigjährigen Charlie rumschieben, machen wir das auf jeden Fall als Garantieschaden geltend.

»Dieses spezielle Modell hat einen einfachen dreistufigen Klappmechanismus.«

Okay, sorry, Janet, aber nein, hat es nicht. Du hast gerade eine Viertelstunde gebraucht, um das Ding zusammenzuklappen, inklusive hervortretender Ader an der Schläfe, dabei arbeitest du hier.

Schließlich betete Janet mit einer überschwänglichen Geste die restlichen Besonderheiten dieses Spitzenmodells von Kinderschubkarre mit allem Schnickschnack und Gedöns herunter.

»Dieses spezielle Modell hat außerdem Kunstlederdetails, einen Plastikhaken für Einkaufstüten sowie einen Becherhalter.«

Einen Becherhalter ...?

Das beeindruckte mich damals nicht und tut es heute noch viel weniger. Ich habe keine Ahnung, wer Kinderwagen entwirft, aber ich glaube, jedem, der auch nur ein paar Minuten lang einen herumgeschoben hat, fallen bessere Ausstattungsmerkmale als ein Becherhalter ein – und damit meine ich keine Kunstlederdetails.

Die Teile sollten wie die Autos bei *Mad Max* mit Flammenwerfern und Panzerung aufgemotzt sein: Leute, die mit der Nase im Smartphone-Display auf dich zugetrottet kommen, würden von dem Ding einfach abprallen. Oder unter seinen Rädern begraben werden. Und Gnade dem armen Teufel, der sich der Mum in den Weg stellt oder ihr nicht die Tür aufhält, die mit der »Höllensportkarre 1000« hektisch nach einem Wickelraum Ausschau hält. Er hätte keine Chance.

Wo wir schon dabei sind, das Teil sollte außerdem Lastwagenräder mit Spikes haben und eine Autohupe oder noch besser Lautsprecher, aus denen norwegischer Death Metal oder »Highway to the Dangerzone« dröhnt. Und scheiß auf den Becherhalter – wieso nicht gleich eine Zapfanlage am Griff und einen Beiwagen für ein Fass? Das wäre doch ein geiles Höllengefährt.

Was die praktische Seite angeht: Scheiß auf den Plastikhaken. Der Korb unter dem Wagen sollte so groß sein wie ein Haus. Das ganze Ding sollte den Schwerpunkt vorn haben, damit es nicht samt Baby umkippt, egal wie viele Einkaufstüten du an den Griff hängst. Das Sonnendach sollte Geräusche absorbieren und über ein eingebautes Navi zur nächsten Drogerie verfügen. Der Wagen bräuchte einen Feuchttuchspender, sollte selbstreinigend sein und einen Alarm besitzen, der losgeht, um dich zu erinnern, dass du eine ganze Schachtel Krispy Kremes in dem Korb unter dem Kinderwagen verstaut hast, bevor du ihn zusammenklappst und deine Donuts in Brei verwandelst.

Aber zurück zu Janet.

Da standen wir also und hörten uns an, wie toll dieses »spezielle Modell« sei, nur weil es einen Plastikhalter hatte, in den wir eine Dose Limo stellen konnten.

Während ich über die »Höllensportkarre 1000« tagträumte, vollendete Janet ihr Werbesprüchlein über diesen speziellen, sauteuren Kinderwagen (namens »The Inspire« oder irgendein Marketingscheiß in der Art). Wir hatten ihr eine geschlagene halbe Stunde zugehört, während sie die vielen Besonderheiten dieses »wunderschönen Kinderwagens« aufzählte und demonstrierte. Und ich weiß noch genau, dass ich in mich hineinkicherte, als sie uns schließlich den Preis nannte. Ich dachte: »Diese Frau hält uns wohl für Idioten; als wären *wir* ahnungslose Babys.«

Ich grinste und warf Lyns einen Seitenblick zu, einen kurzen, wissenden Blick, der ausdrücken sollte, wie lächerlich es war, dass Janet uns für so doof hielt.

Ich wartete darauf, dass Lyns mir einen zustimmenden Blick zuwarf, aber stattdessen besagte ihr Blick: »Der ist es.«

Also rückte ich einen knappen Monatslohn raus und weinte innerlich ein bisschen.

Übrigens bin ich normalerweise derjenige, der die Gutgläubigkeit an den Tag legt, die man braucht, um einen 800-Pfund-Stuhl auf vier Rädern zu kaufen. Ich habe mal unsere letzten zwanzig Pfund für einen stimmverzerrenden Boba-Fett-Helm (Limited Edition!) ausgegeben. Das Ganze war also quasi ein Rollentausch. Aber Lyndsay war auch schon voller Liebe, bevor Charlie überhaupt geboren war. Eine Liebe, die ich noch nicht ganz verinnerlicht hatte, ehe er eine Bruchlandung in unser Zuhause machte. Und da sie ihn nicht im Arm halten und sich um ihn kümmern konnte, war der einzige Weg, diese Liebe auszudrücken, ihm Sachen zu kaufen. Und zwar nicht irgendwelche Sachen, sondern nur das Beste vom Besten. Das ist weder rational noch vernünftig, aber Lyndsay überzeugte mich mit einem Bauchtätscheln, dass wir mehr, als wir uns eigentlich leisten konnten, für den perfekten Kinderwagen ausgeben mussten. Und da es kein flammenwerfendes Modell gab, war dies eben das beste.

Wie sich herausstellte, war der »Sportwagen«, den wir ausgesucht haben, ein ziemlich guter Kauf. Janet allerdings war ein verlogener Aasgeier. Dass der Wagen auf jedem Untergrund fahren würde, war Quatsch: Das tat er nur so lange, wie der Untergrund kein Matsch, Sand, Gras, Eis, Schnee, Holzbohlen, Kies, leicht rissiges Pflaster oder hubbeliger Asphalt war.

Außerdem stellte sich heraus, dass Wills und Kate nicht

den gleichen Kinderwagen wie wir haben. Ich habe das überprüft: In der Zeitung stand, dass sie einen für 17 000 Ocken gekauft haben. Wenn wir also keinen krassen Preisnachlass auf unseren bekommen haben (oder Janet den zukünftigen Thronerben ordentlich abgezogen hat), war es nicht der gleiche.

Und die Aussage, der Wagen habe einen »einfachen dreistufigen Klappmechanismus«, stimmte tatsächlich, allerdings nur in den äußerst seltenen Fällen, in denen du beide Hände frei hast. Mit nur einer freien Hand musst du dich nach harten Parkplatzregeln mit dem Scheißding prügeln, bis es müde wird. (Wenn du großes Glück hast, dauert der Mann-gegen-Kinderwagen-Kampf weniger als eine Stunde, bis das verdammte Teil widerwillig aufgibt und aufklappt.)

Aber alles in allem war »The Inspire« gemütlich und warm, und Charlie schien ihn zu mögen.

Bis er ihn auf einmal nicht mehr mochte.

KINDERWAGENKRIEG

Irgendwann kommen Babys in das Alter, in dem sie nicht mehr ständig im Kinderwagen sitzen wollen. Wahrscheinlich haben sie es satt, sich ständig auf Eier-Höhe zu befinden, und sehnen sich nach einer anderen Perspektive. Das Problem ist, dass dieser Freiheitswunsch vor dem Zeitpunkt kommt, an dem sie laufen können. Nicht im Kinderwagen sitzen bedeutet also, dass du sie die ganze Zeit herumschleppen musst wie ein blöder Bauernjunge einen Kartoffelsack. Die gute Nachricht ist, dass dein Baby noch nicht über den Intellekt verfügt, irgendetwas dagegen zu tun, wenn du beschließt, es im Kinderwagen zu lassen. Sein Hirn ist noch nicht voll ausgereift, es kann mit deiner überlegenen Intelligenz nicht mithalten und findet daher auch keinen Weg, sich durchzusetzen. Kleiner Scherz. Natürlich kann es das. Es gibt sogar zwei äußerst effektive Methoden der Durchsetzung.

Methode 1

Zum einen kann dein Baby vermeiden, in den Kinderwagen gesetzt zu werden, indem es sich weigert, die Beine zu knicken. Wenn Babys beschließen, dass sie jetzt nicht in den Kinderwagen möchten, biegen sie den Rücken durch und machen jeden Muskel in ihrem Körper steif, bis sie in etwa so biegsam sind wie ein Stück Holz und es unmöglich ist, sie zusammenzuklappen, zu falten oder zu biegen. Egal wie stark du bist, ob du den Körperbau einer klapperdürren Omi oder eines Hulk Hogan besitzt, gegen diese beispiellose Totenstarre-artige Kraft ist jedes Elternteil machtlos. Es ist kein pures Kräftemessen, sondern eher ein Kampf der Unbeholfenheit. Es ist, als würde man versuchen, Skier in einem Brotkasten zu verstauen. Einfach fantastisch. Eine einfache Alternative zur Kampf-oder-Flucht-Reaktion und ein großartiger Weg, praktisch alles zu umgehen, was man nicht möchte. Nächstes Mal, wenn ich bei der Arbeit etwas machen soll, wozu ich keine Lust habe, probiere ich es aus:

»Matt, könntest du dir mal die Bilanzen vom letzten Quartal ansehen?«

»Fick dich, Carl.« Und schon mache ich meinen ganzen Körper steif, werfe mich auf den Boden und bleibe starr wie ein Brett liegen.

Dagegen kann niemand etwas machen. Genial.

Methode 2

Wenn du es geschafft hast, dein Baby durch Schnelligkeit oder Ablenkung mit irgendeiner Origamifalttechnik in den Kinderwagen zu befördern, hat es trotzdem noch eine erprobte und bewährte Methode, das Eingesperrtsein zu umgehen.

In Malaysia und Französisch-Guayana gibt es Ameisen und Termiten, die explodieren. Diese Viecher jagen sich buchstäblich selbst in die Luft, und auch Babys haben eine ähnliche »nukleare Option« zur Verfügung. Es ist eine Verteidigungsmethode, die sie in allen möglichen Situationen anwenden, und zwar, weil sie so effektiv ist. Für Laien ausgedrückt: Sie rasten völlig aus. Treten, beißen, wrestlen, kratzen und kreischen hysterisch, bis jeder im Umkreis von fünf Metern das Gefühl hat, ihm würde der Kopf platzen. Und wenn du siehst, dass Umstehende mit blutenden Ohren zu Boden sinken und Gott anflehen, dass es aufhören möge, lenkst du ein. Du gibst auf. Du hast verloren. Du nimmst dein Baby wieder auf den Arm, und es beruhigt sich augenblicklich, wird augenblicklich still, und du sagst dir, okay ... aber nächstes Mal ...

Doch im selben Augenblick feuern die Neuronen im Gehirn deines Babys aus vollen Rohren, ohne dass du es merkst. Nervenbahnen werden erforscht, Verbindungen hergestellt, die nie wieder getrennt werden können. Und diese winzigen Funken neuer grauer Substanz entsprechen neuerschlossenem Wissen. Ein Wissen, das dein Baby mit einem leisen Lächeln ausdrückt, während es stillzufrieden auf deinem Arm hockt:

»Du kannst mir gar nichts.«

TRAGE

Die Alternative zum Kinderwagen ist also, dein Baby die ganze Zeit zu tragen. Das Problem ist, dass in Sachen Babygewicht zwischen fünf Kilo und elf Kilo alles möglich ist. Was sich anfühlt, als würde man einen süßen kleinen Sack Zement herumschleppen. Ein Sack Zement ist totes Gewicht, er bewegt sich nicht. Ein Baby hingegen vollführt auf deinem Arm gern ein Tänzchen und nimmt etwa alle fünfzehn Sekunden eine neue Haltung ein. Damit zwingt es dich, ständig mit den Armen auszugleichen, um es nicht auf seinen undankbaren Bollerkopf fallen zu lassen. Maximal eine Viertelstunde hältst du das aus, aber danach fühlt es sich an, als hättest du Puddingarme und der Predator hätte dir die Wirbelsäule rausgerissen und ins Mondlicht gehalten.

Die Lösung dieses Problems ist ganz einfach: eine Trage. Quasi ein großes umschnallbares Holster für Babys.

Ich habe mich geweigert, eine zu kaufen. Ehrlich gesagt habe ich die Dinger immer mit solchen übereifrigen Ehemännern verbunden, die mit ihrer Partnerin die Geburt »erleben« und gern Cordhosen tragen. Ich fand, eine Babytrage zu tragen wäre nur einen Schritt davon entfernt, mir künstliche Milchbrüste umzuschnallen und das Baby mit der Gitarre in den Schlaf zu klampfen. Außerdem fand ich, dass sie an Männern ziemlich bescheuert aussehen. Frauen mit ihren Neugeborenen sahen total toll damit aus, das konnte selbst ich erkennen. Aber immer wenn ich einen Mann mit einer Babytrage sah, fand ich, dass er irgendwie wie eine ungute Kreuzung aus Mann und Känguru wirkte (ein »Manguru«), und das Baby vor seiner Brust wie der Mutant Kuato aus dem Film *Total Recall* (ziemlich geschmackloser Vergleich, aber absolut zutreffend, falls du Bock hast zu googeln).

Lyns hatte schon ein Tragetuch, das sie ständig benutzte, und wenn Charlie nicht in den Wagen wollte, saß er meist dort drin. Aber wenn Charlie und ich allein unterwegs waren, war es superanstrengend, ihn auf dem Arm überall hinzuschleppen. Nachdem ich ewig darüber nachgedacht hatte, habe ich aufgegeben und schließlich doch eine Trage bestellt. (Wenn ich sie je ausprobieren wollte, war es sinnlos, das weiter aufzuschieben. Sonst wäre Charlie irgendwann ein Teenager, und seine Beine würden über den Boden schleifen, wenn er drinsaß.)

Als sie ankam, fand ich sie scheiße. Das Ding bestand nur aus Plastikschnallen und Gurten und war aus unangenehm steifem Material. Es sah aus wie eine Mischung aus Zwangsjacke und so einem schmucklosen, praktischen Sport-BH, den Frauen tragen, die dich problemlos vermöbeln könnten.

Aber das Aussehen war nicht das einzige Problem an der Trage. Nach ungefähr einer Woche habe ich eine Amazon-Rezension geschrieben. Ich will sie hier nicht ganz abdrucken, aber das waren meine Hauptkritikpunkte:

- Das Baby sitzt genau in der richtigen Höhe, um dir eine Kopfnuss verpassen, aber gleichzeitig tief genug, um dir wiederholt in die Eier treten zu können.

- Sie anzulegen fühlt sich an, als würdest du von einem Dudelsack sexuell belästigt werden.

- In der Anleitung steht, dass sie dafür entworfen wurde, damit du die enge Bindung zu deinem Baby spürst ... wenn ich sie anhabe, komme ich mir vor, als würde ich einen Tandemsprung mit Mini-Me aus *Austin Powers* machen.

- Es ist schwer zu beschreiben, aber wenn mein kleiner Sohn drinsitzt, fühlt es sich an, als würde ich vornüberkippen. Das Gewicht sitzt so weit oben, dass ich mir im Gehen vorkomme wie eine Frau mit riesigen Titten.

Nach diesen Auszügen denkst du vermutlich, es wäre eine negative Rezension. Aber nein, ich habe dem Ding tatsächlich vier Sterne gegeben – aus dem einfachen Grund, dass Charlie es liebt. Mit einem Mal war er einen Meter größer und genoss es, durch die Gegend zu laufen, als wäre er King Kong. (Nachdem er die ersten paar Monate auf dem Planeten als fünfzig Zentimeter großer Hänfling verbracht hatte, musste er sich in der Trage fühlen wie Sigourney Weaver am Ende von *Aliens – Die Rückkehr*, als sie diesen riesigen Gabelstapler-Anzug anzieht und stahlhart wird.) Sein glücklicher Gesichtsausdruck bei unserem ersten Ausflug war Gold wert. Ein wenig getrübt wurde dieser Anblick allerdings durch meine entsetzte Erkenntnis, dass dieses Kind unter keinen Umständen in seinen Kinderwagen zurückkehren würde.

Nachdem ich ihn fünf Minuten in der Trage gehabt hatte, habe ich versucht, ihn zurück in seinen Wagen zu setzen, und er schaute mich bloß an, als wollte er sagen: »Äh, Dad, da geh ich nicht rein, Kinderwagen sind was für Blödmänner.«

Nachdem ich die Rezension für die Trage gepostet hatte, wurde ich mit Vorschlägen und Empfehlungen für andere Modelle bombardiert, die etwas eierfreundlicher sind. Und schließlich habe ich eine gefunden, die ziemlich gut funktioniert, relativ bequem ist und bei der ich beim Anlegen weniger das Gefühl habe, von einem Seeungeheuer missbraucht zu werden. Jetzt trage ich das Teil ständig, und zwar nicht nur, weil es meine schmerzenden Arme und meinen Rücken schont: Es ist auch ein gutes Gefühl, Charlie eine neue Perspektive zu geben, damit wir die Welt eine Zeitlang quasi gemeinsam und auf Augenhöhe erleben.

Und wenn ich damit wie ein »Manguru« oder einer dieser übereifrigen Dads aussehe, die ich immer von oben herab betrachtet habe, scheiß drauf, es gibt Schlimmeres.

IM AUTO

Die Außenwelt zu Fuß zu betreten, kann kompliziert sein, also ist es womöglich besser, den ersten Ausflug mit dem Auto zu wagen.

Eins der Hauptprobleme beim Autofahren ist, dass es anfangs ziemlich langsam vorangeht. Die ersten paar Monate bin ich nur Schneckentempo gefahren. Wenn Charlie auf der Rückbank saß, war ich geradezu lächerlich vorsichtig. Aber es nützt nichts, mit so einem hilflosen Wesen an Bord kommt es dir vor, als wärst du mit Lichtgeschwindigkeit unterwegs, und wenn du dann auf den Tacho schaust, merkst du, dass du ganze 25 km/h fährst und sich hinter dir ein Stau gebildet hat – ein Stau, der auch Traktoren, Wohnwagen sowie einen Trauerkonvoi mit Leichenwagen an der Spitze beinhaltet, aus dessen Fenstern sich die Hinterbliebenen lehnen und brüllen: »Ey Oma, wird das heute noch was?«

(Bei mir hat sich tatsächlich einmal ein aggressiv wirkender alter Typ mit grauem Rauschebart darüber beschwert, dass ich zu langsam fuhr, was er mir verdeutlichte, indem er mir buchstäblich an der Stoßstange klebte und mir die internationale Geste für »Wichser« zeigte. Ich neige nicht zu Gewalt im Straßenverkehr, aber als er an der nächsten Ampel neben mir hielt, habe ich das Fenster auf der Beifahrerseite heruntergelassen und ihn vernünftig darauf hingewiesen, dass ich mich an die Geschwindigkeitsbegrenzung halte und er bitte eine rücksichtsvollere Fahrweise an den Tag legen solle. Ich glaube, meine genaue Wortwahl lautete: »Verpiss dich, Dumbledore.«

Hochzufrieden damit, diesen Streit gewonnen zu haben, drückte ich den elektrischen Fensterheber, um das Fenster wieder zu schließen, erwischte allerdings den falschen. So dass das Fenster hinten aufging. Doch da am hinteren Fenster nun ein selbsthaftender Sonnenschutz klebte, wurde der gesamte Schutz mit einem scheußlichen Knirschen in die Autotür gezogen. Er befindet sich bis heute irgendwo im Innenleben der Tür. An der nächsten Ampel stand ich wieder neben dem Typen und erlebte, den Blick stur geradeaus gerichtet, die längsten vierzig Sekunden meines Lebens, in denen ich aus dem Augenwinkel sah, wie Albus Dumbledore sich vor Lachen in die Hose machte und mir dieselbe universelle Geste zeigte wie schon einen Augenblick zuvor.)

Das Problem am Autofahren ist, dass du plötzlich an jeder Ecke Gefahr vermutest. Jeder Kreisverkehr und jede Ampel bergen Katastrophenpotenzial, und Autobahnen werden plötzlich zu einer Art dystopischem Todesrennen. Es ist schrecklich. Und ironischerweise liegt das eigentliche Problem im Inneren deines Autos. Es gibt beim Fahren keine größere Gefahr als dich selbst. Denn du vergewisserst dich ständig im Rückspiegel, dass dein Baby noch nicht den Gurt durchgeknabbert und sich befreit hat. Oder noch schlimmer, du drehst dich wiederholt nach hinten, um es zu trösten, weil es mal wieder wegen irgendetwas Weltbewegendem kreischt – zum Beispiel, weil es einen Keks fallengelassen hat.

Die Ablenkung durch ein mitfahrendes Baby ist wesentlich stärker, als ein Handy zu benutzen oder am Radio herumzufummeln. Es ist ein bisschen so, als wäre das Auto gekapert worden und man müsste mit vorgehaltener Knarre normal weiterfahren. Oder, das ist ein noch passenderer Vergleich, als hätte man einen psychotischen Tramper mitgenommen, der auf der Rückbank sitzt und sich noch normal benimmt, aber jeden Augenblick ausflippen könnte.

Wenn man wirklich einmal die Fähigkeiten und das Geschick heutiger Formel-1-Piloten testen wollte, sollte man eine Rückbank in deren Autos einbauen und ein drei Monate altes Baby mitfahren lassen. Sechs Runden Silverstone und Kimi Räikkönen würde heulend und mit den Nerven am Ende in die Boxengasse fahren, angeschnodderte Schokolade essen und schluchzen: »Ich kann nicht mehr.«

Kindersitz

Natürlich ist Autofahren nicht so unsicher, wie wir glauben. Dank Kindersitzen. Ohne Kindersitz darfst du nicht fahren. So ist das Gesetz.

Kindersitze haben sich, seit sie in den 1930er Jahren erfunden wurden, entscheidend weiterentwickelt. Du wirst entsetzt sein, wenn du dir mal die ersten Modelle in der Bildersuche anschaust. Moderne Sitze werden von den klügsten Ingenieursköpfen entwickelt, während diese frühen Versionen eher aussehen, als hätte dein Dad sie im Schuppen selbst zusammengezimmert. Sie bestanden aus Metall und Holz und wurden zusammengenagelt, als bestünde das Ziel darin, etwas zu entwerfen, das sich im Falle eines Zusammenpralls in eine Art eiserne Jungfrau verwandelt. Die Erfinder dieser Dinger hätten sie genauso gut aus Scherben und Bärenzähnen herstellen können, das wäre genauso sicher gewesen. Und von der phänomenalen Unsicherheit mal abgesehen, wirken die Dinger so bequem wie der Schoß von Pädo Jimmy Savile.

Na ja, ursprünglich wurden die Teile wohl auch weder für Sicherheit noch für Bequemlichkeit entworfen, sondern um das Baby an Ort und Stelle zu halten. Um es davon abzuhalten, über die Rückbank zu krabbeln, während man auf dem Rückweg von der Kneipe mit Kippe im Mundwinkel über die Landstraße heizte.

Fragt sich eigentlich noch jemand, wie Babys es früher ins Erwachsenenalter geschafft haben? Über die Gesundheit und Sicherheit von Babys scheint man sich bis in die 1980er Jahre kaum Gedanken gemacht zu haben. Davor scheint man in Sachen Sicherheit nur darauf geachtet zu haben, dass das Baby beim Spielen mit dem Küchenmesser das richtige Ende in der Hand hat. Wenn ich jetzt darüber nachdenke, spiele ich auf jedem Kinderfoto von mir gerade auf der Straße, fahre ohne Helm Fahrrad oder rase auf einem aus Paletten selbst gezimmerten Schlitten auf den sicheren Tod zu. Einen Kindersitz hatte ich natürlich auch nicht. Im Gegenteil, ich erinnere mich vage, einen Großteil meiner Kindheit damit verbracht zu haben, mich mit meinen Geschwistern darüber zu streiten, wer von uns im Kofferraum mitfahren durfte.

Zum Glück erhielten in den 1990er Jahren Sicherheit und Komfort Einzug ins Kindersitzdesign, und die modernen Sitze sehen aus, als würden sie den Wiedereintritt in die Erdatmosphäre überleben. Es sind gepolsterte, luxuriöse Sessel, basierend auf der Technologie, die in Rennautos verwendet wird, dazu entwickelt, die Auswirkung jedes Zusammenstoßes abzufangen. Was toll ist, vor allem, da es inzwischen zehnmal mehr Autos auf der Straße gibt, als in der Zeit, in der ich ein Kind war, und die meisten davon wesentlich schneller fahren als unsere Familienkarre, ein schrottiger Morris Minor (der etwa 50 km/h schaffte, bevor er auseinandergefallen und in Flammen aufgegangen ist).

Wie schon gesagt, wurden die genialsten Wissenschaftler zusammengetrommelt, um den modernen Autositz zu entwickeln. Leider musst du auch ein genialer Wissenschaftler sein, um das Ding in dein Auto einzubauen. Offensichtlich wurden noch vor ein paar Jahren fünfundsiebzig Prozent aller Sitze falsch eingebaut, und das überrascht mich überhaupt nicht. Der Sicherheitsgurt deines Autos musste durch rätselhafte Plastikrasten gefädelt werden, hoch und runter, bis der Gurt zu Ende war und dir immer noch fünf Zentimeter bis zum Anschnaller fehlten. Eltern verbrachten die Hälfte der Zeit damit, den Sitz einzubauen, und die andere Hälfte, das Teufelchen auf ihrer Schulter zu bekämpfen, das ihnen »Scheiß drauf, das passt schon« ins Ohr flüsterte, und sich gleichzeitig daran zu erinnern, dass es hier um Leben und Tod ging, um ihr Kind nicht einfach mit Panzertape an die Kopfstütze der Rückbank zu kleben.

Deshalb ist Isofix auch so eine super Erfindung. Isofix sind die kleinen Haltebügel aus Metall, die im Rücksitz deines Autos versteckt sind. Die Basis von modernen Kindersitzen lässt sich einfach an diese Ösen anklicken, und du brauchst keinen Sicherheitsgurt mehr. Genial. Und es rettet tatsächlich Leben. Denn nach stundenlangen Kämpfen mit Sitz und Sicherheitsgurt wollten die meisten Eltern sich einfach nur noch in die Einfahrt legen und mit dem Auto selbst über den Kopf rollen.

Unser erster Sitz kam übrigens im Doppelpack mit unserem Kinderwagen von Janet, und obwohl er Isofix hatte, war ich sehr erleichtert, dass es das Angebot gab, den Sitz von einem Verkäufer ins Auto einbauen zu lassen. Gott sei Dank, dachte ich, ich bin echt scheiße in so was, und es ist wichtig, dass er richtig eingebaut ist.

Das Problem dabei, nach diesem Gratis-Einbauservice zu fragen, war nur, dass Janet die ganze Zeit betonte, wie »idiotensicher« der Einbau dieser neuen Kindersitze sei, »sogar ein Affe könnte das«. Obwohl Lyndsay leise vorschlug, den Service in Anspruch zu nehmen, brachte ich es also einfach nicht über mich, um Hilfe zu bitten. Da hätte ich auch gleich verkünden können, nur ein halber Mann zu sein.

Ich schob den Karton mit dem Einkaufswagen zum Auto und fragte mich, ob ich der Aufgabe wohl gewachsen sein würde.

Aber auf der Rückfahrt dachte ein Teil von mir, dass dies vielleicht, ganz vielleicht, einen Wendepunkt markieren könnte.

Ich bin kein besonders männlicher Mann. Ich muss meinen Schwiegervater (ein eins neunzig großer Ex-Stahlarbeiter) bitten vorbeizukommen, um ein Regal aufzubauen. Beim letzten Mal bat er mich, die Wasserwaage für ihn zu halten, und ich machte alles noch schlimmer, indem ich sagte: »Uuh, die ist aber kalt.« Er warf mir bloß einen entgeisterten Blick zu. Wie gesagt, ich bin nicht gerade der Macho-Typ.

Doch mit diesem »idiotensicheren« Kindersitzeinbau bot sich eine Gelegenheit, und etwas Urtümliches rührte sich in mir. Hier konnte ich mich einer Herausforderung stellen. Ich dachte, in ein paar Monaten werde ich Vater, ein männliches Vorbild, der Herr des Hauses, das Oberhaupt der Familie, ein jagender und sammelnder Beschützer. Die Zeit war gekommen, solche Dinge in Angriff zu nehmen.

Ich war ein Mann.

Also nahm ich den Kindersitz mit nach Hause, packte ihn wild entschlossen aus, studierte eine Weile die Gebrauchsanweisung ... rief Lyns' Dad an und setzte erst mal Teewasser auf.

ÖFFENTLICHE VERKEHRSMITTEL

Nein. Auf keinen Fall.

...

Okay, ich weiß. Es hat nicht jeder die Möglichkeit, öffentliche Verkehrsmittel zu meiden. Manche Leute haben keinen Führerschein, manche können sich kein Auto leisten, manche leben in einer großen Stadt. Und manche Leute sind Masochisten, die sich gern in einen Bus hineinquetschen, der vollbesetzt mit Menschen ist, die angestrengt zu Boden schauen, um ja nicht ihren Sitzplatz für jemanden mit Beinprothese oder einem Baby im Arm aufgeben zu müssen.

Großbritannien gilt ja als sehr höfliches Land, und im Großen und Ganzen halte ich diesen Ruf auch für gerechtfertigt. Aber auf den X89 von Rotherham nach Doncaster trifft das einfach nicht zu. Das war meine letzte Busfahrt mit Charlie. Der Bus war voll mit ignoranten Arschlöchern und einem depressiven Busfahrer, der (obwohl ein Passagier mit Baby auf dem Arm im Gang stand) wie ein Postkutscher fuhr, der von »Rothäuten« verfolgt wird.

Ich habe lediglich fünfzehn Minuten im X89 verbracht, aber diese negative Erfahrung wurde auch durch die Gruppe aggressiver Teenager, den besoffenen Irren und den durchdringenden Geruch nach Würstchen und Pisse nicht besser. Das war das letzte Mal, dass ich mit Charlie Bus gefahren bin.

Falls du in London wohnst, ist die U-Bahn die bessere Alternative. Die Londoner U-Bahn war schon immer eine super Möglichkeit, um von A nach B zu kommen, sich das

Portemonnaie klauen zu lassen oder von einem Fremden angegrabscht zu werden. Aber zu ruhigeren Tageszeiten kann sie auch eine super Möglichkeit sein, mit Baby unterwegs zu sein. Wenn du die U-Bahnhöfe ohne Fahrstuhl und mit Ausgängen fünf Kilometer vom Gleis entfernt umgehen kannst, ist es perfekt. Während der Rushhour ist es die Hölle.

In der Londoner Rushhour wird auf Eltern mit Baby keine Rücksicht genommen. Verständlicherweise. Wenn du die letzten zehn Stunden bei deinem seelenraubend beschissenen Job verbracht hast, willst du nur noch nach Hause. (Und ich habe selbst schon Jobs gehabt, die so beschissen waren, dass ich sogar Gandhi auf die elektrischen Gleise geschubst hätte, wenn er meine Heimreise verzögert hätte.) Mach dich also aufs Schlimmste gefasst.

So habe ich jedenfalls gelernt, unseren Kinderwagen wie eine mächtige Waffe zu benutzen. Du magst zwar keine »Höllensportkarre 1000« besitzen, aber wenn du zur Rushhour in die Tube einsteigen willst und einen Kinderstreitwagen dabei hast, musst du darauf gefasst sein, auf die schließenden Türen zuzustürmen und ihn den Leuten in die Knöchel zu rammen, um hineinzukommen. Und sobald du das geschafft hast, musst du dir souverän deinen Platz erkämpfen.

Doch selbst, wenn es dir gelungen ist, sicher an Bord zu gelangen, bleibt die U-Bahn das reinste Minenfeld. Schon ohne Baby ist eine vollbesetzte Tube kein sonderlich angenehmer Aufenthaltsort. Sie ist eine rasende Kapsel voller Schweiß und einer Körpernähe, die Engländer normalerweise schrecklich finden. Wenn wir anderen Leuten nahekommen wollten, würden wir in ein angrabbelfreudiges Land wie Frankreich oder Italien ziehen.

Aber mit einem Kinderwagen bist du einfach immer im Weg. Egal, an welche Tür du dich stellst, es wird die Seite sein, auf der die Tür an jeder Station aufgeht, um den ganzen Großraum London ein- und aussteigen zu lassen. Und während du dich ständig an eine Stelle schiebst, wo du ein weniger großes Hindernis darstellst, musst du gleichzeitig permanent darauf achten, was dein Baby im Sinn hat. Beim Blick nach unten musste ich schon mehrfach feststellen, dass Charlie gerade fein säuberlich und unbemerkt den Handtascheninhalt einer unschuldigen Frau auf den Boden leerte. Einmal bemerkten wir sogar erst nach dem Aussteigen in Holborn, dass er noch einen Eyeliner, eine Oyster-Card und eine Packung Taschentücher umklammert hielt. Wir wissen bis heute nicht, wie er daran gekommen ist, aber vermutlich hatte er sie aus einer unbeaufsichtigten Tasche stibitzt, und ich war ein ahnungsloser Fagin, während er einen auf Artful Dodger machte.

Im Zug

Zugfahren ist dem U-Bahn-Fahren sehr ähnlich, dort gilt das gleiche Grundprinzip: Wenn es ruhig ist, ist es super, in der Hauptverkehrszeit ist es grauenhaft.

Einen unserer ersten Ausflüge machten wir um Weihnachten herum mit dem Zug nach London, und er war knackevoll. Die einzigen freien Plätze befanden sich im »Ruhebereich«. Also setzten wir uns dorthin. Das war nicht ideal. Ich weiß, dass Leute Plätze in diesem Waggon reservieren, weil sie hoffen, dort ihre Ruhe zu haben. Wir hingegen hofften, dass unsere Mitreisenden Verständnis dafür haben würden, dass wir in einem vollbesetzten Zug, in dem es nur noch Stehplätze gab, genau zwei Möglichkeiten hatten: uns hier hinzusetzen oder unser drei Monate altes Baby ins Gepäckfach zu legen.

Noch bevor Charlie überhaupt einen Ton von sich gegeben hatte, fing die Frau schräg gegenüber laut an zu stöhnen und zu schnaufen und sagte zu jedem, der es hören wollte, dass dies hier der Ruhebereich sei. Nach etwa einer Viertelstunde brabbelte Charlie leise vor sich hin. Da flippte die Frau aus. Obwohl sie Kopfhörer aufhatte, aus denen blechern James Blunt ertönte, sah sie wohl, dass Charlie irgendwelche Töne von sich gab, und hielt es nicht mehr aus. »Das darf doch nicht wahr sein«, sagte sie zu sich selbst und dem Rest des Waggons. Bei diesem Stichwort fühlte ich mich genötigt, sie darauf hinzuweisen, dass der Zug vollbesetzt sei und Anstand und Mitgefühl eigentlich schwerer wiegen sollten als ihr Bedürfnis, »You're Beautiful« in einem sensorischen Vakuum zu hören. Sie war anderer Meinung: »Ekelhaft«, beharrte sie. »Ekelhaft.« Ich habe mich noch nie so unwohl gefühlt. Vor allem, weil der Anzugträger uns gegenüber genauso genervt aussah.

Doch dann geschah etwas Erstaunliches. Ebenjener Anzugträger drehte sich zu der Frau und sagte: »Sie sind es, die hier ekelhaft ist. Wo sollen sie denn Ihrer Meinung nach hin?« Ehe sie darauf antworten konnte, schaltete sich die Frau ein, die neben ihr saß, und sagte: »Alles in Ordnung, machen Sie sich keine Sorgen, mich stört er nicht.« Und eine dritte Frau hinter uns: »Mich auch nicht, hat doch ziemlich gute Manieren, der kleine Mann.«

Es war, als wolle die Frau auf der anderen Seite des Gangs uns ans Kreuz schlagen, und der ganze Wagen stünde auf und verkündete: »Ich bin Spartacus.« (Na ja, vielleicht nicht der ganze Wagen, aber immerhin drei Spartacusse, die uns zur Hilfe kamen.)

Das Blatt hatte sich gewendet, und die Frau musste sich geschlagen geben und schäumend vor Wut weiter der Musik von James Blunt lauschen.

Nach ein paar schwierigen Monaten, in denen wir uns an unser neues Leben gewöhnt hatten, gab uns dieser Vorfall ein wenig Glauben in die Menschheit zurück. Lyns und ich reden immer noch darüber, und inzwischen hat er gewissermaßen eine Art mythischen Stellenwert in unserem Bewusstsein eingenommen. Als hätten wir einen Drachen erlegt. Und irgendwie haben wir das auch. Aber es war nicht die Frau auf dem Nachbarsitz, die wir erlegt haben, sondern unsere Angst, dass man uns immer das Gefühl geben würde, zu stören, dass wir uns immer unwohl fühlen müssten, weil wir ein Baby dabeihaben. Wenn wir diese Art von Rückhalt im Ruhebereich eines Zuges finden konnten, dann auch in einem Restaurant oder Café. Menschen, die sich wegen Babys einscheißen, sind in der Minderheit.

Falls du also unter denen warst, die am 3. Dezember im 16.20-Uhr-Zug von Doncaster nach London Neu-Eltern zur Seite gesprungen sind, und das hier zufällig liest, möchte ich mich gern bedanken.

Und wenn du die korpulente Frau von Sitz 16A bist, möchte ich dir Folgendes mitteilen: Dein Musikgeschmack ist scheiße, und in dieser riesigen roten Bluse, die du anhattest, siehst du aus wie ein scheiß Pirat.

Gute Menschen/Schlechte Menschen

Nirgendwo sonst wird dir also eindrucksvoller vor Augen geführt, wie viele egoistische und asoziale Menschen es gibt, als in öffentlichen Verkehrsmitteln. Menschen, die dir die Tür nicht aufhalten, oder Menschen, die sich an dir vorbeidrängeln, um in den Bus einzusteigen.

Manche Menschen mögen einfach keine Babys. Sie finden sie nervig. Das verstehe ich. Sie sind ja auch nervig.

Aber weißt du was? Es gibt auch unzählige Dinge, die *ich* an der Außenwelt und meinen Mitmenschen nervig finde. (Zum Beispiel James Blunt, der aus blechernen Kopfhörern dröhnt.) Müssen wir nicht jeden Tag tolerant gegenüber unseren Mitmenschen sein? Sonst würden wir doch alle ständig mit angepisster Miene durch die Gegend laufen, und dann wären wir genauso schlimm wie die Leute, die sich in den Kommentarspalten der *Daily-Mail*-Website austoben.

Wenn du also zu den Menschen gehörst, die keine Toleranz für eine Mum oder einen Dad mit ihrem Kind aufbringen können, und aus Versehen dieses Buch liest, solltest du eins kapieren: Restaurants, Flugzeuge, Busse, Einkaufszentren – das sind alles öffentliche Orte, nicht dein scheiß Schlafzimmer. Es ist nicht so, als würden wir dich zu Hause belagern. Und wenn du keine Toleranz für ein Baby aufbringen kannst, dann kannst du eben nicht draußen unterwegs sein. Wenn du wirklich allergisch reagierst, gibt es tausend Orte, an denen du keinem Baby über den Weg laufen wirst: Casinos, Strip-Schuppen, eigentlich überall nach 21 Uhr. Alles Orte, wo man richtig Spaß haben kann. Oder bleib doch einfach zu Hause, damit du nicht ständig die Augen verdrehen und seufzen und Eltern ein Scheißgefühl geben musst, wenn es mal etwas laut und chaotisch wird.

Und hier ist noch eine erstaunliche Wahrheit: Niemand ist als voll entwickelter Erwachsener auf die Welt gekommen. Kein einziger Mensch. Wir waren alle einmal solche sabbernden, schnoddertriefenden, kreischenden, wilden Biester. Und obwohl wir uns an diese Lebensphase nicht mehr erinnern, möchte ich wetten, dass jeder Einzelne von uns störend und laut und verdammt nervig war. Letzten Endes ist es also total verlogen, sich im Beisein eines Babys arschig zu verhalten, und daher solltest du vielleicht die Möglichkeit in Betracht ziehen, dass du einfach ein Arschloch bist.

ALTE DAMEN

Den augenverdrehenden Babyhassern gegenüber steht eine Gruppe von Menschen, die Babys sehr mag. Eine Gruppe von Menschen, die ein wirksames Gegenmittel zur Negativität der Baby-Antis sein kann: alte Damen. Obwohl ich in meinem Facebookposting darüber gewitzelt habe, ihnen aus dem Weg zu gehen, ist es ehrlich gesagt meist ziemlich nett, von einer alten Dame angehalten und in ein Gespräch verwickelt zu werden, damit sie deinen Nachwuchs bestaunen können. Eine super Gelegenheit, deine neue Rolle als Mummy oder Daddy einmal auszuprobieren und dich an den Gedanken zu gewöhnen, dass du jetzt genau das bist.

Außerdem ist es eine super Gelegenheit, dich langsam wieder an Gespräche mit Erwachsenen zu gewöhnen, denn dafür sind nur drei Informationen nötig:

1. Wie heißt das Baby?
2. Wie alt ist er/sie jetzt?
3. Wie schwer war es bei der Geburt?

Eigentlich ist es weniger eine Unterhaltung als vielmehr eine Art Volkszählung.

Im Prinzip verlaufen all diese Gespräche nach einem klar umrissenen Schema, das jedes einzelne Mal befolgt wird. Die alte Dame, von der die Fragen kommen, wird auf jede deiner Antworten mit quietschenden Geräuschen wie »ooooooooh« und »aaaaah« reagieren, als würde sie sich gerade von einer frischen Kopfverletzung erholen.

Es macht auch nichts, wenn du die Antworten auf diese drei Fragen nicht weißt oder dich nicht daran erinnerst, denn sie hören sowieso nicht zu. Nachdem ich ungefähr das zwanzigste Mal angesprochen wurde, habe ich angefangen, mir einfach Sachen auszudenken, um herauszufinden, ob sie überhaupt aufpassen oder einfach babybesoffen sind:

»Oooh, wie heißt das Baby?«
»Wilberforce Fuckleberry.«
»Oooh, wie alt ist er?«
»Nächsten Michaelistag wird er zweiundsechzig.«
»Oooh, wie viel hat er gewogen?«
»So viel wie eine große Fledermaus.«

»Oooh«, kommt unweigerlich zurück, mit dem weggetretenen Blick und dem Gesichtsausdruck einer frisch zugedröhnten Koksnase.

Obwohl mir in diesen Gesprächen niemand zuhört, genieße ich sie meistens. Diese Frauen lieben Charlie. Wirklich. Sie lieben auch dein Baby. Sie lieben alle Babys, und das ist doch etwas Wunderschönes.

Trotzdem hast du manchmal einfach keinen Bock, der zwanzigsten Person zu erzählen, wie viel dein Baby bei der Geburt gewogen hat (übrigens ist es immer ein »gutes Gewicht«), und manchmal musst du einfach dringend etwas erledigen. Bei diesen Gelegenheiten können alte Damen zu einem echten zeitlichen Risiko werden. Sie können Stunden damit verbringen, deinem Baby ein Lächeln zu entlocken, aber im Gegensatz zu dir sitzen sie ja sonst auch nur auf ihrem faulen Arsch rum.

Wenn du nicht unhöflich sein willst, ist die beste Strategie, den alten Damen aus dem Weg zu gehen. Ich hatte ja schon in der Einleitung erwähnt, dass sich das anfühlt wie eine Runde des alten Videospiels *Frogger* (ein Spiel aus den

Achtzigern, in dem man Hindernissen ausweichen muss, um ans Ziel zu kommen). Und wenn die alten Damen in deiner Umgebung dich erst mal kennen, erspähen sie dich schon aus der Entfernung. In der direkten Nachbarschaft ist es also eher, als würde man *Pac-Man* spielen.

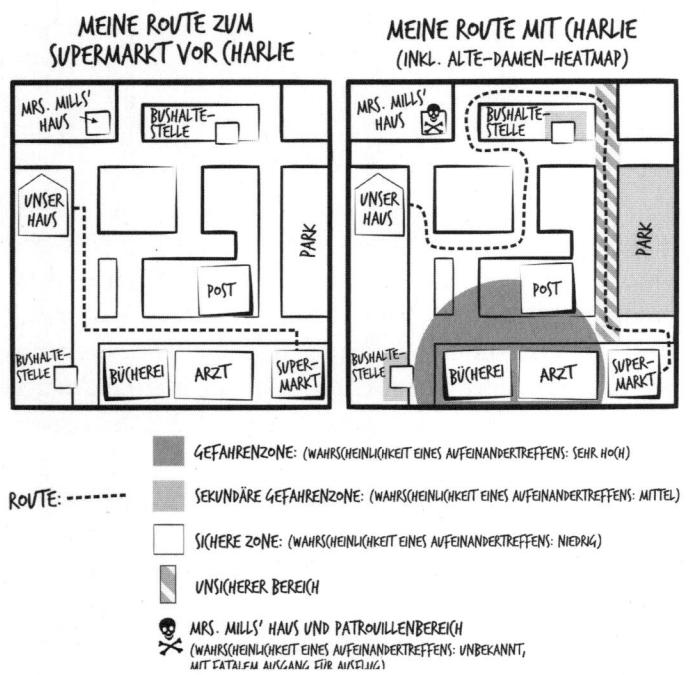

In unserem Dorf weiß ich genau, wo die alten Damen wohnen und sich zusammenrotten, und da es nicht wenige sind, musste ich genauso listig wie sie sein und eine komplizierte Route ausklügeln, um zum Supermarkt zu gelangen, ohne angesprochen zu werden.

Das mag übertrieben wirken, aber du unterschätzt die Gefahr, die von diesen alten Frauen ausgeht. Die gemeine englische alte Dame ist wie ein Jagdtreiber und neigt dazu, in Rudeln aufzutreten. Wenn du ohne feste Planung und Route einkaufen gehst, machst du dich zur leichten Beute. Oder noch schlimmer, du wirst in einen Bereich voller alter Damen getrieben: Gefahrenzonen wie die Post, die Bücherei, oder, Gott bewahre, der Krater, in dem alle Zeit verschluckt wird: die Hausarztpraxis. (Beim Arzt gibt es kein Entrinnen vor der stetig nachrückenden Armee alter Frauen. Wenn du dort umzingelt wirst, kannst du genauso gut deine Tagesration anbrechen und deinen Partner bitten, dich unbemerkt hinauszuschleusen.)

Aber alte Damen sind ein super Gegenmittel zu den Mistgabeln und Fackeln des Anti-Baby-Mobs, und im Großen und Ganzen repräsentieren sie wohl doch die allgemeine Haltung der Gesellschaft Babys gegenüber, denn die ist meist positiv. Beweise für diese positive Einstellung sind die alltäglichen Zugeständnisse, die Eltern von der Gesellschaft eingeräumt werden: Dinge wie abgesenkte Bordsteine und Eltern-Kind-Parkplätze.

ZUGESTÄNDNISSE

Der Wickelraum

Wickelräume gehören ebenfalls zu diesen Zugeständnissen. Es ist erstaunlich, wie viel ein Wickelraum-Symbol Eltern bedeuten kann, deren Baby gerade in einem überfüllten Einkaufszentrum eine Neun auf der Kack-Skala in die Windel gebombt hat. Dieses Symbol ist ein Leuchtturm, ein Licht, das uns zu einem Zufluchtsort führt. Zu einem Schutzraum. Wickelräume können so viel mehr sein als Orte, an denen man Windeln wechselt: Sie können Räume sein, in die man sich zurückziehen und in denen man sich wieder sammeln kann. Gute Wickelräume sind blitzblank, hygienisch, ja, beinahe gemütlich. Diese Ruheoasen sind mit allem ausgestattet, von einhändig bedienbaren Seifenspendern mit antibakterieller Seife bis hin zu Einmal-Wickelunterlagen. Dort gibt es sanfte Beleuchtung und leise Musik, um die beanspruchten Nerven der Eltern zu beruhigen. So sehen die guten aus.

Leider sind die guten Wickelräume äußerst rar und die schlechten so einladend wie das Arschloch des Teufels.

Meistens erkennt man sie schon vor dem Betreten an der schmierigen Klinke und dem schiefen Schild über der Tür: »Die ihr hereinkommt: Lasst alle Hoffnung fahren!« Und während du die Tür öffnest, ertönt Donnergrollen, und in der Ferne jault klagend ein Hund. Willkommen in der Kabine der Verdammnis.

Eine flackernde Neonröhre beleuchtet etwas, das dem Anschein nach eine stillgelegte Drogenhöhle ist. Wenn du

Glück hast, ist auf dem verdreckten Boden kein Kreideumriss des letzten Mordopfers mehr sichtbar.

Dir fällt der typische »Diese Anlage wurde zuletzt gereinigt von«-Zettel an der Wand ins Auge, aber in diesem Fall ist es bloß eine Steintafel, die an einer antiken Spinnenwebe baumelt (»Diese Anlage wurde zuletzt gereinigt von Plinius dem Älteren, 74 n. Chr.«).

Und frierend, zitternd und misstrauisch näherst du dich dem Ausklappunterlagendings.

Eine Unterlage, auf der sich anscheinend ein Penner den Sack abgebraust hat. Das Teil ist abartig dreckig. Darauf würdest du nicht mal einen sterbenden Biber einschläfern, geschweige denn dein Baby wickeln. (Außerdem kleben in den Scharnieren immer Essensreste, so ähnlich wie in einer Backofenklappe. Gibt es wirklich Menschen, die ihr Baby auf so einem Ding füttern??)

Wer bitte schön hat nicht nach einem Blick in diesen Raum beschlossen, sein Baby an einem angemesseneren Ort wie im Auto, auf einer Parkbank oder in einem verlassenen Schweinestall zu wickeln?

Aber manchmal ist man verzweifelt. Manchmal hat man keine andere Wahl. Also legst du die kostbarste Sache in deinem Leben auf eine Oberfläche, auf der genügend Bakterien wimmeln, um ganz Frankreich auszulöschen. Und verbietest deinem unbedarften Baby, etwas anzufassen. Dein Baby wiederum beschließt, dass dies ein guter Zeitpunkt ist, die Wände abzulecken und alles anzutatschen, was es in die Finger bekommt.

Das Schlimmste an einem schlechten Wickelraum ist nicht einmal der Hygienestandard oder dass er aussieht wie Jeffrey Dahmers verwaister Keller. Sondern die Tatsache, dass dort nie etwas nachgefüllt wird. Alles ist leer. Die Packung Einmalwickelunterlagen ist leer, der Seifenspender spuckt nur noch Staubwolken aus, und wenn du Pech hast, gibt es nicht mal fließendes Wasser, erst recht kein heißes.

Und die meisten Räume wurden offensichtlich von Idioten entworfen. Wieso befindet sich alles außer Reichweite? Wieso hängt man ein fettes Schild mit der Aufschrift »Bitte lassen Sie Ihr Baby nicht unbeaufsichtigt auf dieser Unterlage« an die Wand und platziert dann die Seife, den Mülleimer, das Waschbecken und alles andere exakt dreißig Zentimeter außer Reichweite? Die durchschnittliche Armspannweite eines Menschen beträgt einen Meter siebzig. Installiert verdammt noch mal alles innerhalb dieses Bereichs! Meine Fresse.

Selbst wenn du und dein Baby die Tortur des Wickelns überstanden habt, steht euch noch immer das Schreckgespenst Windeleimer bevor: der pulsierende, leuchtende, radioaktive Eimer in der Ecke des Raumes, in dem langsam der Virus herangezüchtet wird, der die Menschen im Film *Outbreak* auf dem Gewissen hat. Natürlich funktioniert der Tretmechanismus nicht, so dass du den Deckel mit der Hand hochheben und blitzschnell wieder schließen musst, ehe dir vom austretenden Gas das Gesicht schmilzt wie bei dem Gestapo-Typen in *Jäger des verlorenen Schatzes*, als er die Bundeslade öffnet.

Wickelräume sollen dir das Leben einfacher machen, und im Prinzip tun sie das auch. Es wirft ein gutes Licht auf eine Gesellschaft, die frischgebackenen Eltern mit solchen Annehmlichkeiten den Alltag erleichtern will. Geschäfte sind nicht verpflichtet, solche Räume bereitzuhalten, also glauben sie offensichtlich, dass sie damit junge Familien mit Geld in der Tasche anlocken können. Seltsam nur, dass sie sich die Mühe machen, Wickelräume einzurichten, in die nicht einmal die Schurken aus *Scooby-Doo* zum Kacken gehen würden.

Der Parkplatz

Ein weiteres Zugeständnis an gebeutelte Eltern ist der Eltern-Kind-Parkplatz. Diese Parkbuchten sind breiter als gewöhnlich, so dass du Kinderwagen und Baby aus dem Auto laden kannst, ohne das Auto neben dir zu verschrotten, indem du wiederholt mit deiner Autotür dagegendonnerst. Praktischerweise liegen sie außerdem in der Nähe des Eingangs, denn wenn du Kinder hast, die schon ein bisschen älter sind, willst du vermutlich nicht, dass sie auf dem Parkplatz herumrennen. Diese Parkplätze sind echt sinnvoll. Im Mini-Supermarkt bei uns im Ort gibt es lediglich drei Eltern-Kind-Parkplätze, die sich ein paar Meter vom Eingang entfernt befinden. Und im Großen und Ganzen missbrauchen die Leute dieses System auch nicht. Aber ein hartnäckiger Übeltäter parkt seine Schrottkarre jedes Mal auf einem dieser Parkplätze. Meistens dem direkt neben der Tür. Quasi jeden zweiten Tag parkt er da, um sich die vier Meter Fußmarsch zum Eingang zu sparen. Aber seinem Äußeren nach zu urteilen, ist er ganz offenkundig auf dem Weg ins Fitnessstudio, und das macht mich richtig wütend. Er ist nicht körperlich eingeschränkt, er hat keine Kinder, er ist einfach ein Sackgesicht.

Einmal wollte ich den Typen ansprechen, als er den Laden gerade betrat. Aber dann beschloss ich, meine moralische Überlegenheit walten zu lassen ... weil er ein ziemlich aggressiv aussehender Schrank von einem Mann ist. Statt ihn anzusprechen tat ich also, was jeder andere vernünftige englische Feigling tun würde, und klemmte ihm eine Nachricht hinter den Scheibenwischer (einmal umblättern).

Es ist faszinierend, wie sich deine Perspektive verändert, wenn du Vater wirst, und wie anders du auf einmal deine Umwelt und das Verhalten deiner Mitmenschen betrachtest. Vor Charlies Geburt ist mir nie aufgefallen, dass jemand illegal auf dem Eltern-Kind-Parkplatz parkt. Und wenn doch, habe ich wahrscheinlich gedacht: »Och, das ist aber ein biss-

SEHR GEEHRTER HERR,

ICH MUSSTE LEIDER FESTSTELLEN, DASS SIE AUF EINEN PARKPLATZ PARKEN, DER FÜR ELTERN MIT KLEINEN KINDERN RESERVIERT IST ...

DA OFENSICHTLICH EIN MISSVERSTÄNDNIS VORLIEGT, HOFFE ICH, IHNEN BEHILFLICH SEIN ZU KÖNNEN. DIES IST DAS SYMBOL FÜR DEN BEREICH, DER FÜR ELTERN MIT KINDERN RESERVIERT IST:

SIE HINGEGEN SOLLTEN NACH FOLGENDEM SYMBOL AUSSCHAU HALTEN.

EIN RESERVIERTER BEREICH, IN DEM SIE SICHERLICH NICHT NUR WILLKOMMEN SIND, SONDERN WIE EIN KÖNIG VEREHRT WERDEN.

SCHÖNE GRÜSSE

MATT x

P.S.: NUR EIN ABSOLUTER WICHSVOGEL SCHRAUBT SICH EIN PERSONALISIERTES NUMMERNSCHILD AN EINEN FORD MONDEO.

chen unverschämt, ich wünschte, diese Person wäre etwas rücksichtsvoller.« Wenn ich jetzt jemand Kinderloses auf einem dieser Parkplätze sehe, denke ich: »Ich hoffe, du stirbst in einer brennenden Mülltonne.«

Es ist ein Zeichen für eine zivilisierte Gesellschaft, wenn Rücksicht auf die jüngste Generation genommen wird; es zeugt von Wertschätzung für sie und ihre Eltern. Das Problem ist, dass alles von der Mitwirkung anderer abhängt: Der

Rest der Gesellschaft muss sich stillschweigend darin einig sein, dass es ein richtiges Verhalten gibt, dass du diese Parkplätze also nicht benutzt, wenn du sie nicht benötigst.

Und mal ganz im Ernst, das sind doch die gleichen Leute, die auch auf Behindertenparkplätzen parken. Was noch um einiges arschiger ist, als Parkplätze für junge Familien zu besetzen. Falls du also zu diesen Leuten gehörst, bitte ich dich im Namen der Gesellschaft, einen langen Blick in den Spiegel zu werfen – und dann deinen Kopf dagegenzuhauen, bis du aufhörst, so ein Riesenpenis zu sein.

DIE AUSSENWELT GENIESSEN

Das größte Problem, das frischgebackene Eltern mit der Außenwelt haben, ist dasselbe Problem, das die Außenwelt schon immer mit sich brachte: andere Menschen. Aber nicht alle Menschen, nur die üblichen Verdächtigen: Asoziale, Egoisten, Arschlöcher.

Die Außenwelt ist kein einfacher Ort, ist anfangs sogar ein furchteinflößender Ort. Und es hilft nicht, dass draußen in der Wildnis Menschen lauern, die jeden Ausflug schwieriger machen werden. Menschen, die dir nicht helfen oder dafür sorgen, dass du dich minderwertig oder unbehaglich fühlst, wie ein Eindringling an einem Ort, der in Wirklichkeit gar nicht ihnen gehört. Doch eines lernen alle jungen Eltern sehr schnell: sich ein dickes Fell zuzulegen, dem die spitzen Stöcke und Dolche anderer Menschen nichts anhaben können, die Minderheit zu ignorieren, die sich wünscht, ihr wärt nicht da. Oder, noch besser, nehmt es an: Egal, wie Menschen auf euch als Eltern reagieren, es hilft euch dabei, euch wie Eltern zu fühlen.

Vor allem aber lass dich und dein Baby von Unannehmlichkeiten und der Ignoranz anderer nicht davon abhalten rauszugehen. Du hast dieses unglaubliche Wesen in diese Welt eingeladen, also solltest du sie ihm auch zeigen. Und nicht nur seinetwegen, sondern auch deinetwegen. Ihm die große weite Welt zu zeigen, kann wie eine Verjüngungskur wirken. Babys bestaunen alles, sei es ein Sonnenuntergang oder die Autowaschanlage. Alltägliches verwandelt sich in Erstaunliches, einfach, weil sie es mit neuen Augen sehen. Gib einem Baby einen Grashalm und sieh zu, wie es ihn dreht und wendet. Ein großartiger Anblick.

Wie sieht also mein persönlicher Rat an alle jungen Eltern aus? Geht raus in die Welt. Findet heraus, wie es ist, von reizenden alten Damen angesprochen zu werden, von griesgrämigen Restaurantgästen böse angefunkelt zu werden und viele, viele Kilometer entfernt von zu Hause zu sein, mit nur einem Feuchttuch und einem Baby, das kurz davor ist, einen »Endgegner« in die Windel zu donnern.

Und wenn ihr bereit seid …

Wagt euch noch weiter hinaus in die Welt …

Man vs. Baby, Blogpost: 20. April 2016:

Wir kommen gerade aus Charlies erstem Urlaub … im Ausland.

Ein paar Leute schienen es nicht gut zu finden, dass wir mit einem sechs Monate alten Baby in den Urlaub fahren wollten. »Ihr fahrt weg?« Ja. »Ins Ausland?« Ja. »In die Sonne??« Ja. »Mit dem Flugzeug??« … Da hätte ich am liebsten geantwortet: »Nee, Lyns und ich fliegen, aber wir dachten, wir fahren mit Charlie nach Dover und schießen ihn mit einer scheiß Kanone rüber.«

Stattdessen habe ich gesagt: »Wird schon gutgehen.« Und wisst ihr was? Ist es auch.

Hier sind noch ein paar Dinge, die ich im Urlaub mit unserem winzigen Menschlein gelernt habe.

Wir hatten eine Packliste, auf der nur eine Sache stand: »Alles.«

• Nehmt niemals einen teuren Kinderwagen mit ins Flugzeug. Sobald ihr eingecheckt habt und der Wagen durch den Gummivorhang verschwunden ist, wird er von zwei WWF-Wrestlern abgeholt, die ihn eine halbe Stunde lang gegen die Wand donnern, bevor er auf die Startbahn gebracht wird, wo er ein paarmal vom Flugzeug überrollt und anschließend in den Frachtraum geladen wird.

• Am Zielort müsst ihr die Überreste eures Wagens (ein einzelnes Rad) von einem scheiß Gepäckband abholen, das aus irgendwelchen bizarren Gründen kilometerweit entfernt ist. (Unser Kinderwagen landete gefühlt näher an unserem Abflugort als am Zielort.)

• Wenn Fluggesellschaften behaupten, sie hätten eine »Wickelmöglichkeit«, meinen sie in Wirklichkeit ein Regalbrett.

• Ein Baby in einer Flugzeugtoilette zu wickeln, ist in etwa so, als wollte man einen Truthahn in einer Telefonzelle tranchieren, nur dass das Klo bloß halb so groß ist wie eine Telefonzelle und alle fünf Sekunden irgendein inkontinentes Arschgesicht gegen die Tür hämmert.

• Wenn euer Baby während des Flugs stillsitzt, ist das toll, wenn es schläft, noch besser. Falls euer Kleines, wie

Charlie, die ganze Zeit »stehen« will, freu dich schon mal darauf, wie es sich anfühlt, wenn ein Zwerg vier Stunden lang auf deinen Eiern Riverdance aufführt.

- Babypässe sind die reinste Abzocke. Wie gesagt sehen alle Babys aus wie glatzköpfige Männer, und zu glauben, irgendjemand würde ein Baby fünf Jahre nach seiner Geburt noch auf seinem Passfoto wiedererkennen, ist einfach hirnrissig ... Außerdem haben die Grenzbeamten kaum einen Blick darauf geworfen. Charlie hätte mit einer Zeichnung von John Malkovich auf der Rückseite eines Bierdeckels locker durch die Passkontrolle spazieren können (und die hätte uns keine fünfzig Ocken gekostet).

- Was das mit der Sonne angeht ... Wie sich herausgestellt hat, ist es voll okay, mit einem Baby in ein heißes Land zu fahren, denn auch in heißen Klimazonen bekommen die Leute ziemlich viele Babys, und deshalb ist es ein bisschen dumm anzunehmen, ein Baby würde in einem sonnigen Land auf einmal in Flammen aufgehen wie ein Vampir, wenn jemand die Vorhänge aufgezogen hat. Wichtig ist bloß eine Portion gesunder Menschenverstand, Schatten, die Mittagshitze zu meiden und Sonnenschutz mit Faktor Drölfzigtausend aufzutragen.

(Ein kleiner Tipp in Sachen Sonnencreme: Unbedingt einziehen lassen, bevor du dein Baby hochhebst, ansonsten kannst du auch gleich mit einem Seehund wrestlen, der frisch von der Massage kommt. Charlie war weniger gefährdet durch die Sonne als durch mich, der mit ihm jongliert hat wie mit einem glitschigen Stück Seife.)

- Aller Vorsicht zum Trotz ist die Sonne gefährlich. Für dich. Du wirst dir einen Sonnenbrand holen. Du wirst so sehr damit beschäftigt sein, das Baby von der Sonne fernzuhalten, dass du verbrutzeln wirst wie ein Brathähnchen. Während ich das schreibe, ist mein Gesicht feuerrot. (Ich glaube, ich habe mich während der ganzen Woche genau einmal mit Sonnencreme eingeschmiert.) Okay, ich muss zugeben, dass ich vorm Urlaub zu Lyns gesagt habe, ich wolle ein bisschen Farbe bekommen. Damit meinte ich allerdings nicht die Farbe von einem Pavianpenis.
- Sandige Strände sind eine doofe Idee. Sechs Monate alte Babys stecken alles in den Mund, was sie in die Finger bekommen, sie also auf zwei Hektar puderförmiges Glas zum Spielen abzusetzen, ist im Nachhinein betrachtet ziemlich dusselig.
- Falls du weder Panzertape noch Tacker benutzen willst, ist es einfacher, einen Oktopus dazu zu bekommen, eine Gürteltasche zu tragen, als ein Baby, Sonnenbrille und Hut anzubehalten.

Im Endeffekt möchte ich jedem, der überlegt, mit seinem Baby in Urlaub zu fahren, eins raten: Tu es.

So nervig es zwischendurch auch war – gemeinsam Zeit außerhalb unseres frisch zerstörten Zuhauses zu verbringen, war etwas ganz Besonderes.

Ich werde Charlies Gesicht, als er zum ersten Mal die Zehen in den Sand gesteckt hat, nie vergessen. Wie er sich gefreut hat, auf einem aufblasbaren Krokodil durch den Hotelpool gezogen zu werden. Und seine Faszination, als wir auf einer Bank saßen, ein Spatz uns Krümel aus der Hand gepickt hat und wir auf das tiefblaue Mittelmeer schauten.

Das war es wert, dass meine Eier nach seinem Getrampel auf dem Rückflug den gleichen Blauton hatten.

7

WARTUNG UND PFLEGE

Wenn ich darüber nachdenke, was zur Pflege eines Babys gehört, fällt mir immer wieder der Film *Gremlins* ein. Alle Babys sollten ihren Eltern von einem runzligen alten Japaner in einer kleinen Holzkiste überreicht werden, mit ein paar grundlegenden Anweisungen: nicht nass werden lassen, nicht nach Mitternacht füttern, und wenn du glaubst, es hätte gekackt, um Himmels willen niemals das Rückengummi seiner Windel zurückziehen, um nachzuschauen – sonst kriegst du Scheiße an die Finger.

In meiner Grundschule gab es die Tradition, dass ein Kind auserwählt wurde, während der Sommerferien auf das Klassen-Haustier aufzupassen. Inzwischen ist mir klar, dass diese Tradition ins Leben gerufen wurde, weil kein Lehrer Lust hatte, zwei Wochen lang eine blöde Wüstenrennmaus am Hals zu haben.

Trotzdem war es eine große Ehre, für die Pflege eines Tieres verantwortlich zu sein. Genauer gesagt eines Meerschweinchens: Cracker. Natürlich durften diese Aufgabe nur die reifsten, ordentlichsten und zuverlässigsten Achtjährigen übernehmen. Als ich Miss Wilson also fragte, ob ich als Kandidat für diese Ehre in Frage käme, entgleisten ihr kurz die Gesichtszüge. Dann sagte sie: »Mal schauen, Matthew, mal schauen.« Ihre Augen sagten allerdings: »Nur über meine Leiche, Liebchen. Du bist von Kopf bis Fuß in Lumpen aus der Fundkiste gekleidet, gestern hast du einen Anspitzer verschluckt, und wenn ich dir Cracker mit nach Hause gebe, bedeutet das seinen sicheren Tod.«

Am letzten Freitag des Schuljahres musste ich enttäuscht feststellen, dass Cracker schon zum zweiten Mal innerhalb eines Jahres Emma Mackey anvertraut wurde. Ich war am Boden zerstört. Miss Wilson bemerkte meine Enttäuschung und rief mich zu sich, als ich gehen wollte, und sagte: »Matthew, ich habe eine ganz besondere Aufgabe für dich. Du musst für mich auf Buddy aufpassen.« Feierlich überreichte sie mir den kleinen Kaktus, der in seinem Topf auf der Fensterbank vor sich hin gammelte, seit ich drei Jahre zuvor eingeschult worden war ...

Ein scheiß Kaktus.

So viel Vertrauen hatte Miss Wilson in meine Fähigkeiten, für ein anderes Wesen zu sorgen. Es war nicht mal eine richtige Pflanze. Bloß ein scheiß Kaktus. Die unverwüstlichste aller Pflanzen. Cracker hätte Wasser, tägliche Fürsorge und Zuneigung gebraucht. Buddy hingegen würde den Einbruch eines nuklearen Winters überleben, ohne dass ich ihn eines Blickes würdigen müsste (während er sich mit einem Kaktuslachen über *mich* lustig machen würde, wenn mir alle Haare und Zähne ausfielen). Aber das sollte wohl meine Gelegenheit sein, Verantwortungsbewusstsein zu demonstrieren. Dazu hatte Miss Wilson das dämliche Ding schlauerweise vermenschlicht, indem sie ihm einen Namen gegeben hatte. Buddy war mein Freund.

Ich muss wohl nicht erwähnen, dass ich Buddy an dem Tag auf dem Nachhauseweg nicht in meinen Ranzen stopfen wollte, also beschloss ich, ihn auf meinem Fahrradlenker zu balancieren. Als ich vom Spielplatz losradelte, rutschte Buddy mir natürlich aus der Hand und geriet unter mein Vorderrad, dann unter mein Hinterrad, und als ich das Rad zurückschob, um den Schaden zu begutachten, erneut unter mein Hinterrad und noch einmal unter das Vorderrad.

Buddy befand sich seit etwa einer Viertelstunde in meiner Obhut, und schon lag er auf dem Boden und sah aus wie stachlige Guacamole. Buddy war tot.

Ich glaube, daher rührt meine Angst vor der Verantwortung für ein Baby. Metaphorisch gesprochen wollte ich Charlie einfach nicht mit meinem Fahrrad überfahren.

DER KLEINKRAM

Ich wusste, dass Babypflege kompliziert ist. Dass dafür Organisiertheit, Gewissenhaftigkeit und gesunder Menschenverstand vonnöten sein würden. All das, was mir als Kind gefehlt hat, und woran ich als Erwachsener noch immer arbeite.

Erstaunlicherweise sind Babys sehr robust. Aber die Wartung und Pflege, die nötig ist, um sie am Leben zu erhalten, lässt die Haltung von Kakteen oder auch Meerschweinchen wie ein Kinderspiel wirken. Babys kann man nicht gießen. Oder sie in einen Käfig stecken, ein bisschen Stroh hineinstreuen und ihnen Auslauf verpassen, indem man sie in ein riesiges Rad setzt. Es ist etwas komplizierter.

Alle Elternratgeber konzentrieren sich auf die großen Dinge: Wie füttert man ein Baby, wie wechselt man Windeln, was ist wichtig in Sachen Babyschlaf. Aber worüber sich die meisten ausschweigen, sind der Kleinkram und die alltäglichen Details der Babypflege: Wie man Babys anzieht, wie man sie badet und vor allem, wie man verhindert, dass sie wie Mini-Penner aussehen. Bei diesen Dingen ist Learning by Doing angesagt.

Und das sind alles keine Selbstverständlichkeiten. Babys wollen nicht sauber sein, sie wollen nicht angezogen werden, sie wollen ihre Nägel nicht geschnitten und ihre Nasen nicht abgewischt bekommen. All das nervt sie zu Tode (und nichts ist explosiver als ein sechs Monate altes Baby, das sich auch nur im Geringsten belästigt fühlt). Und so wird der simpelste Kleinkram zum täglichen Kampf und die Babypflege zum endlosen Krieg. Doch wie bei jeder Schlacht kommt es auf die Strategie an.

Der große chinesische Militärstratege Sunzi hat in *Die Kunst des Krieges* einmal geschrieben, um einen Konflikt zu gewinnen, brauche man »die Wucht des Raubvogels« und müsse »ungestüm sein wie der Wind, gefräßig wie das Feuer und unerschütterlich wie der Berg«.

Man geht davon aus, dass Sunzi mit diesen Worten beschreibt, wie er 506 v. Chr. in der Schlacht von Boju einen großen Sieg über die Chu-Armee errungen hat. Aber da er anscheinend auch Kinder hatte, könnte er genauso gut die Strategie beschreiben, die man bei einem Baby anwendet, das nicht die Nase geputzt oder das Gesicht abgewischt bekommen will. Du stehst diesem unbesiegbaren Feind gegenüber? Ohne die Wucht des Raubvogels hast du keine Chance.

BADEZEIT

Unserem guten, alten Babyflüsterer zufolge werden Babys »nie richtig schmutzig«.

Da bin ich anderer Ansicht. Vielleicht ist Charlie ja die Ausnahme, aber meinen Beobachtungen nach beenden Babys ab Beikostalter die meisten Tage mit einer steinharten Schmutzschicht überzogen. Eine Mischung aus Flüssigkeiten, Sekreten und Essen umhüllt ihren Körper und lässt ihnen im getrockneten Zustand kaum noch Bewegungsfreiheit.

Aus diesem Grund führen Eltern im Internet erbitterte Debatten darüber, wie häufig Babys gebadet werden sollten. Diese Debatte wurde von einer Bloggermum aus den USA entfacht, die geschrieben hatte, sie würde ihr Neugeborenes nur einmal die Woche baden, wenn überhaupt. Was ich mir einfach nicht vorstellen kann. Ich will mir wirklich kein Urteil über die Entscheidungen anderer Eltern anmaßen, aber nach einer Woche ohne Bad muss ihr Kind wie ein wilder, verfilzter Klammeraffe aussehen. Wenn es mal entwischt, rufen ihre Nachbarn garantiert sofort den Kammerjäger, damit er es mit einem großen Netz wieder einfängt. Aber diese Frau und ihre vielen Unterstützer beharren darauf, dass ein Bad pro Woche für Babys reicht. (Sie sind wahrscheinlich bloß enttäuscht, dass man seinen Knirps nicht auf den Rasen stellen und mit dem Gartenschlauch abbrausen kann, ohne dass einem das blöde Jugendamt dazwischenfunkt.)

Offiziellen Empfehlungen nach, zumindest im Vereinigten Königreich, soll man sein Baby mindestens dreimal pro Woche baden. Aber für viele Eltern gehört das Baden zum täglichen Abendprogramm. Ein ebenso wichtiger Teil der Routine wie Alkohol zu konsumieren und sich taub zu stellen, wenn dein Partner behauptet, du seist dran mit Windeleimer-Rausbringen.

Das Badewannenprogramm gehört meist zum angenehmen Teil. Bei badenden Babys hat man direkt Bilder von spaßigem Geplansche vor Augen: grinsende, nasse Babys mit Schaumbärten und -hüten und strahlenden Augen. Und es stimmt, Baden kann wirklich eine lustige Sache für Eltern und Baby sein. Darüber hinaus ist es eine der wenigen täglichen Pflichten, die sich wirklich so gut fürs Bonding eignen, wie Experten gern behaupten.

Aber nachdem man den Expertenrat befolgt und den lieben, langen Tag das Wickeln, Spielen, Anziehen, Lesen, Bauchlage-Üben und Füttern zum Bonding genutzt hat, kommt auch das geduldigste Elternteil der Welt an einen

Punkt, an dem es denkt: Okay, können wir alle mal kurz dieses scheiß Bonding sein lassen und einfach nur Spaghetti und Weetabix aus den Halsfalten dieses Babys entfernen? Es muss ja nicht jeder Moment ein ganz besonderer sein.

Vor allem, weil das Zeitfenster für »spaßiges Geplansche« sehr kurz ist. Baden beginnt erst so richtig Spaß zu machen, wenn das Baby allein sitzen kann. Vorher liegt es nur platt auf dem Rücken da und blickt verdattert drein. In dieser frühen Phase scheinen Babys überhaupt keinen Spaß zu haben. Sie wirken eher wie ein Frosch, der gerade seziert werden soll und mitten in der Biologiestunde das Bewusstsein wiedererlangt hat.

Neugeborene zu baden ist also vielleicht noch nicht ganz so spaßig. Aber es ist unkompliziert. Das einzig Schwierige daran ist, den Kopf zu stützen oder es in so ein kleines, wasserfestes Sitzdings zu setzen.

Doch irgendwann kommt der Tag, an dem dein Baby sitzen kann und plötzlich begreift, wie viel Spaß in dem Raum, der so schön hallt, möglich ist. Vorsichtig planschen und spielen sie mit der verwirrten Schar von Enten, Haien und Spritzdelfinen (und anderem schrottigen Badespielzeug, das den größten Platz in der Wanne einnimmt). Und genau das ist das Zeitfenster, in dem man die lustigen Schnappschüsse seines glücklich in der Badewanne sitzenden und fröhlich spielenden Babys schießen kann.

Denn schon sehr bald wird es stehen können und nicht mehr damit zufrieden sein, in der Wanne zu sitzen. Dann will es auch nicht mehr von dir festgehalten und erst recht nicht gewaschen werden. Und dein kleines, wasserfestes Sitzdings kannst du dir übrigens auch in den Arsch schieben.

WIE DU DEIN BABY BADEST

Glücklicherweise kam »Wie du dein Baby badest« in unserem Geburtsvorbereitungskurs dran. Eigentlich erinnere ich mich nur noch so gut daran, weil unsere Kursleiterin Barbara groß angekündigt hat, sie hätte ein »Akronym« in petto, damit wir uns die einzelnen Schritte besser merken können. Daraufhin schrieb sie »G.W.S.A.« an die Tafel. Was überhaupt kein Akronym ist, weil Akronyme aussprechbare Abkürzungen sind (wie NATO oder NASA). Ich weiß, das ist spitzfindig, aber es hat mich echt genervt, als sie uns eröffnete, wofür die Anfangsbuchstaben stehen sollten: »Gradzahl, Wassertiefe, Säubern, Abtrocknen«. Und mir fiel auf, dass sie nur »Wassertiefe« in »Abtauchen« und »Säubern« in »Grundreinigung« hätte ändern müssen, damit es »G.A.G.A.« geheißen hätte. Das *ist* wenigstens ein Akronym. Das hätte man sich auch viel besser merken können. Und das hätte auch genau beschrieben, wie ich mir dabei vorkam, an einem Samstagvormittag als vierzigjähriger Mann in einem Klassenraum zu sitzen und beigebracht zu bekommen, wie man ein Handtuch benutzt.

G.A.G.A.

Gradzahl

Darauf zu achten, dass das Badewasser deines Babys die richtige Temperatur hat, ist selbstverständlich, aber auch wirklich wichtig. Babyhaut reagiert extrem sensibel auf Wärme und Kälte. Deshalb wies Barbara uns darauf hin, dass das Wasser nicht einfach die Gradzahl haben darf, die du selbst angenehm finden würdest, denn das wäre viel zu heiß.

Vor allem, wenn du gerne heiß badest, und ich zumindest bin jemand, der das Badewasser erst angenehm findet, wenn sich beim Eintauchen mehrere Hautschichten abschälen. Eigentlich ist es erstaunlich, dass wir überhaupt ein Kind zeugen konnten, wenn man bedenkt, wie heiß ich gern bade. Nach ärztlicher Meinung ist es für die Zeugungsfähigkeit entscheidend, die Hoden kühl zu halten. Aber über die Jahre habe ich regelmäßig so heiß gebadet, dass ich genauso gut Teabagging im Vesuv hätte betreiben können.

(Lyns ist genauso. Was nicht heißen soll, dass sie ihre Eier gern in einen Vulkan taucht, ich meine nur, dass wir beide Badetemperaturen bevorzugen, die mit der des Erdkerns vergleichbar sind.)

Solche Temperaturen sind natürlich nichts für Babys. Du willst sie schließlich säubern, keine Suppe aus ihnen kochen. Also musst du vorsichtig sein.

Die empfohlene Badetemperatur beträgt siebenunddreißig Grad. Was laut Barbara nur durch Eintauchen des Ellbogens exakt bestimmt werden kann. Denn aus irgendeinem Grund ist der Ellbogen das Maß der Dinge, wenn es darum geht, genaue Gradzahlen zu ermitteln.

Ich weiß, Eltern verlassen sich beim Baden ihrer Babys seit Jahrhunderten auf die wundersamen Temperaturermittlungsfähigkeiten des Ellbogens, aber so richtig überzeugt bin ich nicht. Der Ellbogen ist ja nicht gerade als supersensible erogene Zone bekannt. Im Gegenteil, er kommt mir eher wie ein besonders unsensibler Bereich vor, dem man solch eine wichtige Messung nicht unbedingt überlassen sollte.

Außerdem bekommt man Badethermometer fast hinterhergeschmissen, und obwohl Barbara ihnen nicht ganz zu trauen schien, würde ich instinktiv eher der immer gleichen Wirkung von Wärme auf Quecksilber vertrauen als auf den Ellbogen von Barbara oder sonst irgendwem. (Wenn Klimaforscher die exakte Temperatur der oberen Atmosphäre oder der Weltmeere bestimmen wollen, legen sie schließlich auch nicht ihre Forscherausrüstung beiseite und sagen: »Warte kurz, Bert, wir müssen uns da absolut sicher sein. Scheiß auf die kalibrierten Messinstrumente, ich halte mal meinen Arm rein.«)

Obwohl ich also die grundsätzliche Bedeutung von Barbaras »G« wie »Gradzahl« anerkenne, haben wir ihren Ratschlag in Sachen Messmethode ignoriert und zwei elektronische Thermometer gekauft: eines in Walform und eins namens Schnabelinchen (das aussieht wie ein Vogel, aber ich glaube, es soll ein Schnabeltier sein).

Und trotz Schnabelinchens unfehlbaren Messungen und Willy Wals unbestrittener Genauigkeit überprüfe ich die Temperatur von Charlies Badewasser jedes Mal mit meinem blöden Ellbogen, bevor er hineindarf. Denn wie die Barbara in meinem Kopf jedes Mal beim Einlassen des Badewassers so schön sagt: »Man kann nicht vorsichtig genug sein.«

Abtauchen

Das Badewasser sollte »tief genug sein, um dem Baby im Sitzen bis zum Bauchnabel zu reichen«, jedoch nicht so tief, dass es ein Schwimmabzeichen bekommen würde, wenn es in einen Schlafanzug schlüpfen und nach Gummiringen tauchen würde. Die Empfehlung ist ungefähr zehn Zentimeter. (Ganz leicht zu merken: Das Wasser sollte ungefähr so flach sein wie eine Realityshow auf MTV.)

Als Kind wurde ich immer in der Küchenspüle gebadet.

Ich weiß nicht, ob das vor allem im Norden üblich war, aber ich glaube, es war ziemlich verbreitet. Und wenn ich jetzt so darüber nachdenke, ist das superpraktisch. Die Küchenspüle ist die perfekte Babybadewanne. Sie hat die ideale Tiefe. Die meisten Spülen sind von Haus aus circa zehn Zentimeter tief. Noch dazu ist sie rundherum geschlossen, das Baby kann nirgendwo hin, und das Beste daran: Sie hat auch noch die richtige Höhe (statt sich ständig in die Badewanne hinunterzubeugen, fühlt sich dein Rücken dabei nicht an, als würde er gleich durchbrechen wie ein Knäckebrot). Die Spüle ist also in vielerlei Hinsicht wesentlich sicherer und tausendmal bequemer als eine normalgroße Badewanne.

Trotz aller Vorteile baden wir Charlie nicht in der Spüle. Ich habe es Lyns vorgeschlagen, aber sie hat mich darüber in Kenntnis gesetzt, dass wir nicht in den 1930ern leben und ich aufhören soll, mich nostalgisch an die schönen Tage zu erinnern, in denen ich mir die Badewanne mit Töpfen und Besteck geteilt habe.

Lyns bestand darauf, dass wir stattdessen Barbaras Vorschlag befolgen und eine Babybadewanne aus Plastik nutzen. Die zugegebenermaßen fast genauso praktisch ist wie die Spüle. Du stellst sie in die große Badewanne und dann kommt das Baby hinein. Das löst das Problem mit den grausamen Rückenkrämpfen nicht, aber es bedeutet, dass man ein Baby mit den vorgesehenen zehn Zentimetern Tiefe baden kann, ohne die ganze Wanne dafür füllen zu müssen, und das Ganze handlich und auf kleinem Raum. Ist keine Spüle, aber praktisch.

Wir haben unsere online für 20 Pfund bestellt. Heißt »BubbleTime EazeeBath« oder so ähnlich. Ist im Prinzip ein Eimer. Zwar einer für 20 Pfund, aber trotzdem ein Eimer. Und wenn du meinst, dass da für zwanzig Ocken noch mehr dran sein müsste – Fehlanzeige. Hier die umfassende Betriebsanleitung, die der Wanne beilag – ohne Witz, eine einzige Seite mit diesen beiden Diagrammen:

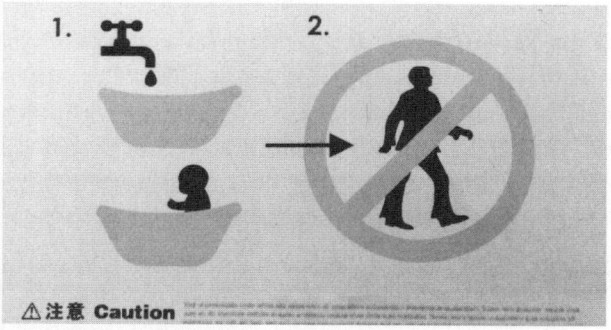

Was meiner Ansicht nach so viel heißen müsste wie:
1. »Füllen Sie die Wanne mit Wasser.«
2. »Setzen Sie niemals Ihr Baby hinein und verpissen sich dann zu einer Seventies-Party.«

Grundreinigung

Einer der wichtigsten Ratschläge aus dem Geburtsvorbereitungskurs ist, besondere Vorsicht walten zu lassen, wenn es um das Säubern des Nabelschnurrestes geht, der noch am Bauchnabel des Babys hängt.

Ehrlich gesagt hatte ich damals, als wir den Kurs besuchten, keinen blassen Schimmer, was es mit dem Nabelschnurrest auf sich hatte, also habe ich den Hinweis und den darauffolgenden praktischen Tipp der Leiterin nicht hinterfragt (wenn ich es gewusst hätte, hätte ich womöglich die Hand gehoben).

Doch laut Barbara fällt der Nabelschnurrest häufig beim

Säubern ab, und dann heben ihn einige Eltern gern als Andenken auf.

Echt? Als Andenken?

Ich verstehe, warum man eine Locke oder meinetwegen sogar den ersten Zahn aufhebt, aber ich habe noch nie eine dieser typischen wunderschönen Souvenirkistchen im Shabby-Chic-Look gesehen, auf der in Schnörkelschrift »Nabelschnurrest« steht. Sorry, wenn du so ein Ding in einem Schuhkarton oder einem Glas mit Formaldehyd im Keller hast, aber wenn du kein eifriger Sammler von Schorfkrusten und anderen nekrotisierenden Fleischresten bist, würde ich es wegschmeißen. Das ist doch nicht normal.

Der einzige andere ernstzunehmende Hinweis, was das Säubern angeht, war dieser: »Gründlich säubern« – ein Ratschlag, dem ein entscheidendes Detail fehlt, nämlich, wie man sich einem eingeseiften Baby nähert, das sich in den Kopf gesetzt hat, sich auf keinen Fall »gründlich säubern« zu lassen. Eine Aufgabe, als wolle man mit einem angepissten Alligator wrestlen, der mit Butter eingefettet wurde. Hätte Barbara vielleicht erwähnen sollen.

Selbst wenn du dein Baby also in einen Zwanzig-Pfund-Eimer gesetzt hast, gefüllt mit den perfekten zehn Zentimetern Wasser von angenehmen siebenunddreißig Grad, ist die Sache mit der Grundreinigung leichter gesagt als getan.

Charlie planscht gern. Und viel. Eine der Kehrseiten des Badens ist also, dass derjenige, der ihn badet, hinterher meist bis auf die Knochen nass ist. Als er noch mini war, bestand durchaus die Chance, dass man gar nicht nass wurde, wenn man daran gedacht hatte, sich die Ärmel hochzukrempeln. (Deine hochgekrempelten Ärmel wurden beim sanften Stützen seines Köpfchens höchstens etwas feucht.) Doch dann kam Charlie in das Alter, in dem Baden etwas

Aufregendes, Planschtastisches ist, und seitdem ist es praktisch unmöglich, trocken zu bleiben. Sich die Ärmel hochzukrempeln ist vergebliche Liebesmüh (als würde man ein einstürzendes Haus betreten und kurz stehenbleiben, um sich eine Pudelmütze aufzusetzen). Wenn es Charlie jetzt überkommt, sieht derjenige, der ihn badet, hinterher aus, als hätte er gerade ein Unwetter auf hoher See hinter sich, bei dem er sich ans Steuerrad binden musste, um nicht über Bord zu gehen.

Aber das ist noch gar nichts. Sobald man versucht, ihn einzuseifen, oder einen Waschlappen in die Hand nimmt, bricht ein Sturm los, und er fängt an zu zappeln, als hätte jemand gerade ein Elektrogerät in die Wanne fallen lassen oder als würde der weiße Hai ihn unter Wasser zerren.

Wenn er müde ist, ist es sogar noch schlimmer. Wenn du mal eine Herausforderung brauchst, versuch doch, ein paar schöne Fotos eurer fröhlichen Schaumparty zu schießen, während du mit einem übermüdeten, seifigen Baby kämpfst, das stocksauer ist, weil seine Spielzeit fürs blöde Einseifen unterbrochen wurde. (Wir haben ein paar Schnappschüsse, aber die sind allesamt durch Wasserspritzer verwischt und unscharf, und es ist schwer zu erkennen, ob wir darauf ein Baby baden oder gegen einen Kraken kämpfen.)

Vielleicht hat die Frau, die ihren Klammeraffen nur einmal die Woche badet, doch nicht ganz unrecht ...

Abtrocknen

Und schließlich die letzte Einheit des Kurses – das letzte A: »Abtrocknen«. Auch dazu gab es nicht viel zu erzählen außer: Trockne dein Baby gründlich ab, halte es warm. Ach, und benutze ein Kapuzenhandtuch. Denn aus irgendeinem Grund

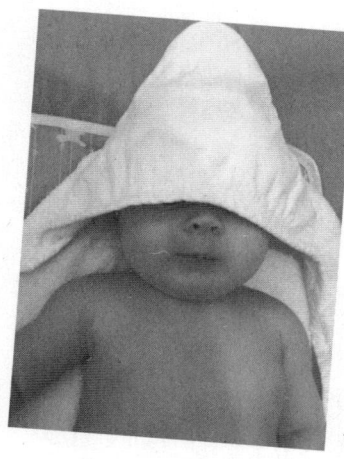

musst du dein Baby nach jedem Baden als Mitglied des Ku-Klux-Klans verkleiden.

Das war's im Großen und Ganzen, was du zum Thema Baden wissen musst. Aber das ist nicht der einzige Weg, wie du verhindern kannst, dass dein Nachwuchs so grässlich schmuddelig wie diese Demonstranten aussieht, die Namen wie »Swampy« tragen und gegen die Verbreitung von Atomwaffen protestieren, indem sie auf Bäumen wohnen.

FINGERNÄGEL

Nach dem Baden ist ein guter Zeitpunkt, die Fingernägel in Angriff zu nehmen. Als wir aus dem Krankenhaus entlassen wurden, haben Freunde, die auch gerade ein Baby bekommen hatten, uns ein kleines Starter-Kit geschenkt. Die ganze Grundausstattung war dort drin vertreten: ein Strampler, ein Lätzchen, ein kleines Mützchen und Söckchen, aber auch ein komplettes Nagelnecessaire mit Nagelknipser und Feile. Damals kam mir das ein bisschen komisch vor, ein Maniküreset für Babys? Ich meine, wie oft würde man Babyfingernägel denn wohl schneiden müssen? Die Antwort: Ständig.

Weißt du, wie schnell Wolverine seine Klauen ausfährt? In etwa mit derselben Geschwindigkeit wachsen Babyfingernägel. Du kannst sie schneiden, feilen, flexen: kaum hast du dem Baby fünf Minuten lang den Rücken zugekehrt, findest du einen Edward mit den Scherenhänden im Miniaturformat in seiner Wiege, der sich immer wieder durchs Gesicht fährt, bis er aussieht wie einer der Zenobiten aus *Hellraiser*.

Und genau darum geht es, denn die Geschwindigkeit, mit der die Nägel von Neugeborenen wachsen, wäre ja gar kein Problem, wenn es nicht ihr allerliebstes Hobby wäre, sich selbst das Gesicht zu zerkratzen.

Ich wette, die ersten paar Monate in Charlies Leben hat unsere Nachsorgehebamme geglaubt, wir würden ihn zwischen ihren Besuchen an illegalen Messerkämpfen teilnehmen lassen. Jedes Mal, wenn sie fragte, wie es liefe, und wir antworteten, dass alles in Ordnung sei, wartete ich nur darauf, dass ihre nächste Frage sein würde: »Wirklich? Und wieso sieht er bitte so aus, als hättet ihr ihn mit einem Puma in einen Schrank gesperrt?«

Stattdessen sagte sie uns, dass das sehr verbreitet sei. Babys kratzen sich gern, ist einfach so. Und sie hatte auch ein paar Lösungsvorschläge. Wir probierten »Kratzfäustlinge« aus, aber es wäre einfacher gewesen, Voldemort dazu zu kriegen, eine Sonnenbrille zu tragen. Dann versuchten wir, ihm die Ärmel über die Hände zu ziehen, aber er hasste es, sich Finger und Daumen nicht in den Mund stecken zu können. Im Endeffekt konnten wir nur darauf achten, seine Nägel unter Kontrolle zu halten: gekürzt, gefeilt und etwas weniger an die Krallen einer angreifenden Eule erinnernd.

Auf der Suche nach einer Lösung habe ich ein paar ziemlich üble Beispiele selbstzugefügter Kratzverletzungen im Internet gefunden, und im schlimmsten Fall sah es aus, als hätte das Baby die stachelige Mütze getragen, die Jesus von den Römern aufgezwungen bekommen hat. Da Babyhaut so zart ist, sehen schon die kleinsten Schrammen und Kratzer aus, als hätte man sein Kind vernachlässigt. Aber für uns, und für die meisten anderen frischgebackenen Eltern mit diesem Problem, ist es wohl eher das Gegenteil von Vernachlässigung. Denn anfangs haben wir es nicht hinbekommen, Charlies Nägel ordentlich zu schneiden, und zwar nicht, weil es uns egal war, sondern weil wir Angst hatten, ihm wehzutun.

Denn seine Finger waren so klein, dass der Mini-Nagelknipser in unseren Händen wie eine funkelnde Machete wirkte. Nur einmal abrutschen, und er könnte einen Finger oder gleich den ganzen Arm verlieren. Diese winzig kleinen Fingernägel zu knipsen ist, als würde man die Drähte an einer Bombe kappen. Es ist stressigste Millimeterarbeit, und die ganze Zeit wartet man nur darauf, dass man es verkackt und in den Babyfinger knipst statt in den Nagel und Blut an die Wände spritzt.

Ich weiß, ich klinge wie ein sabbernder Irrer mit Wahnvorstellungen – ich habe noch nie gehört, dass jemand seinem Kind beim Nägelschneiden einen Finger abgehackt hätte. Aber wenn du ein junger, unerfahrener und ahnungsloser Vater bist, sind scharfe Werkzeuge in der Nähe deines Babys höchst alarmierend und zutiefst unerwünscht, und jede Gefahr wirkt zehnmal schlimmer, als sie wirklich ist. Aus dem gleichen Grund haben wir unserem kleinen Sohn auch noch nie die Haare geschnitten, denn das würde ja bedeuten, sich mit einer Schere näher als einen Meter an ihn heranzuwagen. (Und das, obwohl er einen Vokuhila mit blondem Nest vorne und wild wucherndem Nackenspoiler hat. Er sieht aus wie eine Redneck-Version von Boris Johnson … Also, das könnte man schon eher als Vernachlässigung bezeichnen.)

Bei Fingernägeln ist Hartnäckigkeit angesagt, und im Laufe der letzten paar Monate bin ich sogar ziemlich gut darin geworden, Charlies Nägel zu knipsen. Vielleicht ist es ein bisschen einfacher geworden, weil er jetzt älter ist und seine Finger und Nägel größer geworden sind. Und vielleicht macht Übung ja wirklich den Meister. Warum auch immer, aber bisher habe ich ihm noch nicht wehgetan, daher kann ich vermutlich guten Gewissens sagen, dass meine Angst davor ein weiterer klarer Fall von Erstlingselternparanoia war.

Eine kurze Anmerkung zu Zehennägeln: Die sind fast genauso schlimm. In gewisser Weise sind sie sogar noch schlimmer, weil sie einem seltener auffallen. Außerdem scheinen sie schubweise zu wachsen, so dass sie schon ziemlich lang sind, ehe man plötzlich merkt, dass man sich nicht um sie gekümmert hat. Wir haben Charlies eine ganze Weile nicht geschnitten, bis sie etwas länger waren, als sie vermutlich sein sollten. Aber ich schätze mal, anderen Eltern passiert das genauso. Denn vor ein paar Wochen war ich mit ihm in einem Indoor-Spielplatz hier im Ort, und da ist mir aufgefallen, dass die Babys ohne Socken ähnlich lange Zehennägel hatten. Eins machte sogar Klickgeräusche wie ein Hund, mit dem seit Jahren niemand mehr spazieren gegangen ist. Charlies Nägel waren zwar auch ziemlich lang, aber das Kind hätte man an den Deckenbalken hängen können wie eine Fledermaus.

HUSTEN, SCHNUPFEN, HEISERKEIT

Es ist vermutlich ziemlich naheliegend, aber wenn es einem Baby schlecht geht, ist das Schlimmste daran, dass es unglücklich ist. Und wenn es zum ersten Mal krank ist, wird dir mal wieder so richtig klar, dass deine Stimmung als Elternteil von der Stimmung deines Babys abhängt. Dass du jetzt alles dafür geben würdest, ihm sein Leid abzunehmen und es für dein Kind zu ertragen. Dummerweise kann dein Baby dir noch nicht sagen, wie es ihm geht und wo es am meisten wehtut. Und du wiederum kannst ihm den wichtigsten Trost noch nicht begreiflich machen: dass sein Leiden nur temporär ist und es ihm bald wieder besser gehen wird.

Doch daran, mit Husten, Schnupfen, Heiserkeit und anderen leichten Krankheiten klarzukommen, die sich ein Wesen mit Secondhand-Immunsystem einfängt, müssen sich nun einmal alle frischgebackenen Eltern gewöhnen. Ich bezeichne es als Secondhand, weil das Baby den Großteil seiner Immunität von der Mutter bekommt. Sein eigenes Immunsystem ist in etwa so wirksam wie ein Raketenabwehrschild aus Pringles. Deshalb sind kleine Kinder auch dauererkältet; ständig triefen ihnen die Augen, und aus ihren Nasenlöchern kommen Schnodderblasen, die so groß sind wie Astronautenhelme.

Babys mit Schnupfen sind ziemlich ekelhaft. Ein Schleimaal wehrt sich gegen Angreifer, indem er sein Körpergewicht in Schleim produziert – und sobald der neongrüne Rotz einer Erkältung anfängt, aus der Babynase zu strömen (zusätzlich zu all den anderen Flüssigkeiten, die Babys so produzieren), hat man eher das Gefühl, es mit einem Schleimaal in Gefahr als mit einem menschlichen Wesen zu tun zu haben.

Und wenn das Baby gerade keine Schnodderblasen bläst oder glibbrige Fäden aus dem Zeug hervorbringt, die sich wie Pizzakäse zwischen deiner Schulter und seinem Gesicht ziehen, züchtet es massive Popel, die so groß sind, dass es fast so wirkt, als wäre das Baby um sie herum gewachsen statt andersherum.

Eins hat mich sehr überrascht, und zwar, dass Babys sich nicht die Nase putzen können. Ich meine jetzt nicht, dass sie sich entschuldigen und ein Taschentuch aus ihrer Brusttasche ziehen, sondern schnauben. Sie können es nicht.

Also ist es deine Aufgabe, das Zeug, das ihnen die Atemwege blockiert, zu lösen und zu entfernen. Eine weitere ekelhafte Aufgabe neben all den anderen ekelhaften Aufgaben, die jetzt in deinen Zuständigkeitsbereich fallen (wenn dir in einem Vorstellungsgespräch eröffnet werden würde, dass das zu deinem Zuständigkeitsbereich gehört, würdest du dem Personalfuzzi direkt eins in die Fresse hauen).

Umso erstaunlicher und ekelhafter ist, dass es Werkzeuge gibt, die dir bei dieser Aufgabe helfen. Es gibt sogar unterschiedliche Modelle. Eines davon wird an einen Staubsauger angeschlossen. Ein anderes besteht aus einem durchsichtigen Plastikröhrchen, dessen eines Ende du deinem Baby in die Nase steckst und dessen anderes du in den Mund nimmst, um den Schnodder abzusaugen, als würdest du Benzin klauen. Es gibt noch weitere, aber wir benutzen eins namens »Nasensauger«. Es ist schwer zu beschreiben, aber im Prinzip besteht es aus einem Gummiball mit Plastikspitze an einem Ende. Du drückst auf den Ball, steckst ihn dem Baby in die Nase, und wenn du den Druck löst, soll die Blockade durch den Sog (wie bei einem Pümpel) entfernt werden.

(Auch das gehört vermutlich zur Paranoia junger Eltern, aber anfangs habe ich befürchtet, ich würde, wenn ich zu fest sauge oder das Teil zu tief in seine Nase stecke, Charlies Hirn raussaugen. Ich fürchtete, ein perfektes Vakuum zu schaffen, wie bei den fettleibigen Passagieren, von denen man immer mal hört, die auf der Flugzeugtoilette sitzen und die Spülung betätigen, und dann werden ihnen die Eingeweide rausgesaugt. Aber offensichtlich ist das ein anderer Mechanismus.)

Sobald man den Dreh raushat, ist es ein bisschen wie

Angeln. Und es ist furchtbar befriedigend, wenn man ein Monster erwischt. Einmal hatte ich etwas am Haken, was sich anfühlte wie ein Möhrenstick oder ein Legostein, und stellte dann fest, dass es sich um den größten Popel aller Zeiten handelte. Das Ding hatte ungefähr dieselbe Größe wie der Asteroid, auf dem Bruce Willis in *Armageddon* landet. Ich kämpfte. Ich kämpfte erbittert. Wie Kapitän Ahab gegen Moby Dick. Und als ich ihn endlich erwischt hatte, habe ich ihn sogar aufgehoben, um ihn Lyns zu zeigen. Aber die tätschelte mir bloß die Schulter und meinte, ich müsse dringend mal raus und ein Bier trinken gehen.

Das Erkältungsvirus ist einer der größten Erfolge der Natur, erschaffen, um sich mit unglaublicher Effizienz zu verbreiten. Und es gibt niemanden, der es besser verbreiten könnte als ein Baby, das hustet und prustet wie ein verkeimter Rasensprenger, ohne sich darum zu kümmern, wer in der Nähe ist. Babys halten sich nicht die Hand vor die Nase, wenn sie niesen, und auch nicht vor den Mund, wenn sie bellend husten wie ein kettenrauchender LKW-Fahrer. So wird der Dauerschnupfen im Haushalt weitergereicht wie beim Fangenspielen. Denn durch Schlafmangel und schlechte Ernährung leiden auch die Abwehrkräfte der Eltern, und schon geht es allen ganz elend. Nicht zuletzt, weil jeder Fortschritt bei eurer »Routine« wieder für den Arsch ist.

Abgesehen vom allgemeinen Unwohlsein ist das größte Problem bei Husten und Schnupfen genau das: die Unterbrechung der Routine, die ihr wie empfohlen langsam entwickelt habt. Das Baby zu einer bestimmten Uhrzeit zu füttern und ins Bett zu bringen könnt ihr jetzt total vergessen. Nachdem es gerade Anstalten gemacht hat durchzuschlafen, wacht es nun wieder so häufig auf wie nie zuvor. Selbst wenn es dank Paracetamol ein paar Stunden schläft, sieht eure eigene Schlafquote wieder wie in den ersten paar Wochen aus, in denen ihr vor lauter Sorge kein Auge zugemacht habt. Wir werden zurückkatapultiert in die schrecklichen ersten Tage, in denen der Atem des Babys hörbar aussetzt, gefühlte Stunden lang. In denen auf ein Einatmen ein Ausatmen folgt, aber nicht unbedingt in dieser Reihenfolge und mit viel zu viel Zeit dazwischen. Selbst wenn ihr in der Lage seid, trotz Sorgen zu schlafen, wird euch der Krach wach halten, denn ihr teilt euer Schlafzimmer jetzt mit einem hustenden, keuchenden Baby mit verstopfter Nase, was klingt, als würde man ein Akkordeon vermöbeln.

Was die minder schweren Krankheiten angeht, die sich ein Baby einfängt, müssen sich Eltern nicht nur mit Husten, Schnupfen, Heiserkeit herumschlagen. Da wären noch Fieber, Milchschorf, Windelausschlag, der wie eine Strahlenverbrennung aussieht, die Nebeneffekte vom Zahnen und all die anderen Flecken und Ausschläge, die alle Meningitis sind, bis du das durch Googlen ausgeschlossen hast. All diese lästigen Symptome sind ein ständiger Quell von Kummer und Sorgen, der graue Haare bei den frischgebackenen Eltern sprießen und ihren Blutdruck in die Höhe schießen lässt.

Gegen die ernsteren Sachen gibt es zum Glück ein Gegenmittel.

Impfungen

Es ist hart.

Kaum hast du ein Mindestmaß an Vertrauen zwischen dir und deinem Nachwuchs aufgebaut, musst du es wieder zerstören, indem du ihn festhältst, während ihm ein Fremder einen spitzen Gegenstand ins Bein rammt.

Ich war dafür verantwortlich, mit Charlie zum Impfen

zu gehen (Lyns hat panische Angst vor Nadeln, angeblich ist sie sogar mal in Ohnmacht gefallen, als sie jemanden beim Nähen gesehen hat). Das war mit das Härteste, was ich als Vater bisher tun musste. Als Charlie den Einstich der Spritze spürte, zitterte seine Unterlippe, und während er sich bereitmachte loszubrüllen, hielt er einen Augenblick lang inne. Gerade lang genug, um mir mit dem enttäuschten Gesichtsausdruck eines Menschen in die Augen zu blicken, der verraten wurde. *Et tu, Brute?*

Ich kann sehr gut verstehen, warum Eltern sich am liebsten vor dieser Tortur drücken würden. Aber von den seltenen Fällen von Allergien und Impfreaktionen abgesehen, ist es eigentlich gar keine Tortur. Im Prinzip schreien die Babys kurz, sehen dann einen Käfer an der Wand oder ein Blatt, und schon ist die Sache vergessen. Oder vielleicht, wie bei Charlie, bekommen sie auch Fieber und sind ein, zwei Tage etwas angeschlagen. Aber den eigentlichen Schaden tragen die Eltern davon, die sich einreden, sie hätten irgendeine Form von Verrat begangen.

Was manche Eltern vom Impfen abhält, sind leider nicht die Schuldgefühle wegen des Schmerzes oder ein paar Tagen Fieber, sondern die etwaige Verbindung zwischen Impfungen und dem Ausbruch von Autismus oder anderen schweren Krankheiten. Darüber sollte man sich jedoch am besten keine Gedanken machen. Denn diese Verbindung gibt es nicht. Keine einzige. Überhaupt keine.

Was es gibt, ist eine diskreditierte, miese Studie, die bewiesenermaßen Betrug war. Und eine riesige Menge guter Studien, die zeigen, dass zwischen Impfungen und Autismus ebenso keine Verbindung besteht, wie zwischen Kekse essen und Schielen keine Verbindung besteht. Rein gar keine Verbindung.

Du denkst dir beim Lesen vielleicht: Woher willst du das denn wissen? Wir hatten im Laufe dieses Buches ja schon festgestellt, dass du ein ziemlicher Trottel bist. Und das stimmt. Aber die überwältigende Mehrheit von Wissenschaftlern und Ärzten ist sich einig, dass Impfungen Leben retten und nicht gefährlich sind. Wie Jimmy Kimmel einmal zum Thema Impfen sagte: »Wenn du wirklich glaubst, dass neunundneunzig Prozent aller Ärzte lügen, solltest du dringend mal zum Arzt gehen.«

Doch alle Eltern müssen selbst entscheiden, ob sie ihr Kind impfen lassen. Und zugegebenermaßen gibt es immer noch einige Verfechter der entgegengesetzten Ansicht, Leute, die argumentieren, Impfungen seien hochgefährlich. Diese Leute nennt man »Impfgegner«.

Um ein gewisses Gleichgewicht einzuhalten, hier also einige der angesehenen Forscher und Befürworter beider Seiten dieser kontroversen Debatte.

Auf der einen Seite diejenigen, die der Ansicht sind, dass Impfungen sehr sicher sind:

- die Weltgesundheitsorganisation
- die Vereinten Nationen
- die Seuchenschutzbehörde
- der National Health Service
- die britische Ärztekammer
- die British Medical Association

Die Gegenseite der Debatte vertreten:

- ein Mann, der sich für den Sohn Gottes hielt, inzwischen aber daran glaubt, dass die Mitglieder der Königsfamilie Reptiloiden sind: der Autor David Icke
- irre Terroristen: Boko Haram

- ein Pornostar aus den Neunzigern: Jenny McCarthy
- bärtige Typen: die Taliban
- Und schließlich noch ein Mann, der bekanntermaßen ein rassistisches, reaktionäres Riesenbaby ist, mit einer Frisur, als hätte jemand Bigfoot die Arschhaare toupiert: Donald Trump

Eine Frage der Perspektive

Wenn wir uns um vier Uhr morgens mürrisch aus dem Bett quälen, um uns um ein verschnupftes Baby zu kümmern, stellt das für jeden eine Geduldsprobe dar. Glücklicherweise sind diese Krankheiten in 99,9 Prozent aller Fälle nicht besorgniserregend, und früher oder später gewöhnt man sich daran. Außerdem können Impfungen einige der schwereren Krankheiten verhindern, wenn auch leider nicht alle.

Wenn ich also mal wieder zu nachtschlafender Zeit wachliege, weil Charlie total verrotzt und unruhig ist und uns beide entschiedener vom Schlaf abhält als je zuvor, versuche ich an Eltern mit schwerkranken Kindern zu denken. Eltern, die sich einen Arm abreißen würden, wenn ihr Baby sie nachts um vier mit einem lausigen Schnupfen wecken würde, statt eine schwere Krankheit zu haben, gegen die man mit simplem Naseputzen nichts ausrichten kann. Ich versuche daran zu denken, wie unglaublich glücklich wir uns schätzen können, dass wir nicht zu diesen Eltern gehören und Charlie gesund und munter ist.

Ich versuche an diese armen, verzweifelten Eltern zu denken, aber meistens gelingt mir das nicht. Und wenn ich morgen Nacht um vier von einem schniefenden Baby geweckt werde, fange ich garantiert wieder an zu jammern. Denn das mit der Perspektive ist eine schwierige Sache. Und in diesem

Fall ist das womöglich nicht ohne Grund so, denn sich das eigene Kind in so einem zerbrechlichen Zustand vorzustellen, wäre so ein schrecklicher Alptraum, dass man es gar nicht erst ernsthaft versucht.

(Denen unter euch, die das lesen und für die der Alptraum eines kranken Babys Realität ist, schicke ich die Liebe und Bewunderung meiner kleinen Familie, und ich verspreche, dass ich versuchen werde, nicht mehr so ein weinerlicher Jammerlappen zu sein.)

KLEIDUNG

Ich weiß noch, wie ich Charlie eines Abends, als er ungefähr vier Monate alt war, bettfertig machen wollte. Nach zehn erfolglosen Minuten musste ich Lyns rufen, damit sie mir hilft. Und als sie den Kopf zur Kinderzimmertür hereinstreckte, beschwerte ich mich, dass irgendetwas mit den neuen Schlafsackdingern, die sie gekauft hatte, nicht stimmte und sie sie wahrscheinlich zurückgeben müsste. Lyns brauchte ungefähr eine Sekunde, um festzustellen, dass das Teil, mit dem ich gekämpft hatte, völlig in Ordnung war, und eine weitere Sekunde, um zu merken, dass ich die letzten zehn Minuten versucht hatte, Charlie einen Kissenbezug anzuziehen. »Du bist ein Idiot«, erklärte sie mir geduldig. Charlie zog zustimmend eine Augenbraue hoch.

Das Enttäuschende an dieser Sache war, dass ich zu diesem Zeitpunkt geglaubt hatte, es allmählich gerafft zu haben.

Ich hatte allmählich begriffen, dass es Ärmel zum Umschlagen gibt, damit das Baby sich nicht kratzt, und ich erkannte auch den Vorteil von »Schlupfkragen« (Bodys mit dieser Ausschnittform kann man nach unten ausziehen, statt sie dem Baby über den Kopf ziehen zu müssen. Wenn sie also Kacke am Body haben, kann man ihn ausziehen, ohne sie ihnen ins Gesicht zu schmieren). Aber der Kissenbezug-Vorfall war mir eine Lehre darin, nicht übermütig zu werden und dass ich nie auslernen würde. Denn wenn du nicht dranbleibst, sitzt dein Kind irgendwann mit Bettwäsche bekleidet in der Krabbelgruppe.

So viel Plunder

Die schiere Menge an Klamotten, die so ein Baby verschleißt, ist der Wahnsinn. Vor der Geburt kauft man ihm mehr Kleidung, als es je brauchen kann. Und dann ist das Zeug im Nullkommanichts verbraucht. Das liegt zum Teil daran, dass Babys, wie wir ja bereits in bild- und alptraumhaftem Detailreichtum erörtert haben, quasi pausenlos Körperflüssigkeiten ausscheiden und deshalb ständig umgezogen werden müssen. Aber sie wachsen auch exponentiell. Die alten Hasen unter den Eltern pflegen es immer wieder wehmütig zu sagen: Die Kleinen wachsen ja sooo schnell. Eben ist ihr Kleines noch gekrabbelt, und im nächsten Augenblick war es eins achtzig groß und wurde von der Polizei nach Hause gebracht, weil es auf der Motorhaube seines Freundes Dean Gras geraucht hat. (Sorry, Mum.)

Aber am allerschnellsten wachsen sie in den ersten paar Monaten. Babys haben in dieser Zeit eine irre Wachstumsrate, so schnell kann man gar nicht waschen oder Kleidung kaufen. In den ersten sechs Monaten verdoppeln sie ihr Gewicht, und mit einem Jahr sind sie dann um die Hälfte größer als bei der Geburt. Zur Veranschaulichung: Wenn sie im gleichen Tempo weiterwachsen würden, wären sie mit zehn

Jahren zweiundzwanzig Meter groß. Also in etwa so groß wie der Big Friendly Giant oder ein Wohnblock. (Versuch dann mal, Klamotten für dein Kind zu finden. Nicht einmal Übergrößenläden führen Klamotten für solche Riesen.)

Stell dir vor, wie viel Kleidung *du* bräuchtest, wenn du alle sechs Monate deinen Umfang und alle paar Jahre deine Größe verdoppeln würdest. Ach, und wie konnte ich es vergessen, natürlich kackst du auch noch dreimal am Tag alles voll. Du bräuchtest verdammt viele Klamotten.

Wenn man bedenkt, wie viel Kleidung Babys verschleißen und wie teuer es ist, mit ihrem Wachstum Schritt zu halten, müssen für Eltern beim Babyklamottenshopping immer die gleichen Prioritäten gelten: Wie viel kostet es? Darf es in die Waschmaschine? Wie lange wird es halten? Kann man es einfach an- und ausziehen?

Und sobald du diese Maßstäbe verinnerlicht hast, tust du, was alle anderen auch tun: Du ignorierst sie und kaufst teuren, unpraktischen Scheiß, in dem dein Baby süß aussieht.

Mode

Bei Babykleidung ist immer zweitrangig, wie praktisch etwas ist, Hauptsache, das Baby sieht süß darin aus. Und die Babymodeindustrie ist entweder auf diesen Zug aufgesprungen oder hat überhaupt erst für die entsprechende Nachfrage gesorgt. Natürlich sind Babys noch zu klein, um selbst Vorlieben zu entwickeln, also drücken wir ihnen unseren eigenen Stil auf. Bei Charlie erkennt man auf den ersten Blick, ob seine Mum oder ich ihn morgens angezogen haben. Wenn Lyns ihn angezogen hat, sieht er preppy und adrett aus, wenn ich ihn angezogen habe, sieht er aus wie Batman.

Doch unsere Neigung, unseren Kindern in Kleidungsfragen unseren Geschmack und unsere Interessen aufzudrücken, wird durchaus kritisch gesehen. Erst vor kurzem habe ich in einem Artikel gelesen, junge Eltern würden »Prestigeobjekte« aus ihren Kindern machen. Die Autorin führte das Argument an, wir würden unsere Kinder wie bloße Accessoires zur Zierde unseres eigenen Egos behandeln, wenn

wir sie nach unserem Geschmack oder eigenen Interessen einkleiden. Erstens finde ich diese Denkweise ziemlich negativ, und zweitens glaube ich einfach nicht, dass es stimmt. Wenn wir unser Baby nach unserem Geschmack anziehen oder ihm ein Spiderman-Kostüm, ein Fußballtrikot oder ein Sprüche-Shirt kaufen, das unseren Humor widerspiegelt, machen wir doch noch lange kein Accessoire aus ihm. Im Gegenteil, wir kennzeichnen es als wichtiges Mitglied unseres Stammes, und das ist doch etwas Positives und nichts, wovon wir abgehalten oder wofür wir als Idioten abgetan werden sollten.

Aber vielleicht ziehen wir unseren Kindern auch Dinge an, die wir uns selbst nicht zu tragen trauen. Klamotten, die wir als Erwachsene gerne tragen würden, wenn die Welt bloß nicht so ein vorurteilsbehafteter, langweiliger, stinkstiefeliger Ort wäre. Dank meiner lebenslangen Comicbesessenheit ist Charlie oft wie ein Superheld oder Stormtrooper gekleidet, aber wahrscheinlich sind es bloß die Regeln gesellschaftlicher Konformität, die mich davon abhalten, selbst jeden Tag in solchen Outfits zur Arbeit zu gehen.

Ich habe außerdem den Verdacht, dass einige Frauen (und vielleicht auch einige Männer) ihren drei Monate alten Töchtern Prinzessinnen- oder Ballerina-Outfits kaufen, weil sie sich insgeheim wünschen, sie würden in einer Welt leben, in der sie selbst so etwas Zauberhaftes tragen könnten (ohne eingewiesen zu werden). Selbst wenn diese Theorie zutreffen sollte, finde ich es unfair zu behaupten, wir würden Babys wie Accessoires behandeln. Indem wir sie auf so fröhliche, magische Weise anziehen, kleiden wir sie doch vielmehr völlig unbefangen und ohne Einschränkung. Einfach mit Spaß an der Freude.

Aber wie bei allem gibt es natürlich auch hier Leute, die so viel Grips haben wie eine Türklinke. Leute, die danebengreifen, übers Ziel hinausschießen und davon abgehalten werden sollten, sich und vor allem ihr unschuldiges Baby so zu kleiden.

100% Schlampe

Vor kurzem ist mir im Wartezimmer beim Arzt ein kleines Mädchen aufgefallen, das in seinem Buggy saß und ungefähr in Charlies Alter war. Es trug einen Strampler, auf dem folgende Aufschrift prangte: »Meine Mum ist die Schlampenkönigin, und ich bin ihre Prinzessin.«

Okay, nichts läge mir ferner, als die Kleiderwahl von Mitgliedern des Königshauses zu beurteilen, aber ich finde, es ist eine Sache, wenn man die eigene Persönlichkeit durch die Klamotten seines Kindes ausdrückt, und eine ganz andere, wenn diese Persönlichkeit sich durch Ignoranz auszeichnet, die man auch noch geil findet.

Die Definition von »Schlampe« lautet:

Schlampe, Substantiv: eine unanständige, sittenlose, bösartige, gehässige oder herrische Frau – manchmal als verallgemeinerndes Schimpfwort verwendet

Mit dieser Definition im Hinterkopf ist es mir ein absolutes Rätsel, wieso man dies als Charakterzug feiern, geschweige denn ihn stolz auf seinem unschuldigen Kind zur Schau stellen sollte. (Ich sah mich im Wartezimmer um, um herauszufinden, welche Eltern so etwas tun würden. Es hat mich nicht überrascht, eine aggressiv aussehende Frau zu erblicken, die gerade eine Tüte Chips futterte. Und einen Typen, wahrscheinlich den dazugehörigen Dad, der so bräsig in die Gegend glotzte, als müsste man seine beiden Gehirnzellen in einen Teilchenbeschleuniger stecken und sie gegeneinanderschleudern, damit er eine Art sinnvollen Gedanken zustande bekam. Aaach, dachte ich, das erklärt alles: Idioten halt.)

Das Erstaunlichste an der Sache war, dass es kein selbstbedruckter Strampler war. Man kann das Ding im Internet bestellen, genau wie alle möglichen Babyklamotten, die ähnliche Ansichten verbreiten: Bodys mit der Aufschrift »100% Schlampe« oder »Wenn du glaubst, ich bin 'ne Bitch, kennst du meine Mum nicht« und so weiter. Falls du deinem Baby je so etwas angezogen hast, mag das überraschend für dich sein, aber die meisten normal denkenden Menschen, die einen Body mit der Aufschrift »100% Schlampe« sehen, denken nicht ernsthaft, das Baby sei eine hundertprozentige Schlampe ... nein, sie denken, die Eltern dieses Babys wären hundertprozentig dumm wie Brot.

Und nicht nur diese seltsame Unterkategorie von Schlampenfetzen ist für den bedauernswerten Nachwuchs von Vollpfosten erhältlich. Als ich online nach diesem Zeug gesucht habe, musste ich feststellen, dass ein Body mit der Aufschrift »100% Schlampe« in Sachen unangebrachte Babymode sogar noch ziemlich harmlos ist:

Quizfrage: Welcher dieser Babybodys ist aktuell online erhältlich?

Antwort: alle drei.

Falls du also dieses Buch liest und noch nicht genau weißt, was angebrachte Kleidung für dein Neugeborenes ist und was du ihm lieber nicht anziehen solltest, ist hier eine nützliche Daumenregel:

Angebracht: pastellfarbene Kleidung mit Cartoonfiguren und lustigen Aufschriften, die ausdrücken, wie sehr dein Baby geliebt und umsorgt wird.
Unangebracht: Kleidung mit Aufschriften, die sich auf ausgeleierte Vaginas und Mummys Abneigung gegen Oralsex beziehen.

Wenn du dich daran hältst, wirst du vermutlich nicht allzu sehr danebenliegen.

Es gibt wirklich so etwas wie Babymode, das ist eine multimilliardenschwere Industrie, die alle gesellschaftlichen Schichten bedient. Und solange es im Rahmen bleibt, kannst du bei der Kleidung deines Babys ruhig deinen eigenen Stil ausleben, denn sobald es ins Kleinkindalter kommt, zieht es ohnehin ums Verrecken nichts mehr an, was du aussuchst.

In der heutigen Welt haben offensichtlich schon Zweijährige Mitspracherecht beim Kleiderkauf, und spätestens als Schulkinder haben sie ihren eigenen Klamottenstil entwickelt. So ist es halt.

Auch wenn es unfair ist.

Ich will nicht abschweifen, aber ich wurde quasi von Geburt an wie der letzte Idiot gekleidet. Mum und Dad haben sich offenbar nicht so viele Gedanken gemacht, wie man heutzutage in die Kleiderwahl seiner Kinder investiert. Und das ging leider übers Babyalter hinaus. Ich hatte keine Chance, bei meinen eigenen Klamotten mitzureden, bis ich ein Teenager war, und vorher haben meine Eltern mir Klamotten angezogen, die nur als Strafe gemeint gewesen sein können.

Hier ein Foto von mir als Neunjähriger. Ich trage einen weinroten Samtpullover mit V-Ausschnitt und Ellbogen-Flicken, ein weit ausgeschnittenes weißes Hemd mit einem Kragen, der aussieht, als wäre ein scheiß Albatros in meinem Nacken gelandet, und dazu karierte Flanellshorts. Leider sieht man nicht, was ich an den Füßen trage: Es waren immer (immer) graue Kniestrümpfe und braune Sandalen.

Mir fällt kein anderer Grund dafür ein, mich so zu kleiden, als mich um jeden Preis zum Mobbingopfer machen zu wollen. Wie oft wurde mir schon beim Passieren des Schultors zugerufen: »Coyne, du siehst aus wie ein scheiß Streber!« Und das war nur mein Mathelehrer, Mr Glover.

Charlie weiß gar nicht, wie gut er es mit seinen Klamotten hat.

Wie bereits erwähnt, ist das Hauptproblem an moderner Babykleidung, dass Niedlichkeit meist über Praktikabilität gestellt wird.

Deshalb kaufen Idioten wie Lyns und ich ihrem Baby auch eine Latzhose. Nur ein Volltrottel oder jemand völlig Unerfahrenes würde einem Baby so etwas horrormäßig Unpraktisches wie eine scheiß Latzhose kaufen. Diese Dinger sind keine Kleidungsstücke, sondern etwas, aus dem sich Houdini zu befreien versucht hätte, während er kopfüber in einem Wasserbecken steckte. (Ich habe selbst nie eine besessen, aber ich wette, selbst erwachsene Latzhosenträger beschmutzen sich regelmäßig selbst, weil sie vergebens versuchen, sich auf der Toilette aus dem verfluchten Teil zu befreien.) Wir haben trotzdem eine gekauft, und danach noch eine. Charlie sah niedlich darin aus. Womit wir das bewiesen hätten.

Aber nicht nur Latzhosen sind ein Alptraum, was praktische Handhabung angeht. Wenn deine Geduld nicht gerade durch Latzhosen auf die Probe gestellt wird, dann durch winzige Knöpfe für Koboldfinger oder T-Shirts mit Ausschnitten, die kleiner sind als ein Babykopf (so dass du das Baby bei jedem Anziehen dazu zwingst, seine eigene Geburt noch einmal zu erleben). Doch das sind alles nur kleine Ärgernisse im Vergleich zu der omnipräsenten, hartnäckigen, Tics verursachenden und deinen Verstand auf die Probe stellenden Herausforderung von Druckknöpfen.

Diese simple kleine Erfindung ist total super, wenn nur ein paar davon an einem Body sind, ein oder zwei, die man einfach aufmacht, um die Windel zu wechseln. Aber manche Kleidungsstücke sind mit Tausenden dieser kleinen

Scheißer übersät. Und zu jedem muss das passende Gegenstück gefunden werden, das richtige »Innendingsi« zu dem richtigen »Außendingsi«. Ansonsten stellst du bei der einfachen Aufgabe, einen Strampler zuzuknöpfen, nach zwanzig Minuten fest, dass du den ersten Knopf falsch geknöpft hast, und jetzt sitzt das ganze Ding komplett schief und krumm, und der Arm von deinem Baby ist an seinem Bein befestigt, oder an seinem Po klafft ein riesiges Loch.

Charlie hat Klamotten, bei denen du so lang zum Anziehen brauchst, dass du zum Frühstück anfangen kannst und gerade mal das erste Bein drin hast, wenn es dunkel wird. Das schlimmste Kleidungsstück, das wir besitzen, ist ein einteiliger Strampelanzug mit Triceratops-Aufdruck. Dieses Ding bringt mich um. Total süß, aber mit vierundzwanzig Druckknöpfen. Vierundzwanzig. Ich habe sie gezählt. Es wirkt, als hätte man Druckknöpfe statt Nähten verwendet. Es gibt weder Ärmel noch Beine, nur Stoff zum Klappen, wo beides sein sollte, und massenhaft von den kleinen Metallscheißern, die du zusammendrücken sollst. Du musst Ärmel und Beine quasi selbst machen, bevor du ihn anziehst. Total irre. Es ist das eine, ein Kleidungsstück zuzuknöpfen, aber du solltest nicht auch noch dafür verantwortlich sein, Ärmel und Beine überhaupt erst herzustellen. Da könnten wir ja auch gleich eine Spinnmaschine im Babyzimmer aufstellen und das Zeug weben, das er an dem Tag anziehen soll.

Ich habe diese Abscheulichkeit inzwischen hinter der Waschmaschine versteckt. Aber als ich zum ersten Mal versucht habe, ihm das Teil anzuziehen, habe ich eine Ewigkeit gebraucht – eine Ewigkeit, in der ich spürte, wie der Wahnsinn unaufhaltsam auf mich zukroch. Nach zehn Minuten fing mein rechtes Auge an zu zucken, und nachdem ich ihn halb angezogen hatte, konnte ich mich nur noch in Embryonalhaltung in der Zimmerecke zusammenkauern und leise weinen. Mit irrem Blick wiegte ich mich vor und zurück und brabbelte vor mich hin: »Sie passen nicht zusammen, Lyns. Sie passen nicht ... Es sind einfach zu viele, verstehst du ... Sie passen nicht zusammen?! ...« Lyndsay ignorierte mich, schloss die letzten paar Druckknöpfe und hob Charlie in die Luft: »Aach, sieht er süß aus!«

Aber um welchen Preis, Lyns? Um welchen Preis?

Die Zukunft

Es muss einen Weg geben, Babykleidung praktischer zu machen, denn es kann einfach nicht sein, dass das Anziehen von Babys zu einer Herausforderung wird, die derartig zermürbend ist, dass du am liebsten den ganzen Tag saufen würdest.

Druckknöpfe scheinen sich immer weiter zu verbreiten, aber wieso werden nicht mehr Klettverschlüsse benutzt? Wie ich schon in der Einleitung schrieb, wenn wir mit einem Handgriff auszuziehende Kletthosen für Striptease-Tänzer herstellen können, wieso dann nicht auch für Babys? Was für eine Zivilisation sind wir, dass uns Stripper mehr wert sind als unsere jüngste Generation?

Als ich meine Idee mit den Stripperklamotten für Babys auf meinem Blog vorgestellt habe, kamen ziemlich viele Reaktionen. (Hauptsächlich von Leuten, die aus Versehen auf meiner Seite gelandet waren, nachdem sie »männliche Stripper« im Internet gesucht haben, aber egal.) Die meisten fanden die Idee ziemlich gut.

Doch vor allem eine Antwort stach mir ins Auge. Jemand schlug eine alternative Idee vor. (Eine Idee, die auf den ersten Blick wirkt wie das schlechteste Geschäftskonzept bei *Die*

Höhle der Löwen seit dem koscheren Bacon.) Und zwar Baby-kleidung mit Magneten.

Normalerweise würde ich jemandem, der in einer Privat-nachricht die Vorzüge von Magneten anpreist, gar nicht erst antworten. (Ich habe eine Sirene im Kopf, die losgeht, wenn ich Nachrichten von Spinnern bekomme, und begeis-terte Fans von »Magneten« gehören durchaus zu dieser Be-völkerungsgruppe.) Aber in diesem Fall war es kein Quatsch. Es gibt eine Firma, die magnetische Kleidung für Babys herstellt. Und sie funktioniert. Total genial. Statt ewig mit den Druckknöpfen rumzuhampeln, steckt man einfach Arme und Beine des Babys in den Body oder Strampler, und schon ziehen sie sich praktisch von selbst an, indem die magnetischen Knöpfe sich auf die typische magische Wei-se zusammenziehen, wie Magnete das eben so an sich ha-ben.

Ich habe mir online ein Video für diese Klamotten ange-sehen, auf das mich mein Magische-Magneten-Freund auf-merksam gemacht hatte, und war beeindruckt. Aber dann fiel mir etwas ein, was mich richtig aus dem Häuschen ge-raten ließ: Ich konnte nicht anders, als mir vorzustellen, wie unser Baby in seinen magnetischen Klamotten umherkrab-belte und Metallobjekte (Konservendosen, Besteck etc.) an-zog, als hätte es telekinetische Superkräfte.

Also habe ich Laura von Magneticbaby kontaktiert und sie gefragt, ob sich Charlie mit Hilfe ihrer Klamotten in eine Art Baby-Magneto verwandeln könnte. Ich wurde enttäuscht.

»[kicher] Keine Sorge, so stark sind die Magneten nicht.«
»Okay, aber … na ja, könntet ihr sie stärker machen?«
»Nein. Nein, das können wir nicht.«
»Aber wieso denn nicht?«

»Äh, zunächst einmal, weil es wahrscheinlich ziemlich gefährlich wäre.«

»Na ja, wie gefährlich, wei...«

»Ich lege jetzt auf.«

Mist.

Also können die magnetischen Babyklamotten deinem Knirps keine Superkräfte verleihen (dafür müssen wir nach wie vor auf die gute alte Genmutation oder den Biss einer radioaktiven Spinne zurückgreifen). Aber da sie dir die Möglichkeit geben, dein Baby anzuziehen, ohne als schluchzendes Nervenwrack zu enden, sind sie womöglich doch die Zukunft.

Die gute Nachricht ist jedenfalls, dass das Druckknopfproblem in nicht allzu ferner Zukunft gelöst werden könnte, entweder durch magnetische Kleidung oder die etwas weniger ausgeklügelte Stripper-inspirierte Dreamboys-Sache, die ich möglicherweise crowdfunden lassen werde. Und das ist ein beruhigender Gedanke. Für mich mag es zu spät sein, und für dich vermutlich auch. Aber es gibt mir Hoffnung und Kraft zu wissen, dass unseren Kindeskindern ein unbeschreiblicher Horror erspart bleiben wird: das letzte »Außendingsi« zu erreichen – und festzustellen, dass kein »Innendingsi« mehr übrig ist.

Anziehen

Ob Druckknöpfe, Latzhosen oder Miniknöpfe – keine der Herausforderungen moderner Babykleidung wäre so ein riesiges Problem, wenn dein Baby während des Anziehens einfach mal *stillhalten* würde. Keine Chance. Stattdessen beschwören sie die bizarre Illusion herauf, sie würden nur aus

Armen und Beinen bestehen und du müsstest einen launischen, unkooperativen Baby-Vishnu anziehen.

Wieder einmal ist es faszinierend, »Wirklichkeit« und »Expertenempfehlungen« abzugleichen, und einfach nur seltsam, dass die Experten die Tatsache zu ignorieren scheinen, dass Babys, wenn es sie überkommt, gegen das Anziehen ankämpfen wie ein in die Ecke gedrängter Dachs mit Syphilis.

Aber zu behaupten, Babys würden einfach rumhampeln, um nicht angezogen zu werden, wäre zu kurz gegriffen. Nein, sie entwickeln die ausgeklügeltsten Techniken. Techniken, mit denen sie zwei ganz klare Ziele verfolgen, und zwar nackt zu bleiben und dem Anziehenden das Gefühl zu geben, eine unfähige Flachzange zu sein.

Wenden wir uns erneut der *Kunst des Krieges* zu – Sunzi schrieb einst:

> Wer den Gegner kennt, wird in hundert Schlachten nicht in Not geraten.

Es ist also absolut entscheidend, die Anziehvermeidungsstrategien des eigenen Babys genau zu studieren.

Hier sind ein paar von Charlies aktuell bevorzugten Taktiken:

DAS NUDELHOLZ   DER FAHRRADFAHRER   DER DONUT   DER STERBENDE FISCH

DER C-3PO   DER TOUCHDOWN   DER KRANICH   DER BESESSENE

Der C-3PO: Das Baby macht den gesamten Körper steif und weigert sich, Ellbogen und Knie zu beugen. Trägt diesen Namen, weil man statt eines Babys, das diese Technik anwendet, genauso gut versuchen könnte, einen störrischen C-3PO in einen Neoprenanzug zu bugsieren.

Effektivität: 3/5

Nervigkeitsgrad: 4/5

Versuchung, »scheiß drauf« zu sagen und das Baby den restlichen Tag nur mit Windel bekleidet verbringen zu lassen: 3/5

Das Nudelholz: Das Baby rollt sich wie wild von einer Seite auf die andere, als wäre es ein brennender Stuntman, der versucht sich zu löschen. Einfach, aber unglaublich wirkungsvoll.

Effektivität: 4/5

Nervigkeitsgrad: 4/5

Versuchung, »scheiß drauf« zu sagen und das Baby den restlichen Tag nur mit Windel bekleidet verbringen zu lassen: 3/5

Der Donut: Das Baby krümmt den Rücken so weit nach hinten, dass es mit dem Kopf beinahe die Knöchel berührt und sein Körper einen Kreis bildet, einen menschlichen Donut, der keinen Angriffspunkt für Hosen oder Bodys zulässt. (Effektivität wird nur dadurch gemindert, dass diese Position nur Superyogis hinbekommen und sie nicht lange gehalten werden kann.)

Effektivität: 2/5

Nervigkeitsgrad: 3/5

Versuchung, »scheiß drauf« zu sagen und das Baby den restlichen Tag nur mit Windel bekleidet verbringen zu lassen: 2/5

Der Fahrradfahrer: Das Baby liegt auf dem Rücken und fährt auf einem unsichtbaren Fahrrad. (Vermutlich der nervigste aller Arschlochmoves, die ein Baby aus dem Ärmel zaubern kann, während du versuchst, ihm Hose, Socken oder Schuhe anzuziehen.)

Effektivität: 4/5

Nervigkeitsgrad: 4/5

Versuchung, »scheiß drauf« zu sagen und das Baby den restlichen Tag nur mit Windel bekleidet verbringen zu lassen: 3/5

Der sterbende Fisch: Ein echter Scheißmove, bei dem das Baby einfach zappelt wie eine Forelle auf dem Trockenen.

Effektivität: 4/5

Nervigkeitsgrad: 4/5

Versuchung, »scheiß drauf« zu sagen und das Baby den restlichen Tag nur mit Windel bekleidet verbringen zu lassen: 3/5

Der Touchdown: Das Baby streckt störrisch beide Arme in die Luft wie ein Schiri, der einen Touchdown anzeigt, und weigert sich, sie wieder herunterzunehmen. (Sie mit Gewalt nach unten zu drücken, lenkt die Energie häufig in die Beine und löst beim Baby den Fahrradfahrer aus.)

Effektivität: 4/5

Nervigkeitsgrad: 4/5

Versuchung, »scheiß drauf« zu sagen und das Baby den restlichen Tag nur mit Windel bekleidet verbringen zu lassen: 3/5

Der Kranich: Siehe *Karate Kid*, Film von 1984.

Effektivität: 3/5

Nervigkeitsgrad: 3/5

Versuchung, »scheiß drauf« zu sagen und das Baby den restlichen Tag nur mit Windel bekleidet verbringen zu lassen: 3/5

Das sind Charlies Lieblingsstrategien, aber er hat noch einige mehr auf Lager: Der Igel in Gefahr: rollt sich zu einer Kugel zusammen. Die Cancan-Tänzerin: Knie hoch! Der Seestern. Die Gottesanbeterin. Der Schnee-Engel. Der Gekreuzigte. Gegen all diese Positionen musst du eigene Taktiken parat haben.

Doch es gibt eine Technik, für die keine Gegentaktik bekannt ist:

Der Besessene: Die ultimative Technik. Wenn das Anziehen deines Babys Tekken oder Street Fighter wäre, wäre der Besessene seine »Spezialattacke«. Eine Supercombo, die alle anderen Techniken vereint. Dagegen kann kein Elternteil etwas ausrichten: Ein Dämon scheint Besitz vom Körper deines Babys ergriffen zu haben, und ebenjener Dämon möchte heute wirklich keine Kleidung tragen.

Effektivität: 5/5

Nervigkeitsgrad: 5/5

Versuchung, »scheiß drauf« zu sagen und das Baby den restlichen Tag nur mit Windel bekleidet verbringen zu lassen: entfällt (du hast keine andere Wahl)

Zum Glück hat Charlie erst ein paarmal auf den Besessenen zurückgegriffen, aber glaub mir, danach hat er den Rest des Tages mit einem triumphierenden, selbstsicheren Gesichtsausdruck nur mit Windel bekleidet verbracht.

Babys hassen Kleidung

Es ist schwer nachzuvollziehen, warum Babys so viel Energie darauf verwenden, gegen das augenscheinliche Übel des Anziehens anzukämpfen. Tatsache ist jedoch, dass Babys Kleidung hassen. Man könnte jetzt argumentieren, das sei Unsinn, und Babys würden es nicht hassen, angezogen zu sein, sondern wären lediglich genervt und gereizt vom Vorgang des Anziehens, aber das stimmt nicht. Dazu musst du dir nur mal die Accessoires anschauen.

Jedes Kleidungsstück, das Babys eigenständig ausziehen können, wird ausgezogen. Mützen, Schals, Socken, egal was, alles wird ständig und bei jeder Gelegenheit ausgezogen. Es ist, als würden sie sich Stück für Stück ihre Nacktheit zurückerkämpfen. Das macht Baby-Accessoires so absurd. Wenn wir mit Charlie rausgehen, hinterlassen wir eine endlose Spur von Fäustlingen, Mützen, Schuhen und Halstüchern. Allein in unserer Straße verlieren wir so viel Zeug, dass die Nachbarn, wenn wir kurz einkaufen gehen, unsere verstreuten Hinterlassenschaften finden und denken, ein herumstreunender Zwerg wäre in der Gegend unterwegs. Und ich garantiere dir, wenn Charlie seinen Body oder seine Hose genauso leicht ausziehen und aus dem Kinderwagen pfeffern könnte, würde er es tun.

Wenn man also bedenkt, wie Babys mit ihren Accessoires umgehen, wird schnell deutlich, dass Babys nicht nur das Anziehen nicht mögen, sondern auch nicht besonders scharf aufs Tragen von Anziehsachen sind. Aber warum?

Vielleicht lässt sich die Antwort bei jenen Erwachsenen finden, die es ebenfalls als nervig empfinden, vollständig bekleidet zu sein, und sich dagegen auflehnen. Wenn man an FKKler und Nudisten denkt, fällt es schwer, nicht die Dokus vor Augen zu haben, die man manchmal sieht: mit hängebusigen Damen beim Dinner und achtzigjährigen Knackern bei einer schönen Partie Badminton, während ihre schrumpeligen Truthahn-Genitalien im Wind hin und her schwingen. Aber vielleicht gehört das Zurückblicken aufs Säuglingsalter zu ihrer Philosophie dazu. Womöglich ist der bekleidete Zustand für den Menschen mehr als unnatürlich, und wir werden alle als Nudisten geboren und gezwungen, uns mit Kleidung abzufinden. Und vielleicht ist das ein Kampf zwischen Eltern und Babys, der erbittert auf den Wickelunterlagen der ganzen Welt ausgefochten wird.

DIE GEBRAUCHSANWEISUNG

Solltest du dich je bei Leuten ausheulen, die das ganze Eltern-Ding schon hinter sich haben, wirst du sicherlich häufig den Satz hören: »Tja, leider gibt's für Babys keine Gebrauchsanweisung.« Was mich zur Frage führt: Wieso eigentlich nicht?

Es gibt doch für alles eine Gebrauchsanweisung. Du kannst keinen scheiß Toaster kaufen, ohne zweihundertfünfzigseitige Anleitung in siebenundvierzig unterschiedlichen Sprachen, die dir genau erklärt, wie du den Schalter an der Seite hinunterdrücken und darauf warten musst, bis das Brot braun wird und wieder hochspringt.

Aber wenn du das Krankenhaus mit diesem zerbrechlichen, total komplizierten und komplexen Ding verlässt, wird dir nichts an die Hand gegeben, was auch nur entfernt einer Anleitung ähnelt. Es wird von dir erwartet, dass du improvisierst, rätst oder dir die Informationen in einem der tausend Bücher, in denen praktische Tipps irgendwo zwischen Entwicklungspsychologie und Bonding begraben sind, selbst zusammensuchst.

Aber vielleicht ist das gar nicht so schlecht.

Autoren beschreiben das Elternsein immer als Reise, aber das finde ich nicht ganz zutreffend. Bei einer Reise weißt du, wo es hingeht, du kennst das Ziel oder weißt zumindest, dass es ein Ziel gibt.

Aber beim Elternsein ist überhaupt nicht klar, dass so etwas existiert. Wir glauben vielleicht, das Ziel wäre, unsere Kinder ins Erwachsenenleben zu begleiten, aber wenn du mit älteren Eltern sprichst, wird schnell deutlich: Wenn deine Kinder erwachsen sind, stellt sich heraus, dass das wieder nur eine Zwischenstation ist und noch längst nicht das Ziel.

Vielleicht ist also der Weg das Ziel und die Reise eine Art Forschungsreise. Und vielleicht ist die Tatsache, dass du von Anfang an alles selbst entdecken musst, kein Hindernis, sondern ein Geschenk. Denn bei dieser Art von Reise wäre eine Gebrauchsanweisung ja beinahe wie eine Landkarte ... und mit Landkarte reisen? Das macht doch keinen Spaß!

*

Und was ist aus Buddy geworden?

An jenem Tag bin ich Rotz und Wasser heulend nach Hause geradelt. Und als ich meinem Dad erzählte, wieso ich so durch den Wind war, machte er mir eine Tasse Tee und sagte, ich solle mir keine Sorgen machen.

Am Wochenende darauf fuhr er mit mir ins nächste Gartencenter, wo wir einen neuen Kaktus kauften, den wir in den geklebten Terrakottatopf pflanzten, in dem Buddy gestorben war. Nach den Ferien ging ich wieder zur Schule und überreichte Miss Wilson einen prächtig gedeihenden »Buddy 2«, und sie bedachte mich mit Lob und kam meinem Dad und mir nie auf die Schliche.

Im nächsten Schuljahr rief mich Miss Wilson am letzten Tag nach vorne, überreichte mir Cracker in seinem Käfig und verkündete, ich wäre über die Weihnachtsferien für das Klassenmeerschweinchen verantwortlich. Ich platzte vor Stolz. Ich fühlte mich wie neu geboren, nahm Cracker mit nach Hause und überschüttete ihn mit Liebe und Zuneigung und Wasser und Futter.

Und damit endet diese Geschichte der Wiedergutmachung ...

Oder dort hätte sie geendet, wenn ich Cracker nicht mit so viel Fürsorge, Liebe und Futter überschüttet hätte, dass er vollkommen überfüttert am sechsten Ferientag an einem massiven Herzinfarkt gestorben wäre ...

Also ging mein Dad am nächsten Tag mit mir in die Zoohandlung ... usw. usf.

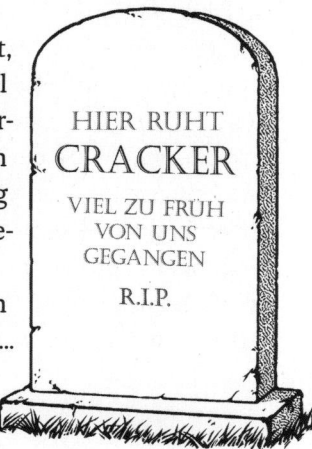

HIER RUHT
CRACKER
VIEL ZU FRÜH
VON UNS
GEGANGEN
R.I.P.

8

UNTERHALTUNG

»Unterhalte ich euch nicht!?« – Maximus Decimus Meridius.

Schon bevor die Römer sich Gladiatoren im Kolosseum ansahen, ließen sich Menschen durch Schmerzen und Leid ihrer Mitmenschen unterhalten. Und ich glaube allmählich, dass das einfach ein angeborener Instinkt ist.

Ich habe heute Morgen drei Stunden lang mit Charlie gespielt: Grimassen geschnitten, ihn gekitzelt und mit den tausend Spielzeugen gespielt, die ihn beschäftigen sollen, und habe ihm damit mühsam ein Lächeln entlocken können.

Aber vorhin bin ich von unserer Gartenmauer gefallen und habe mir dabei den Hintern am umgedrehten Grill aufgespießt, und jetzt lacht er sich seit einer geschlagenen halben Stunde tot.

Ist gut, Charlie, jetzt hör auf, so ein Arschloch zu sein, das tut echt weh.

Kuckuck. Kuckuck. Kuckuuuck. Kuuuuuuuuuuuuuckuuuu-uuckkkk – du verstehst, was ich meine.

Das »Kuckuck«-Spiel ist quasi die ultimative Beschäftigung für das anspruchsvolle Baby. Der Gipfel der Unterhaltung. Für ein Neugeborenes ist »Kuckuck« das Comeback-Special von Elvis 1968, die Beatles live im Shea Stadium, Bowie im Hammersmith Odeon im Jahr 1973. Oder David Copperfield, der die Freiheitsstatue vor den Augen der ganzen Welt verschwinden lässt.

Es gibt einen guten Grund, warum Babys dieses einfache Spiel so unterhaltsam finden: Eine der besten Eigenschaften von Babys ist, dass sie ziemlich dumm sind. Ich weiß, jetzt kraulen sich die Experten wieder bedächtig das Kinn und behaupten, Babys seien extrem intelligent. Aber mal im Ernst, »Kuckuck« funktioniert nur, weil sich das Baby, wenn du dir die Hände vors Gesicht hältst, fragt, wo zur Hölle du bist. Wie gesagt, sie sind ein bisschen dumm. Das ist nicht ihre Schuld, sie sind schließlich erst seit fünf Minuten auf der Welt und müssen noch herausfinden, wie alles funktioniert. Zu erwarten, dass sie etwas anderes können als kacken und Spuckeblasen machen, wäre wie von einer Katze zu erwarten, dass sie Auto fährt: Das hat ihnen niemand beigebracht, außerdem kommen sie mit ihren Pfoten gar nicht an die Pedale.

Was Unterhaltung angeht, sind Babys eine praktische Kombination: schwer von Begriff, aber an allem interessiert.

Also ist es einfach, sie zu unterhalten? Fehlanzeige.

Ein Baby zu unterhalten, kann ziemlich schwierig sein. Ein durchschnittliches Neugeborenes hat die Aufmerksamkeitsspanne eines besoffenen Fischs. Du kannst eine Grimasse ziehen, und dein Baby findet, das sei das Tollste, Lustigste, was es je gesehen hat. Wenn es sie zum zweiten Mal sieht, ist sie plötzlich sterbenslangweilig, und das ist schwer zu ertragen. Es gibt nichts Peinlicheres als einen Erwachsenen, der versucht, seinem Kind mit lustigen Prustgeräuschen eine freudige Reaktion zu entlocken und ignoriert wird. Und nichts macht dich mehr fertig, als einen Blick von deinem Baby abzubekommen, der besagt: »Du langweilst mich, Arschgesicht.«

Man sollte sich allerdings nicht allzu schlecht fühlen, wenn es einem nicht gelingt, sein Baby zu beeindrucken. Babys sind das schwierigste Publikum aller Zeiten. Wenn sie nicht in der richtigen Stimmung sind, könntest du genauso gut Stand-up-Comedy für die Taliban machen:

>»Guten Abend, Kabul! Also, so viele Bärte habe ich zuletzt gesehen, als Mumford and Sons sich durch eine Amisch-Gemeinde gevögelt haben ...«
(Stille, bis auf einen Zwischenrufer: »Stirb, ungläubiger Abschaum!«)

Es kann schwierig sein, ein Baby zu unterhalten. Aber wir haben da geeignete Waffen in petto.

FERNSEHEN

Fernsehen ist ideal für Babys. Es bewegt sich schnell, ändert sich laufend und ist bekannt für seine hektischen Schnitte und grellen Farben. Setz dein Baby vor den Fernseher, und es wird wie gebannt sein. Dieser Wunderkasten kann ein hysterisches Baby innerhalb von Sekunden in ein folgsames, ruhiges, gefügiges Mitglied des Haushalts verwandeln. Der ideale elektronische Babysitter.

Na ja, vielleicht nicht ganz ideal. Der kleine Nachteil ist, dass zu viel Fernsehen wissenschaftlichen Studien zufolge das Hirn deines Babys verkümmern und es zu einem sabbernden Idioten, Serienkiller oder Gothic heranwachsen lässt.

Vielen Dank auch, »Wissenschaft«. Noch etwas, was du uns miesmachen musstest.

Im Prinzip besagt die Forschung, dass Fernsehen viel zu stimulierend ist, und angeblich kann das alle möglichen Probleme hervorrufen. Wir glauben, unser Kleines würde Zahlen und Buchstaben und lauter andere tolle Sachen lernen, aber diesen Miesmachern zufolge kann sogar Schulfernsehen die Sprachentwicklung, das Lesenlernen sowie das Kurzzeitgedächtnis behindern. Und als jemand, der als Kind viel ferngesehen hat, vermute ich, dass es auch das Kurzzeitgedächtnis behindern kann. (Tätäää tätäää tätäää.)

HealthyChildren.org zufolge kann zu viel Fernsehen auch zu Schlaf- und Konzentrationsschwierigkeiten führen. Wenn man also auf die Experten hört, ist Fernsehen quasi der Baby-Todesstrahl.

(So widersprüchlich die meisten anderen Empfehlungen auch sein mögen, in diesem Fall sind sich die Fachleute einig: Fernsehen ist für Babyhirne wie Liebesäpfel für Zähne. Und die gleichen Fachleute geben Eltern, die ihre Kinder unbegrenzt glotzen lassen, deutlich zu verstehen, dass sie selbst Schuld daran sind, wenn ihr Nachwuchs später mal einer von den Honks wird, die die Bühnen der Nachmittags-Talkshows zieren: zahnlose Typen in schicken Jogginghosen, die sich wegen der letzten Scheiße die Köpfe einschlagen.)

Das Problem ist: Charlie liebt Fernsehen. Anfangs war es ihm egal, aber eines Tages war er plötzlich wie gebannt, und wehe, du bist durchs Bild gelaufen, wenn er gerade *The Cuddlies* guckte – dann starrte er dich mit Todesblick an, als wollte er gleich sein Klappmesser ziehen. Das beunruhigte uns doch etwas. Im Lichte dieser Entwicklung und des Expertenrats beschlossen wir, die Zeit, die Charlie vor der Glotze verbrachte, zu beschränken.

Okay, das ist eine Lüge. Ich würde zu gern behaupten, wir hätten angefangen, Charlies Fernsehkonsum zu limitieren, weil wir ernsthaft besorgt gewesen wären oder diese Entscheidung nach sorgfältigem Lesen aller Studien getroffen hätten. Aber um ehrlich zu sein war der Hauptgrund, weswegen wir beschlossen einzuschreiten, dass wir den verwirrenden, alptraumhaften Inhalt des Babyfernsehens nicht mehr ertragen konnten. Unsere eigenen Hirne wurden langsam zu Brei. Ja, du liest richtig: Obwohl Fernsehen laut Wissenschaft eine Art hirnzermatschende Baby-Lobotomie für zu Hause ist, gibt es so etwas wie Babyfernsehen. Fernsehen für Kinder, die das kompliziertere Kleinkindfernsehen über Schweinchenfamilien, Züge mit Gesichtern und einen tuntigen Postboten noch nicht verstehen. (Lauter Sachen, auf die wir uns schon freuen können.)

Jahrelang habe ich mir angehört, wie Eltern sich lang und breit darüber ausließen, wie gut Kinderfernsehen doch sei, und vielleicht meinten die das alle ironisch, oder das Zeug für ältere Kinder ist wirklich gut. Aber Babyfernsehen ist der größte Scheiß. Babys scheinen auf Grundfarben, helles Licht und Wiederholung statt komplizierter Geschichten zu stehen. Aus diesem Grund ist das Ganze absoluter Schwachsinn. Babyfernsehen besteht nur aus augenkrebserregenden Farben und Bäumen aus Lollis ... und da wandert ein lila Dingsi durch die Gegend und klingt, als hätte es einen Schlaganfall erlitten ... und dann taucht ein Einhorn auf und zählt bis drei! Und dann gibt's da noch einen schlecht gezeichneten Zauberer, dem ein Regenbogen aus dem Arsch kommt und ... Mein Gott!! Lasst euch doch bitte eine scheiß Handlung einfallen!!

Sorry.

Aber gepaart mit Schlafmangel fühlt sich Babyfernsehen an, als wäre man auf den Konditionierungsstuhl in *Clockwork Orange* gefesselt, und es fällt mir überhaupt nicht schwer nachzuvollziehen, warum es Babys rammdösig machen kann, wenn schon ich als Erwachsener mir ein Messer ins Hirn jagen will, sobald ich es nur aus dem Augenwinkel mitbekomme.

Trotzdem ist Fernsehen nicht der Feind. Ich bin immer noch der Ansicht, dass es als Mittel, ein Baby zu unterhalten, seine Berechtigung hat. Charlie schaut noch immer gern fern, und obwohl wir bewusst darauf achten wollen, dass sich sein Hirn nicht in Kartoffelbrei oder die Art von stumpfsinnigem Organ zwischen den Ohren einer Kardashian verwandelt, ist es doch ein nützliches Mittel für junge Eltern, jeden Tag ein kurzes Zeitfenster herauszuschlagen, um so etwas Spaßiges zu tun wie aufs Klo zu gehen oder zu essen.

Also, mal ehrlich, scheiß auf die Wissenschaft.

Zumindest in gewissem Maße.

BÜCHER

Wenn Fernsehen zur Unterhaltung also nicht gut ist, sind Bücher dann besser?

Auf der Internetseite Debate.org findet man eine lebhafte Debatte mit dem Titel: »Sind Bücher besser als Fernsehen?« Das ist doch ein guter Anfang.

Es ist eine interessante intellektuelle Diskussion mit massenhaft ernst gemeinten »Anti-Buch«-Kommentaren – ja, anders kann man es nicht nennen. Zum Beispiel diesem:

»Fernsehen ist besser. Bücher sind lang und langweilig man starrt die ganze Zeit nur auf Wörter.«

Oder:

»Bücher sind einfach echt so richtig superlangweilig und das Fernsehen ist richtig bunt und spricht mit einem.«

Da haben wir also, festgehalten in zwei einfachen Sätzen, den Beweis dafür, wieso es so wichtig ist, Bücher zu lesen. Denn sonst wirst du irgendwann in etwa so schlau sein wie die Leute, die auf Debate.org diskutieren.

Wenn man einmal von dem überzeugenden Argument, dass Bücher einfach echt so richtig superlangweilig sind, absieht: Ganz einfach ausgedrückt, die Wissenschaft sagt, dass Fernsehen schlecht ist; die Wissenschaft sagt, dass Bücher gut sind.

Und wenn es darum geht, deinem Kind Bücher nahezubringen, ist das ein klarer Fall von je früher, desto besser.

Du wirst kein Erziehungsbuch finden (und auch keine Erziehungssendung im Fernsehen), ohne gesagt zu bekommen, wie wichtig es ist, deinem Baby als Teil der »Routine« vorzulesen. Einige Experten gehen sogar noch weiter und empfehlen, dem Baby bereits im Mutterleib vorzulesen. Und Hardcore-Erziehungsfachleute raten sogar dazu, dem Sperma und dem unbefruchteten Ei vorzulesen (nee Quatsch, das habe ich mir ausgedacht).

Ich habe Charlie aber wirklich schon im Mutterleib vorgelesen. Uns wurde gesagt, dass es egal sei, was du liest, da es nur darum gehe, dass das Baby den Rhythmus und den Tonfall deiner Stimme hört. Also habe ich Lyns' Bauch stundenlang vorgelesen: *Sandakan: The Untold Story of the*

Sandakan Death Marches und eine Biografie der Kray-Brüder.

Der Kleine hat jedes Mal begeistert gestrampelt, wenn Reggie wieder einen Pädophilen zusammengeschlagen hat. (Nein, das ist schon wieder Quatsch.)

Nach Charlies Geburt haben wir ihm weiter vorgelesen und tun das immer noch jeden Abend. Ehrlich gesagt ist das nicht immer der dankbarste Zeitvertreib. Die ersten paar Monate will das Baby einfach nur jeden Text, den man ihm vor die Nase hält, zerreißen oder aufessen. Bisher ist es Charlie scheißegal, für wen alles Platz auf dem Besen ist, ihn interessiert bloß, wie die Seiten von *Für Hund und Katz ist auch noch Platz* schmecken. Aber ich bin mir absolut sicher, dass sich das ändern wird.

Meine Mum hat mir vorgelesen, als ich noch ein Baby war. Ich kann mich zwar nicht an die ersten Bücher erinnern, aber ich kann mich auch nicht daran erinnern, dass mir als Kind jemals nicht vorgelesen wurde. Die Liebe zu Büchern ist das größte Geschenk, das sie mir gemacht hat (abgesehen von den Wildlederrollschuhen 1989 – die waren ziemlich cool).

Ich will, dass Charlie Bücher genauso liebt wie ich, und wenn mir das gelingt, wird es mein Geschenk an ihn sein, von Generation zu Generation weitergegeben, um meine genetische Veranlagung zu großen Ohren und Ei-Intoleranz etwas abzumildern.

Ich weiß, dass ich mich anhöre wie ein predigender Vollidiot, aber was Bücher angeht, bin ich endlich einmal einer Meinung mit den Experten und Wissenschaftlern. Aber nicht aus so furztrockenen Gründen wie kognitiver Entwicklung oder Bonding, sondern um ihm die Liebe zu Büchern anzuerziehen.

Von dem, das du gerade in der Hand hältst, abgesehen, können Bücher informativ und lehrreich sein, aber sie können vor allem auch erlösend, niederschmetternd, lebensverändernd und perfekt sein. Sie bewahren unsere besten Seiten, dokumentieren das Schlimmste und sind Lobrede und Denkmal für den Kern der Menschlichkeit.

Es sei denn, sie kommen von Jeremy Clarkson, dann ist es bloß reißerische Scheiße.

MUSIK

Wenn es darum geht, ein Baby zu unterhalten, genießt Musik sicher nicht das gleiche intellektuelle Ansehen wie Bücher, aber sie wird auch längst nicht so stigmatisiert oder kritisiert wie das Fernsehen. Wobei es auf die Auswahl ankommt.

Das hier sind Charlies Lieblingslieder, echt jetzt:

»Hotel Yorba« – The White Stripes

»Sound of da Police« – KRS-One

»Homophobic Asshole« – Senseless Things

»Old Time Rock and Roll« – Bob Seger

»Hard to Handle« – The Black Crowes

»Town Called Malice« – The Jam

»Son of Mustang Ford« – Swervedriver

»Suckerpunch« – The Wildhearts

»Ace of Spades« – Motörhead

Ich muss zugeben, dass diese Auswahl in Teilen etwas unorthodox ist. »Sound of da Police« ist ein Song über Racial Profiling und Polizeigewalt. »Hotel Yorba« handelt von einem Hotel, das bei Prostituierten und Drogenabhängigen beliebt ist, in »Ace of Spades« geht es darum, dem Teufel durch hartes Saufen und Glücksspiel ein Schnippchen zu schlagen, und soweit ich weiß, ist »Town Called Malice« ein Song über die Stadt Woking.

Aber das waren zwischen vielen anderen die Lieder auf meinem iPod, auf die Charlie reagiert hat, und ihm schienen diese Melodien wesentlich besser zu gefallen als die traditionellen Babylieder, in denen es darum geht, wie viele Affen auf einem Bett hopsen, bis einer runterfällt und sich den Kopf stößt. Also haben wir ihm diese Playlist zusammengestellt und spielen sie ihm vor, während wir ihn anziehen oder ihm die Windel wechseln (und Lyns und ich singen oft mit und spacken wie bekloppt dazu ab).

Ich habe Charlies Playlist auf Spotify geteilt und sie auf dem Man-vs.-Baby-Blog erwähnt. Die Reaktionen darauf waren interessant. Viele Eltern haben ihre eigene ungewöhnliche Songauswahl von Johnny Cash über AC/DC bis hin zu Taylor Swift geteilt. Aber andere waren entsetzt darüber, dass wir unser Baby solche Songs hören lassen.

»Sorry, aber ich finde das einfach unangebracht [für Babys]. Ihr Hirn ist wie ein Schwamm, der alles aufsaugt.«

Das war ein typischer Kommentar, und irgendwie fand ich den Gedanken dahinter seltsam. Charlie mag zwar ein Luffa-artiges Gehirn haben, aber ich fand es doch sehr komisch zu glauben, ein sechs Monate altes, White Stripes hörendes Baby wäre deshalb mehr oder weniger anfällig für Drogen. Genauso wenig, wie er den Songtext von »Sound of da Police« interpretieren und später ein militantes schwarzes Kleinkind wird.

Ihm gefallen einfach der Beat und der Klang einiger Songs, mehr nicht. Und natürlich reagiert er darauf, dass wir sie ebenfalls mögen.

Was ich allerdings richtig merkwürdig finde, ist, dass Leute es schlimm finden, wenn man seinem Baby solche Songs vorspielt, aber ihren eigenen Babys fröhlich weiter traditionelle Nursery Rhymes vorspielen. Traditionelle Kinderlieder, die entweder kacke sind oder noch schlimmer, total düster, mit regelmäßigen Anspielungen auf Tod durch Ersticken und Enthauptung, oder einen dazu anstiften wollen, sich für eine Teekanne zu halten.

Hier eine CD mit traditionellen Nursery Rhymes, die wir gekauft haben, mit dem einfallsreichen Titel *Traditional Nursery Rhyme CD*. So sieht die Tracklist aus:

Mit der Kritik im Hinterkopf, man solle Babys keine moderne Musik vorspielen, habe ich mir mal den Inhalt einiger dieser eingängigen Nummern angeschaut:

»Ring a Ring o' Roses«:
Schon immer ein besonders gruseliges Beispiel eines Kinderliedes und anscheinend ein fröhliches Liedchen über den Ausbruch der Beulenpest. Der Text ist im Prinzip

eine Auflistung der Symptome und endet schließlich mit dem qualvollen Tod. So, liebe Kinder, und jetzt alle zusammen ...

»Oranges and Lemons«:
Je nachdem, für welche historische Interpretation man sich entscheidet, handelt dieses Lied entweder von einem Kindesopfer, öffentlicher Hinrichtung oder den Eheproblemen von Heinrich VIII. Jedenfalls endet es mit der Zeile: »Hier kommt ein Messer, und ab ist dein Kopf.« Also nicht ganz so nett wie »Little Miss Muffet« (was an sich ein Lied über Arachnophobie ist).

»Georgie Porgie«:
der »die Mädchen küsst und zum Weinen bringt«, ein reizendes Liedchen über sexuelle Belästigung.

»Mary, Mary Quite Contrary«:
Kein Lied übers Gärtnern, sondern ein Reim über die mörderische Irre Queen Mary und ihr liebstes Hobby, das Foltern (»holde Mägde aufgereiht« spielt angeblich auf die neu erfundene Guillotine an, und die »cockle shells« sind ganz offensichtlich ein Folterinstrument, das an die Genitalien angebracht wird).

Das sind nur ein paar Beispiele, dabei gibt es massig davon. »Pop Goes the Weasel« ist ein Lied über den Teufelskreis der Armut. »Baa Baa Black Sheep« handelt von lähmend hohen Steuern. Und »Jack and Jill« ist so richtig grausam, schließlich ist es der Titel des schlimmsten Adam-Sandler-Films aller Zeiten, in dem er sowohl seine Schwester als auch sich selbst spielt – mit urkomischen Folgen. (Nein, in Wirklichkeit ist »Jack and Jill« auch eins dieser eingängigen Lieder zum Mitwippen übers Köpfen.)

In den 1950er Jahren war ein Typ namens Geoffrey Handley-Taylor so beunruhigt wegen dieses ganzen Krams, dass er sich die zweihundert beliebtesten Kinderreime vorgenommen und darin Folgendes gefunden hat:

- 8 Anspielungen auf einen Mord (unspezifiziert)
- 2 Fälle von Ersticken
- 1 Fall von Zerstückelung eines Menschen
- 1 Fall von Tod durch Verschlingen
- 15 Hinweise auf verkrüppelte Menschen und Tiere
- 23 Fälle von körperlicher Gewalt (unspezifiziert)

Also mach dir keine Sorgen, falls du deinem Kind gern ein bisschen Thrash, Death-Metal oder Grime vorspielst. Wenn die Alternative wäre, es traditionellen Kinderliedern auszusetzen, kannst du es genauso gut vor einen Horrorfilm setzen oder ihm zeigen, wie jemandem bei *Game of Thrones* der Arsch aufgerissen wird.

SPIELZEUG

Wenn alle anderen Unterhaltungsmethoden scheitern, kannst du immer noch versuchen, mit deinem Kind zu spielen.

Spielen ist von entscheidender Wichtigkeit für die soziale, emotionale, körperliche und geistige Entwicklung deines Kindes. Auf diese Weise lernt dein Kind seinen Körper und die Welt kennen, und dafür wird es alle fünf Sinne benutzen, vor allem im ersten Jahr. – BabyCenter.com

Wir geben also ein kleines Vermögen für Spielzeug aus, das laut Werbung lehrreich und fesselnd ist: Zum Beispiel Produkte aus der »Baby-Einstein«-Linie, die der Internetseite der Spielzeugfirma zufolge entwickelt wurden, »um den jungen Geist deines Babys zu bereichern«. Wir sind keine Eltern, die auf frühkindliche Bildung stehen oder ein Genie aus unserem kleinen Charlie machen wollen, aber es schien uns eine gute Sache zu sein, wenn er beim Spielen nebenher etwas lernen könnte. Im Nachhinein hätten wir genauso gut zwei Augen und einen Mund auf einen Pappkarton malen können, und Charlie und »Boxy« wären bis ins Kleinkindalter beste Freunde gewesen (dann wären wir auch nicht durchs ständige Batterienkaufen arm geworden). Denn Babys spielen nur auf drei Arten:

Schlag es.
Beiß es.
Wirf es.

Wenn also eins von Charlies Spielzeugen aufleuchtet und mit amerikanischem Akzent fragt: »Willst du das Abc lernen?«, lautet Charlies Antwort für gewöhnlich: »Nein danke, ich glaube, ich kaue einfach ein bisschen an deinem Gesicht rum und donnere deinen Kopf immer wieder auf den Küchenboden.« Spielzeit ist keine Lernzeit, sondern eine Zeit, um niedlich aussehende batteriebetriebene Spielfiguren zu testen/zu zerstören. Vielleicht nimmt er ein paar Lernelemente per Osmose auf, aber nachdem wir Spielzeug früher anhand seines didaktischen Werts beurteilt haben, ist das wichtigste Bewertungskriterium inzwischen, wie viel Bestrafung es aushält.

Charlies beste Spielzeuge sind die großen, in die er sich komplett versenken kann, die Türrahmenschaukel und das

Bällebad, so was in der Art. Charlies schlimmste Spielzeuge sind die unheimlichen, besessenen, batteriefressenden Teile. Die Dinger mit den toten Augen, die aus dem Nichts heraus, ohne dass sich jemand in der Nähe befindet, um eine Umarmung bitten oder fragen, ob du ihr Freund bist. Wie oft höre ich mitten in der Nacht, wie sie sich einschalten und »spielen« wollen, und stehe dann die nächste Stunde senkrecht im Bett und horche, ob sie die Treppe hochkommen oder heimlich die Schublade mit den Küchenmessern öffnen.

Und ich finde nicht nur die Spielzeuge, die sich selbst einschalten, unheimlich.

Das absolut unheimlichste Spielzeug von Charlie ist Alfie Bear, der entweder davon singt, wie »freundlich« er ist, oder immer wieder beteuert, dass er dich liebt, wie ein krankhaft eifersüchtiger Typ, der Angst hat, dass du mit ihm Schluss machst. Am Anfang ist das »Ich liebe dich« ja niedlich; nach dem vierhundertsten Mal wirkt es nur noch bedrohlich.

Nach vielen Wochen des Grusels hielt ich es schließlich nicht mehr aus, nahm allen Mut zusammen, trug ihn in den Garten und pfefferte ihn über den Zaun ... Am nächsten Tag war er wieder da. Lyns vermutet, dass die Nachbarn ihn gefunden haben, aber da bin ich mir nicht so sicher. Ich gebe ohne Scham zu, dass ich Angst vor Alfie Bear habe. Und zwar aus gutem Grund: Ich bin zwar kein ausgebildeter Psychiater, aber nach dem, was ich so gegoogelt und an Alfies Verhalten beobachtet habe, würde ich sagen, dass die hier eingefügte eindeutige Diagnose möglich ist.

Ich meine, ist doch klar, warum ich mit diesem teuflischen Ding im Haus kein Auge mehr zukriege, oder?

Ich frage mich überhaupt, ob diese Spielzeuge einen schlechten Einfluss auf Charlie haben, und auch wenn die meisten Fachleute der Meinung sind, dass interaktives

PATIENT: ALFIE BEAR   **AKTENNR. 002341:**

Patient leidet unter Problemen, die von geringem Selbstwertgefühl herrühren, und leidet womöglich unter Narzisstischer Persönlichkeitsstörung. Wird Aufmerksamkeitsbedürfnis nicht befriedigt, zeigt Patient Episoden Narzisstischer Wut, die sich durch ständiges Fordern von Umarmungen ausdrückt. Neigung des Patienten zu zwanghaftem Zählen weist ausserdem auf Zwangsstörung hin, gepaart mit exzessivem, repetitivem Gesang, der auf Aufmerksamkeitsdefizit-Hyperaktivitätsstörung hindeutet. Patient zeigt wenig Interesse an Bedürfnissen anderer, neigt stattdessen zu Aufmerksamkeitssucht und Egoismus, was Symptome soziopathischer und womöglich psychopathischer Tendenzen sein könnten.

Spielzeug toll für dein Baby ist, bin ich nicht überzeugt. Wissenschaftler sagen zwar, dass Fernsehen schlecht ist, aber niemand verliert ein Wort über die blitzenden Lichter der alleskönnenden Psychopathen, die singend durch dein Wohnzimmer wackeln.

Und jetzt mal eine gruselige Frage: Was passiert, wenn wir nicht ihre Freunde sein wollen?

Zum Glück findet Charlie inzwischen viele seiner nervigsten Spielzeuge langweilig oder ist einfach zu alt dafür, jedenfalls hat er kein Interesse mehr an Alfie Bear (der noch immer ganz unten in der Spielzeugkiste liegt wie ein Manchurian-Kandidat, der darauf wartet, reaktiviert zu werden). Wenn Babys neugieriger und mobiler werden, scheint sich ihr Spielzeuggeschmack rapide zu ändern. Mit ungefähr sechs Monaten spielte Charlie am liebsten mit Alfie, einem Nachziehtelefon und einem Stapelturm. Seit er älter und neugieriger ist und krabbeln kann, sind die Top Ten seiner Lieblingsspielzeuge vielseitiger: Die Top-Ten-Charts von »Kram, mit dem Charlie gerne spielt« sehen diese Woche also wie folgt aus:

10: alle Schranktüren oder Schubladen (Tür oder Schublade
öffnen. Finger hineinstecken. Tür oder Schublade mit
Fingern darin schließen. Nervenzusammenbruch bekommen. Und nochmal von vorne.)

9: Augen oder Nase aller engen Verwandten (kratzen und/
oder bohren)

8: die Backofentür (nur, wenn der Ofen an ist)

7: der Wassernapf des Hundes

6: der Futternapf des Hundes

5: der Schwanz des Hundes

4: der hauchdünne Geduldsfaden des Hundes

3: Teetassen, Kaffeebecher und ... alles, was sonst noch ko-
chend heiß ist

2: nach vielen Wochen an der Spitze fällt diese Woche auf
Platz zwei unserer Charts: Steckdosen (mit sabberfeuch-
ten Fingern erkunden)

1: und ein Neueinsteiger direkt auf der Nummer eins: Der
Küchenmülleimer (aus irgendeinem Grund leckt er plötzlich gern daran)

SPIELZEIT

Um ehrlich zu sein, kommt Spielzeug längst nicht gegen
Sachen an, die Babys wirklich Spaß machen. Was dein Baby
am meisten fesselt, sind in der Regel Insidergags innerhalb
der eigenen kleinen Familie. Charlie zum Beispiel liebt es,
wenn Lyndsay so tut, als wäre er ein Riesenbaby, das die Stadt
angreift, oder wenn ich den Roboter aus der Zukunft spiele,
der seinen winzigen Kopf zerquetschen will. Außerdem ist
das Baby im Spiegel, das wir »Barry« nennen, immer einen
Lacher wert, oder wenn ich so tue, als würde ich einschla-

fen, und schnarche und dann als Hulk wieder aufwache. So etwas in der Art. Das sind nur ein paar der hundertundeins kindischen Spiele, die wir spielen und die niemandem außer uns dreien Spaß machen. Alle Familien haben ihre eigenen einzigartig albernen Spiele, die sowohl Eltern als auch Baby begeistern. Und die Einzigartigkeit dieser Spiele ist der beste Beweis dafür, dass euer kleines Baby von Anfang an ein einzigartiger Mensch ist.

Diese kleinen Albernheiten sind die allerbeste Unterhaltung für dein Baby. Denn gute Eltern sind die »Spielzeuge«, die sich nur zu gern an den Charakter und die brandneue Persönlichkeit ihres Babys anpassen. Da können einfach kein Teddybär, keine Eisenbahn und kein Stapelturm mithalten.

ANDERE AKTIVITÄTEN

Wenn du etwas gegen das Fernsehen hast und findest, Bücher wären bloß was fürs Einschlafprogramm, dir Sorgen wegen der Auswirkungen von Gangsta Rap machst oder einfach nur fürchtest, dass eins der Babyspielzeuge mit toten Augen dich im Schlaf umbringt, ist es womöglich an der Zeit, sich nach Beschäftigungsmöglichkeiten außer Haus umzusehen.

Das Ausmaß der Industrie, die sich um die Beschäftigung und Unterhaltung von Babys entwickelt hat, ist unglaublich, und vor allem ist das Ganze teuer. Früher beschränkten sich Aktivitäten für Babys darauf, Junior zum Supermarkt zu schieben, wenn dir die Kippen ausgegangen waren. Heutzutage hingegen gibt es eine unfassbare Vielzahl an Aktivitäten zur Auswahl: Da wäre das Baby-Yoga, Babyzeichensprache, Baby Sensory, Babyschwimmen ... und vermutlich auch ein Baby-Baumfällerkurs und Hochseeangeln für Babys etc.

Hier nur einige der Aktivitäten, die wir im Laufe des letzten Jahres ausprobiert haben:

Babyzeichensprache

Das klang nach einer super Idee. Ich hatte einmal in einem Film ein Baby gesehen, das noch nicht sprechen aber gebärden konnte, dass es hungrig oder müde war. Wenn ich jetzt so darüber nachdenke, war es vielleicht gar kein Baby (es war ein bisschen haariger) – sondern vielleicht eher ein Gorilla oder ein Schimpanse oder so. Egal, das Prinzip ist dasselbe. Zunächst befinden sich Babys in der präverbalen Entwicklungsphase, und wenn du ihnen eine einfache Zeichensprache beibringst, können sie dir sagen, ob ihnen kalt ist, ob sie hungrig oder müde sind. Deshalb habe ich fünf Wochen lang jeden Donnerstagnachmittag mit sieben Frauen in einem feuchten Gemeindehaus auf dem Boden gehockt und versucht, die Zeichensprache für »Kacka« zu lernen.

Daran ist es gescheitert. Zunächst einmal musste ich die Zeichen lernen, um sie dann wiederum Charlie beibringen zu können. Leider bin ich ein Idiot und habe ein Hirn wie ein Sieb. Und während Charlies Hirn einem Schwamm gleicht, ist meines eher wie versteinerte Dinosaurierscheiße und kann in etwa so viele sinnvolle Informationen aufnehmen wie ein Poller. Wenn dann noch eine funktionierende Hand-Augen-Koordination vonnöten ist, ist die Katastrophe vorprogrammiert. Als ich schließlich versuchte, die gelernte Zeichensprache an Charlie weiterzugeben, habe ich praktisch nur noch geraten.

Als ich dachte, Charlie das Zeichen für »Milch« beizubringen:

Habe ich ihm in Wirklichkeit das Zeichen für »Bowling« beigebracht:

Als ich mir sicher war, ich würde ihm das Zeichen für »hungrig« beibringen:

Lernte er in Wirklichkeit das etwas weniger nützliche Zeichen für »Traktor«:

Also sind wir nach fünf Wochen nicht mehr hingegangen.

Aus dem einfachen Grund, dass Charlie nach über einem Monat – auch wenn das nicht seine Schuld war – noch nichts gelernt hatte. Und in dem unwahrscheinlichen Fall, dass sich seine Babyzeichenfähigkeiten einmal als lebenswichtig herausgestellt hätten, wäre er verhungert und verdurstet. Denn er hätte immer wieder gefordert, mit dem Traktor zum Bowling gefahren zu werden.

Baby-Rave

Genau das, wonach es sich anhört. Exakt dasselbe wie ein Rave für Erwachsene, nur dass alle Anwesenden einen Meter kleiner sind und vermutlich eher ausrasten, wenn ein Luftballon platzt.

Im Prinzip ist ein Baby-Rave in vielerlei Hinsicht besser als ein Erwachsenen-Rave. Okay, die Musik ist genauso scheiße, aber kaum jemand versucht, dir Ketamin zu verkaufen; du musst dich nicht auf einer vierspurigen Straße in der Nähe von Leeds treffen, um die Location zu erfahren; und dir rammt nicht alle zwei Minuten ein Arme wedelnder Vollhonk mit weißen Handschuhen, Knicklicht und Trillerpfeife den Ellbogen in die Fresse, nur weil die DJs was von Scooter aufgelegt haben.

Ein großer Pluspunkt ist außerdem, dass Baby-Raves meist morgens stattfinden. Also ist die Sache um die Mittagszeit herum gegessen, und du kannst wieder nach Hause und eine schöne Tasse Tee trinken.

Das knallt.

So ein guter Baby-Rave ist echt zu empfehlen. Ich glaube, die großen Kinder lieben es – die bunten Lichter, den Rauch und die wummernde Musik – und die jüngeren Kids lieben es, den großen Kids dabei zuzusehen, wie sie es lieben.

Und zu beobachten, wie sich die Erwachsenen in dieser Umgebung bewegen, ist ebenfalls sehr interessant: von der unangenehm berührten Mum, die mit Baby auf dem Arm von einem Bein aufs andere tritt, bis hin zum Dad, der wild den »Big fish little fish cardboard box«-Tanz tanzt, ist das alles eine schöne Erinnerung daran, dass du deine Coolness an der Kreißsaaltür abgegeben und nie wiederbekommen hast. Aber es ist auch ein Echo deiner freien Vergangenheit und eine Erinnerung daran, was du aus früheren Clubnächten vermisst: rein gar nichts.

Baby Sensory

In diesen Kursen sollen die fünf Sinne deines Babys angesprochen werden: »sehen«, »riechen«, fühlen«, »hören« und »beißen«. Hier werden die Babys mit Tönen und Lichtern bombardiert. Halb Disco, halb Puppentheater, halb Singsang, halb Babyzeichensprachekurs, mit Tamburin, Rasseln, Seifenblasen, Luftballons, aufblasbaren Tieren – und einem Lied, in dem man hallo zu Mais sagt. Wenn dein Baby sich schnell langweilt, ist es super, denn es wird eine Stunde lang einem sinnlichen Shock-and-Awe-Bombardement ausgesetzt.

Unser Kurs vor Ort ist super, macht einen aber völlig gaga. Jede Stunde ist so voller Glanz und Glitter und Discoscheinwerfer, dass es sich anfühlt, als hätte man sich ins Hirn eines schwulen Choreografen verirrt, der gerade die Eröffnungszeremonie der Olympiade plant.

Unsere Kursleiterin wird »Crazy Claire« genannt. Der Name ist passend. Sie ist bestimmt nicht wirklich verrückt (wobei, vielleicht sitzt sie zu Hause und bastelt Lampenschirme aus Menschenhaut, wer weiß, aber sie scheint mir nicht der Typ dafür zu sein). Aber sie ist einer der enthusiastischsten Menschen, die mir je begegnet sind, und das ist echt ansteckend.

In der ersten Stunde des Kurses klopfte ich leise auf mein Tamburin und kam mir ziemlich doof dabei vor. Ich wusste nicht so richtig, wo ich da hineingeraten war, denn alle anderen stimmten fröhlich in die Lieder über Sonnenschein und Freundschaft ein. Charlie wirkte ähnlich verunsichert. Aber spätestens nach der dritten Stunde hatte uns Crazy Claires Enthusiasmus gepackt, und umgeben von Seifenblasen und Ballons ruderte ich plötzlich ein unsichtbares Boot, sang irgendein Piratenlied und trommelte auf eine umgedrehte Plastikwanne, als würde ich bei *Stomp* mitmachen. Ich weiß immer noch nicht, wieso, aber das ist mir auch egal. Darum geht es nicht. Es macht Spaß.

Ich würde Baby Sensory jedem empfehlen, der auf der Suche nach Unterhaltung für sein Kleines ist. Anfangs hat man zwar das Gefühl, man wäre in eine seltsame Therapiesitzung hineingestolpert, nachdem man selbstgesammelte Pilze gegessen hat, aber der Wahnsinn hat Methode. Nein, der Wahnsinn *ist* die Methode. Das Tolle an Baby Sensory ist, dass ständig etwas Unerwartetes passiert. Eine Stunde lang befindet man sich in einer Umgebung, die sich ständig verändert. Es ist immer interessant. Für Babys vereint es alle positiven Eigenschaften des Fernsehens, die aufmerksamkeitserregenden Farben und Geräusche und Lichter, ohne auf zwei Dimensionen beschränkt und in einen kleinen Kasten eingesperrt zu sein. Charlie ist total begeistert davon, denn er hat keine Zeit dafür, es nicht zu sein. Er kann gar nicht von einer Aktivität gelangweilt sein, denn zu dem Zeitpunkt ist man längst mit der nächsten beschäftigt. Für ein Wesen mit der Aufmerksamkeitsspanne eines Kabeljaus ist das ideal.

Messy Play

Die erste Regel beim Messy Play: Man redet nicht übers Messy Play.

Die zweite Regel beim Messy Play – was rede ich hier eigentlich? Es gibt keine Regeln.

Es ist vollkommen irre.

Okay, bei Kindern artet irgendwann fast jedes Spiel in Rumgematsche aus, so etwas wie »sauberes Spielen« gibt es wohl nicht. Meiner Erfahrung nach ist es egal, wie alt sie sind, alle Nichterwachsenen schaffen es, einen absolut sauberen und ordentlichen Raum innerhalb von Sekunden in ein Schlachtfeld zu verwandeln. (Ich weiß noch, wie ich mal auf meinen Neffen aufgepasst habe. Ich habe das Zimmer eine Minute lang verlassen, und als ich zurückkam, musste ich feststellen, dass er den Fernseher, die Wände und den Teppich bemalt hatte. Als ich ihn fragte, was um Himmels willen er da gemacht hätte, hielt er bloß ein Blatt Papier mit wildem Gekrakel hoch und antwortete: »Ich hab eine Katze gemalt.«)

Jedes Spiel verursacht Dreck und Unordnung, aber was passiert, wenn du Farbe, Schaum, Nudeln, Kleber und Glitter nimmst und alle Regeln abschaffst? Du beschwörst den Weltuntergang herauf.

Ich weiß nicht, ob alle Messy-Play-Kurse gleich sind, aber bei uns gibt es keine Regeln. Echt nicht. Es gibt bloß Plakatfarbe, Rasierschaum, Mehl und Wasser und Gott weiß was noch, was auf eine riesige abwischbare Unterlage gekippt wird. Wenn du kommst, ziehst du dein Baby einfach bis auf die Windel aus und lässt sie in die Mischung schliddern. Anders als bei unseren sonstigen Kursen gibt es beim Messy Play keine feste Struktur, das höchste der Gefühle in Sachen Struktur war jede Woche eine neue »Malübung«.

Wir hatten:

»Mal ein Bild«: also Farbe essen, während man in der Farbe sitzt.

»Malen mit Handabdrücken«: also Farbe essen, während man in der Farbe sitzt.

Und »Kartoffeldruckmalen«: also Farbe essen, während man in der Farbe sitzt. Mit einer Kartoffel in der Nähe.

Sechs Monate alte Babys – keine großen Maler.

Das Schwierigste beim Messy Play ist natürlich das Saubermachen. Zum Glück musst du nicht die ganze Sauerei wegmachen, denn dafür zahlst du schließlich deine drei Pfund. Dennoch beendest du die Stunde schweren Herzens, denn du weißt, dass du ab dann für deinen Nachwuchs selbst verantwortlich bist. (Es ist sehr verlockend, sich einfach das sauberste Baby zu schnappen und als sein eigenes großzuziehen.) Und bevor du überhaupt darüber nachdenken kannst, wie du dein Baby sauber bekommst, musst du die Kinder erst einmal voneinander trennen, zumindest dein Baby aus dem massiven Babyblock in der Mitte des Raumes lösen, da sie im Laufe der Stunde alle zusammenkleben wie Maltesers, die man im heißen Auto hat liegenlassen. Sobald man sie voneinander getrennt hat, sind die Auswirkungen des Messy Plays auf dein Baby schwer zu beschreiben. Es ist ein bisschen so, als hätte man es mit Kleber beschmiert und dann auf einer Müllhalde herumgewälzt.

Für Charlie ist es der Himmel auf Erden. Er liebt es, rumzumatschen, und dieser Kurs bietet ein kurzes Zeitfenster, in dem er das darf. Eine Zeit, in der er nicht ständig saubergewischt wird, denn das hasst er mehr als alles andere auf der Welt.

Eigentlich schade, dass wir Erwachsenen die pure Freude und Hemmungslosigkeit, die solch eine chaotische Sauerei mit sich bringt, größtenteils vergessen haben (am nächsten bin ich dem Messy Play in Sachen Rummatschen gekommen, als ich in einem Dönerladen in Newcastle mit einem Junggesellinnenabschied an einem Tisch saß). Aber es macht Spaß zu sehen, wie begeistert dein Kind davon ist, ekelhaft dreckig zu sein, und wenn du nicht mit Schutzanzug und einer Kneifzange in Babygröße anrückst, saust du dich selbst auch ziemlich ein. Da führt kein Weg dran vorbei.

Ein kleiner Tipp noch: Wenn die Großeltern am nächsten Tag auf das Baby aufpassen, warne sie bitte vor, dass es womöglich jede Menge bunte Plakatfarbe und Glitter gegessen hat. Ansonsten wählen sie womöglich panisch den Notruf, weil Juniors Kacke plötzlich regenbogenfarben ist.

Baby-Yoga

Ehrlich gesagt bin ich nur aus Versehen beim Baby-Yoga gelandet. Ich habe mich im Tag geirrt, als ich eigentlich zum Babyzeichensprache-Kurs wollte, und bin mittwochs statt donnerstags im Gemeindehaus aufgeschlagen.

Statt das einzig Vernünftige zu tun, mich für mein Eindringen zu entschuldigen, auf dem Absatz kehrtzumachen und mir ein Baconsandwich zu kaufen, tat ich so, als wäre ich genau am richtigen Ort. Ich zahlte meine 2,50 Pfund und unternahm meinen ersten und einzigen Ausflug in die Yoga-Welt. Es war schrecklich. Unter anderem, weil Charlie den ganzen Kurs verpennt hat.

Das war das einzige Mal, dass ich mich als einziger männlicher Teilnehmer in einem Babykurs fehl am Platz gefühlt habe. Aber vermutlich aus gutem Grund. Es gibt passendere Orte als einen Kurs mit vierzehn Müttern in Elasthan-Pelle (allesamt mit hellwachem Baby, Gymnastikball und Yoga-matte), wenn du der einzige Mann bist, dein Baby tief und fest schläft und du in Jeans und Strickjacke dasitzt – und wenig überzeugend versuchst, deinen von der Geburt strapazierten Beckenboden zu stärken.

Wir sind nicht nochmal hingegangen. Ich vermute, die anderen waren darüber genauso erleichtert wie ich.

Babyschwimmen

Ich weiß gar nicht mehr, wie ich schwimmen gelernt habe. Ich konnte es einfach schon immer. Irgendwann muss es mir wohl jemand beigebracht haben, ich erinnere mich nur nicht daran. Zu meinen bleibenden Erinnerungen ans Schwimmen gehört der Tag, als ich neun Jahre alt war und an einem Schwimmwettbewerb teilgenommen habe. Ich bin mit sechs anderen Kindern um die Wette geschwommen und wurde von Richard Ogdens Grandad angefeuert, der in Badehose neben dem Becken entlangrannte. Ich erinnere mich noch so deutlich daran, weil dem alten Mann offensichtlich nicht bewusst war, dass ihm ein Hoden aus der Speedo hing. (Ich schätze mal, während er uns begeistert anfeuerte, hatte sich sein uraltes Ei den Weg in die Freiheit gebahnt.)

Ich muss wohl nicht erwähnen, dass ich das Wettschwimmen nicht gewonnen habe. Ich glaube, ich wurde sogar Letzter. Zwar war ich ein ziemlich guter Schwimmer, konnte mich aber einfach nicht auf die Ziellinie konzentrieren, während in meinem Augenwinkel am Beckenrand dieses Ding rumbaumelte wie eine ausgedörrte Backkartoffel.

Ansonsten blicke ich überwiegend nostalgisch auf die Tage und Wochen, die ich in den Sommerferien im Schwimmbad verbracht habe, zurück: die Arschbomben, die Luftanhaltewettbewerbe, der »Nicht-rennen«-Renn-Gang, die Schwimmbretterkämpfe, der örtliche Perverse Colin und seine Vorliebe, am flachen Ende mit Taucherbrille unter Wasser zu hocken.

Selbst wenn ich mich an die Rituale nach dem Schwimmen erinnere, Cola und Chips aus dem Automaten, muss ich an unbeschwerte Zeiten denken, daran, wie Paul Johnston und ich im Café herumsaßen und darüber diskutierten, was »Heavy Petting« sein könnte, ehe wir auf dem Nachhauseweg die Nachwirkungen des neunzigprozentigen Chlors spürten, in dem wir geschwommen waren (als würden wir alle Bindehautentzündung haben oder als wären wir auf dem Rückweg von einem G20-Protest und hätten eine Ladung Tränengas von den Bullen abbekommen).

Lyns und ich kannten uns damals noch nicht, dabei sind wir nur zweihundert Meter voneinander entfernt aufgewachsen. Ich glaube, als Kinder kannten wir uns bloß nicht, weil Jungs stinken und Mädchen verrückt sind. Aber wir haben beide schöne Erinnerungen an unser Schwimmbad und stellen uns gern vor, wie wir uns um Schwimmbretter gestritten und ganz in der Nähe voneinander Arschbomben gemacht haben, auch wenn wir uns nicht daran erinnern.

Diese Nostalgie war auch der Grund dafür, dass wir so scharf darauf waren, einen Schwimmkurs mit Charlie zu machen. Es wäre doch toll, wenn er das Schwimmengehen mit seinen Freunden genauso genießen würde wie wir damals während unserer langen Sommerferien. (Okay, in seinem Fall bitte ohne Colin und die Kartoffel.)

Außerdem erschien es uns nur vernünftig, dafür zu sorgen, dass er sich sicher im und am Wasser bewegen kann. (Und wenn wir ihn dazu bekommen könnten zu tauchen, um das *Nevermind*-Albumcover nachzustellen, umso besser. Massig Leute, mit denen ich mich unterhalten habe, sind nur wegen dieses Covers zum Babyschwimmen gegangen. Ein fragwürdiges Erbe für eine gemarterte Seele wie Kurt Cobain. Wenn er gewusst hätte, was für einen großen Beitrag er zur Wassersicherheit für Kinder leisten würde, wäre er vielleicht nicht so ein Griesgram geworden.) Also meldeten wir uns zum Babyschwimmen an, sobald Charlie alt genug war.

Übrigens ist Baby-»Schwimmen« eigentlich die falsche Bezeichnung, denn anfangs geht es weniger ums Schwimmen als ums »Nichtertrinken«.

Die meisten Tiere – Katzen, Hunde, Affen, sogar Schweine – werden mit der Fähigkeit zu schwimmen geboren, aber Menschen gehören nicht dazu. Vor der ersten Stunde war ich der weitverbreiteten Überzeugung, Babys könnten von Natur aus schwimmen. Können sie nicht. Lektion Nummer eins: Babys gehen unter.

Babys haben allerdings etwas, was sich »Tauchreflex« nennt, das heißt, sie halten automatisch die Luft an, wenn sie sich unter Wasser befinden. Was überaus nützlich ist, denn anfangs ist es ziemlich schwierig, so ein Baby im Wasser richtig festzuhalten. Es ist echt besorgniserregend, wie oft man im Schwimmkurs jemandem zur Seite springen

möchte, der sein Baby aus Versehen unter die Wasseroberfläche hält. (Es ist reichlich merkwürdig, wenn man jemandem auf die Schulter tippen und anmerken muss: »Äh, entschuldigen Sie die Störung, aber Ihr Baby ertrinkt gerade.«)

In diesem Alter (zumindest im Neugeborenen-Kurs)
können Babys also nicht schwimmen. Es gibt keine winzigen sechs Monate alten Babys, die eine Bahn kraulen, eine
perfekte Rollwende machen und dann zum Schmetterling
wechseln.

Stattdessen besteht der »Schwimmkurs« hauptsächlich
aus Übungen mit verschiedenen Liedern und Geplansche,
die Babys lernen, wie man sich am Beckenrand festhält und
andere einfache Bewegungsabläufe, die dafür sorgen sollen,
dass sich dein Baby ans Wasser gewöhnt und keine Angst hat.

Dann gibt es allerdings noch seltsamere Übungen. Wie
zum Beispiel die, bei der man sein Kleines auf ein Schwimm-
brett legt und es vom Beckenrand wegstößt. Eine Übung, die
sich anfühlt, als würdest du eine Wikinger-Seebestattung
mit ihm durchführen. (Als wir das zum ersten Mal machten,
rechnete ich halb damit, einen brennenden Pfeil über meine
Schulter zischen zu sehen, der das Ding in Brand setzt.)

Aber abgesehen von den Übungen zur Wassersicherheit
und denen, bei denen du das Gefühl hast, dein Baby auf einem edlen, feurigen Pfad Richtung Walhalla zu schicken, ist
die schwierigste Übung das »Tauchen«.

Erneut ist da nicht viel mit Schwimmen. Es wird auch
eher eingetaucht als getaucht. Wenn es zum ersten Mal
taucht, bedeutet das eigentlich nur, »Auf die Plätze, fertig,
los!« zu sagen, das Baby ins Wasser zu tunken wie einen Keks
in eine Teetasse und es dann wieder herauszufischen. Und
wenn du glaubst, das Baby würde deswegen ausflippen …
dann hast du vollkommen recht, denn wenn sie wieder auf-

tauchen, tun sie das normalerweise hustend und keuchend und sehen dich mit einem verwirrten Blick an, der besagt: »Alter, was machst du da, du Idiot!?«

Dieses erste Mal ist echt hart. Diese Panik und Verwirrung in ihren Augen. Aber es ist faszinierend, wie schnell sie sich an das Eintauchen gewöhnen und es sogar zu mögen scheinen. Anfangs ist es schwierig, das Gefühl abzuschütteln, dass du da etwas tust, was du lieber nicht tun solltest, dabei sind sie die ersten paar Male nur sekundenlang unter Wasser, aber diese Sekunden kommen dir vor wie eine Ewigkeit.

Inzwischen ist Schwimmen Charlies Lieblingsbeschäftigung. Nach mehreren Monaten des Babyschwimmens hat er keine Angst mehr vorm Wasser und fängt sogar an, sich selbst durch das Becken zu arbeiten wie ein unfassbar langsamer Torpedo auf Abwegen. Komischerweise mag er es vor allem, das Wasser im Schwimmbad zu trinken. Zu Hause können wir ihn nur mit Mühe und Not dazu bewegen, zwei Schlucke aus seiner Schnabeltasse zu nehmen (er lässt das Wasser einfach wieder aus dem Mund laufen, als wäre er beim Zahnarzt gewesen und seine Lippe noch betäubt), aber wenn man ihn in ein Schwimmbecken steckt, das zu fünfzig Prozent aus Babypisse und zu fünfzig Prozent aus Chemikalien besteht, säuft er es weg wie Fanta. Aber noch mehr gefallen ihm die anderen Kinder und wie sie sich gegenseitig bespritzen und wie ihr Quietschen und Kreischen in der Schwimmhalle widerhallt. Und da ihm das alles so gut gefällt, finden wir uns mit dem verdächtig warmen Wasser ab und tunken ihn weiter ein wie einen Keks.

Der Geschichtsverein von Penistone und Umgebung

Okay, okay, ich hab mich schon wieder im verdammten Tag geirrt. Aber der Geschichtsverein war supernett, es gab Orangensaft und Plätzchen, ich weiß jetzt, wieso der Penistone-Zug nicht mehr nach Broadbottom und Gorton fährt, und am Schluss habe ich noch ein Deo in der wöchentlichen Tombola abgeräumt.

*

Also, das abschließende Urteil: Baby Sensory, Babyschwimmen, Baby-Raves, Messy Play und der Geschichtsverein von Penistone und Umgebung sind alles tolle Möglichkeiten, um dein Baby außer Haus zu unterhalten. Babyzeichensprache ist okay (wenn du genug Geduld und Grips hast) und Baby-Yoga ist scheiße.

Und nichts davon kommt auch nur annähernd an »Kuckuck« heran.

VORHANG

Ein Baby zu unterhalten ist harte Arbeit. Und wofür tun wir das alles? Angeblich ist es wichtig für die geistige Entwicklung und die familiäre Bindung, oder was auch immer. Doch nicht die pädagogische Errungenschaft oder Entwicklung ist die Belohnung, sondern ein Lachen oder Lächeln deines Babys. Und wenn du meinst, das klinge wie etwas, was Oprah sagen würde, dann lass dir gesagt sein, dass das wissenschaftlich erwiesen ist, du zynisches Arschloch. Studien beweisen, dass das Lächeln und Kichern eines Babys Hirnregionen wie das Striatum oder die Area tegmentalis ventralis (und andere komplizierte Teile des Gehirns mit Namen, die wie Harry-Potter-Zaubersprüche klingen) bei seinen Eltern aktivieren, und das sind die sonderbar klingenden Teile in deinem Schädel, die anscheinend wie ein Flipperautomat aufleuchten, wenn du glücklich bist.

Ich glaube, für uns Eltern ist es das Beste, glücklich zu sein. Und unseren tegmentalis ventralis zu aktivieren, so lange wir können. Noch werde ich zum großen Magier, wenn ich mich hinter meinen Händen verstecke. Aber schon bald wird Charlie dahinterkommen, dass ich gar nicht verschwunden bin, sondern die ganze Zeit da war. Genau wie er eines Tages dahinterkommen wird, dass ich nicht in der Lage bin, eine Münze hinter seinem Ohr hervorzuzaubern und auch seine Nase nicht geklaut, sondern lediglich meinen Daumen zwischen Zeigefinger und Mittelfinger geklemmt habe.

Also begeben wir uns auf alle viere und grimassieren wie blöde und spielen mit vollem Körpereinsatz Kuckuck. Und ernten die begeisterten Kritiken in Form eines Lächelns von unserem Nachwuchs. Denn eines Tages wird der Bann gebrochen, der Vorhang gefallen und unsere Karriere als größter Unterhaltungskünstler im Leben unseres Kindes vorbei sein. Für immer.

9

MEILENSTEINE

Es ist unglaublich, wie sehr die Meilensteine in der Entwicklung eines Babys die der gesamten Menschheitsentwicklung widerspiegeln. Genau wie in prähistorischen Zeiten, als unsere Vorfahren in der Ursuppe geformt wurden, an Land gekrabbelt sind und eine einfache Kommunikationsform durch Grunzlaute gelernt haben, ehe sie sich den aufrechten Gang aneigneten, lassen Babys die Alchimie des Mutterleibs hinter sich, um die gleichen evolutionären Schritte zu durchlaufen: die Fähigkeit zu krabbeln, zu gehen und zu sprechen, und das alles in ihren ersten Lebensmonaten.

Wenn ich so darüber nachdenke – so unglaublich es auch ist, dass die Baby-Meilensteine mit der Evolution der Menschheit übereinstimmen, hoffe ich doch, dass die Ähnlichkeit im Verlauf irgendwann abnimmt. Denn die nächsten Meilensteine des Menschen waren die Entdeckung des Feuers, das Jagen mit einem Speer und das Niedermetzeln des nächsten Stammes, um an dessen Frauen und Nutzvieh zu kommen.

Lieber Charlie,

mir ist klar geworden, dass du eines Tages erwachsen sein und womöglich dieses Buch lesen wirst. (Vielleicht stolperst du in einem Antiquariat darüber oder, wenn niemand sie kauft, über eins der zwanzigtausend Exemplare, die wir in der Garage lagern.)

Mit diesem Gedanken im Hinterkopf möchte ich hier im vorletzten Kapitel die Gelegenheit nutzen, dir ein bisschen mehr darüber zu erzählen, wie du während deiner ersten dreihundertfünfundsechzig Tage dauernden Umkreisung der Sonne warst. Die Chance ergreifen, dir von deinen Meilensteinen zu erzählen, diesen kleinen Wegmarkierungen, die das erste Jahr unserer aller Leben definieren. Wie du dein erstes Wort gesprochen hast, deinen ersten Schritt gemacht hast, solche Dinge.

Pass gut auf!

MEILENSTEIN NR. 1:
WIE DU DEINEN NAMEN BEKOMMEN HAST

Als deine Mum im sechsten Monat schwanger war, sind wir zum Ultraschall ins Krankenhaus gefahren. Bei diesem Ultraschall kann man sehen, ob es ein Junge oder ein Mädchen wird. Wir wollten es nicht wissen. Wir wollten, dass du eine Überraschung wirst. Als Erwachsener erlebt man nicht viele Überraschungen, und wenn doch, sind sie meistens scheiße – ein Strafzettel für zu schnelles Fahren, Geschworenendienst oder ein verdächtiger Gewebeknoten. Es ist nicht mehr so wie als Kind, als alle Überraschungen gut waren, also haben wir uns auf diese Überraschung gefreut. Und ehrlich gesagt war es uns damals auch egal, ob du ein Junge oder ein Mädchen wirst.

Ich weiß, das sagen alle, aber es war uns wirklich egal. Bei einem früheren Ultraschall fragte mich die Sprechstundenhilfe, ob ich lieber einen Jungen oder ein Mädchen hätte, und da habe ich die Standardantwort rausgehauen, die da wäre: »Ist mir egal, Hauptsache gesund.« Und genau so war es auch. Aber diese Frau war ziemlich hartnäckig und sagte: »Ach, das sagen alle! Was wäre, wenn Sie einen Zauberstab hätten, was würden Sie sich wünschen?« Also dachte ich nach und antwortete: »Wahrscheinlich ein Baby mit dem Hirn von Professor X und Wolverines Heilungskräften.« Sie hat mich angestarrt, als wäre ich verrückt. Ich dachte nur: Mein Gott, du hast doch mit dem Zauberstab angefangen, Liebchen ...

Jedenfalls hat sie daraufhin alle verräterischen Zeichen (oder Zipfel), ob du ein Junge oder ein Mädchen wirst, abgedeckt, und bis zum Tag deiner Geburt bliebst du weder Junge noch Mädchen.

Weil wir beschlossen hatten, uns nicht sagen zu lassen, ob du Junior oder Juniorine wirst, war der erste Meilenstein dein Name. Uns für einen Namen zu entscheiden, bevor du da warst, kam uns komisch vor – wir wollten uns nicht auf »Barry« oder »Troy« festlegen, um dann herauszufinden, dass wir eine kleine Prinzessin bekommen hatten. Genauso wenig wollten wir unser Herz an »Penelope« hängen und feststellen, dass wir einen kleinen Sohn haben (der, wenn er nach dem Vater deiner Mum käme, später einmal ein Zwei-Meter-Schrank mit Schaufelhänden werden würde).

Wahrscheinlich sind wir nicht die Einzigen mit diesem Problem. Ich glaube, vielen Eltern fällt es schwer, einen Namen zu finden. Selbst für Eltern, die sich das Geschlecht ihres Babys verraten lassen (oder so organisiert sind, Namensoptionen für beide Geschlechter bereitzuhalten), ist es nicht unbedingt einfach, einen Namen zu finden, den beide gut finden. Namen sind sonderbar, wir assoziieren sowohl Gutes als auch Schlechtes mit ihnen, wir können gar nicht anders. Sagen wir mal, du bist in der Schulzeit von einem »Glen« gemobbt worden, dann ist es sehr unwahrscheinlich, dass du deinem Erstgeborenen diesen Namen geben willst. Und wenn dir von einem Mädchen namens »Sally« zum ersten Mal das Herz gebrochen wurde, willst du ebenfalls nicht jedes Mal, wenn du dein Kind rufst, daran erinnert werden. Das Problem ist nur, dass deine Partnerin womöglich von einem »Frank« gemobbt wurde, und ihre unglückliche erste Liebe hieß »Terry«. Also gehen euch sehr schnell die Namen aus.

Wegen dieser willkürlichen Assoziationen, die wir zu Namen haben, führten deine Mum und ich irgendwann solche Gespräche:

»Wie wär's mit Mark?«

»Nee, das klingt nach Zahnarzt.«

»Wie wär's mit Jason?«

»Nee, das klingt wie ein Säufer.«

»Wie wär's mit Sarah?«

»Nee, Sarah klingt wie eine, die ihre Freundinnen dazu bringt, dir zu erzählen, dass sie auf dich steht, nur damit sie dich, wenn du dich mit ihr zum Rollerbladen verabreden willst, vor der gesamten Essensschlange demütigen und nein sagen kann. Und dann, um das Ganze noch schlimmer zu machen, Gerüchte über dich streut: dass du im Sportunterricht in die Hose gekackt hast (obwohl du dich bloß in eine Kakaopfütze gesetzt hast). Und am Ende bist du dann derjenige, der Ärger kriegt, weil du in deinen Tisch ritzt: ›Stirb, Sarah!‹«

Na ja, solche Gespräche halt.

Es war also gar nicht so einfach, einen Namen für dich zu finden. Dir einen Namen zu geben fühlte sich an, als würden wir dir eine Bestimmung geben, als würden wir eine Fahne in den Boden rammen, die besagt: »Dieses neue Wesen ist hier, es ist Teil unserer Gesellschaft, ein Mensch, und mit diesem Namen soll er sich dieses Titels würdig erweisen.« Es schien also ziemlich wichtig zu sein, es richtig zu machen.

Komischerweise haben wir uns, sobald wir wussten, dass du ein kleiner Junge bist, ziemlich schnell auf den Namen Charlie geeinigt. (Du musst dich ziemlich schnell nach der Geburt entscheiden, wenn du das Baby nicht die ganze Zeit »das Baby« nennen willst.)

Im Nachhinein betrachtet stand der Name eigentlich schon die ganze Zeit im Raum, bevor du da warst. Charlie war der Name deines Urgroßvaters, und der war ein guter Mensch. Ein zuverlässiger, harter Arbeiter und ungefähr so fröhlich und irisch, wie man nur sein kann, ohne sich auf Leprechaun-Territorium zu verirren. Und wir fanden, es sei eine gute Idee, mit diesem Namen die Familientradition weiterzuführen.

Versteh mich nicht falsch, ich weiß, dass einige Leute ihren Babys unbedingt traditionelle Namen aus der Familie geben wollen, so war es nicht. Wir wollten dich nicht zwingend nach meinem Grandad benennen, sondern uns gefiel der Name. Wenn mein Grandad Jedediah Fuckfingers der Dritte geheißen hätte, dann hätten wir uns vermutlich für einen anderen Namen entschieden. Aber Charlie schien uns der Name von jemandem zu sein, der nett und glücklich und ein guter Freund ist.

Als wir dir nach all dem Gerede und der Quälerei mit den Namen endlich deinen gegeben hatten, fühlte es sich seltsamerweise so an, als hätten wir dich gar nicht so getauft. Es kam uns eher so vor, als hättest du schon immer so geheißen und wir wären einfach irgendwie über den Namen gestolpert.

Wir hoffen, er gefällt dir.

Wenn nicht, ist das natürlich doof.

Aber denk einfach daran, dass es schlimmer hätte kommen können. Du hättest zum Beispiel als Promi-Kind auf die Welt kommen und North oder Apple heißen können. (Stell dir vor, du müsstest in Yorkshire zur Schule gehen, wenn du nach einer Frucht oder einem Punkt auf dem Kompass benannt wärst. Das wäre kein Zuckerschlecken, das sag ich dir.) Und wenn du denkst, das wäre schlimm, dann hättest du mal den Artikel mit anderen fragwürdigen Namen lesen sollen, der in der Woche, in der du geboren wurdest, bei uns in der Zeitung stand. Ich habe mir ein paar Namen aus dem Artikel herausgeschrieben, zum Beispiel:

- Monkey
- Ninja Qwest
- Vejonica
- Sex Fruit
- Phelony
- Chairish
- Brfxxccxxmnpcccclllmmnprxvclmnckssqlbb11116 (ausgesprochen: Albin)
- Uteraz
- Yr Hyness
- Punched
- Horse Dick

- Mafia No Fear
- Anus
- Robocop

Wenn du also aus irgendeinem Grund kein Freund des Namens Charlie bist, komm mal klar, wir hätten dich auch Robocop Horse Dick Coyne nennen können.

MEILENSTEIN NR. 2:
DEIN ERSTES LÄCHELN

Und dann warst du da, mit Namen und allem Drum und Dran. Ich glaube, deine Ankunft auf dieser Welt ist in Kapitel 1 ganz gut beschrieben. (Lass dich dadurch nicht vom Kinderkriegen abhalten. So eine Geburt mag dir wie eine rohe Naturgewalt vorkommen, aber das ist es wert. Und außerdem hast du doch, was Geburten angeht, das große Los gezogen, denn du bist ein Mann. Alles, was du tun musst, ist Kleingeld für den Parkplatz und eine schlaue Miene bereitzuhalten, die du aufsetzt, um so zu tun, als hättest du alles im Griff.)

Vom ersten Moment an war klar, dass deine Mum dich augenblicklich, bedingungslos und ohne Vorbehalt liebt. Aber du und ich? Die ersten paar Tage haben wir einander ziemlich misstrauisch beäugt.

Versteh mich nicht falsch, ich habe dich auch geliebt, aber du warst ziemlich langweilig. Das musst du nicht persönlich nehmen, alle Neugeborenen sind ziemlich langweilig. Wenn der Adrenalinspiegel nach der Geburt und dem Nachhausekommen wieder absinkt, ist es ein bisschen so, wie wenn man eine am Strand angespülte Qualle findet: Man schaut sie sich an, pikst sie mit einem Stock an und stellt fest, dass sie nicht viel macht.

Und weil du nicht viel gemacht hast, fiel es mir ziemlich schwer, eine Ahnung davon zu bekommen, was für ein Typ du bist.

Wenn ich jetzt so darüber nachdenke, habe ich eigentlich erst bei diesem Meilenstein eine ungefähre Ahnung davon bekommen: deinem ersten Lächeln.

Darüber kann man nicht großartig viel schreiben, außer dass das erste Mal, dass du gelächelt hast, irgendwie bedeutsam war.

Ich habe mal ein Schulprojekt über einen viktorianischen Intellektuellen namens John Ruskin gemacht. Es war so langweilig, dass mir die Eier wehtaten, und ich weiß nur noch, dass er etwas über Pinguine gesagt hat. Und zwar: »Man kann nicht wütend sein, wenn man einen Pinguin anschaut.«

Er hätte genauso gut von deinem Lächeln reden können, und auch wenn sich das sentimental und albern anhört und du das vielleicht gerade als Teenager liest, die Augen verdrehst und »Mann, Dad, wie peinlich« ins Buch murmelst, ist mir das egal. Vielleicht wirst du eines Tages auch ein Kind haben, oder du hast sogar schon eins und weißt es selbst: Das Lächeln deines eigenen Babys ist wie ein Feuerwerk. Etwas so Mächtiges, dass es fast wie eine Rüstung wirkt. Ein Schutz für ein schutzloses Wesen.

Zum ersten Mal hast du mit ungefähr zwei Wochen gelächelt. Experten, Babyprofis, Kinderärzte – sie werden dir alle sagen, dass Neugeborene nicht lächeln können, erst recht noch nicht mit zwei Wochen. Sie werden darauf bestehen, dass Babys erst mit rund zwei Monaten lächeln können und dass es vorher bloß ein Reflex, Verdauungsprobleme oder ein Zeichen für Blähungen sein kann. Aber als du das erste Mal gelächelt hast, wusste ich, was alle Eltern wissen, und wenn es darum geht, haben Experten nun einmal null Ahnung.

Du hast gelächelt. Und statt irgendwelche vermeintlichen Weisheiten, das sei unmöglich, zu akzeptieren, kamen wir zu dem Schluss, dass jeder, der uns vom Gegenteil zu überzeugen versuchte, unrecht hatte und uns etwas Magisches nehmen wollte und dass diese Menschen so verbitterte, kranke, miesmachende Pissnelken waren, dass sie Darth Maul wie Oprah Winfrey aussehen lassen.

Du hast gelächelt.

Es war Sonntagabend, wir hatten dich gerade aus der Badewanne gehoben und trockneten dich auf deiner Wickelunterlage ab. Deine Mum sang: »Jump jump went the little green frog.« Das ist ein Lied über einen Frosch, dessen Augen »blinzel, blinzel, blinzel« machen. Und ich versuchte, dich abzulenken, indem ich deiner Mum über die Schulter sah und den Frosch nachmachte (vor allem mit Gesichtsausdrücken, die mich meiner Ansicht nach wie ein Frosch aussehen ließen, auch wenn deine Mum so grausam war zu behaupten, dass es eher nach Andrew Lloyd Webbers Sexgesicht aussah).

Es ist unmöglich zu sagen, warum (und du wirst dich nie daran erinnern, um es uns zu verraten), aber diese Kombination aus merkwürdigen Geräuschen und Grimassen löste so etwas wie Belustigung in deinem winzigen Gehirn aus. Einen Augenblick lang hast du uns beide angesehen und gelächelt: erst mit einem Hochziehen deiner Mundwinkel und dann mit deinen Augen. Und deine Mum hat vor lauter Rührung geweint (hat sie zu der Zeit ständig), und wir haben gefeiert. Das hatten wir auch bitter nötig: Damals waren wir so fertig wie nie zuvor.

Dein erstes Lächeln war also ein wichtiger Meilenstein für uns alle. Wir hatten ganz schön mit der Erkenntnis zu kämpfen, wie pflegeintensiv und hammernervig so ein Baby wirklich ist, und da wirkte dein Lächeln wie ein Energieschub, der uns neue Kraft gab und uns denken ließ: »Weißt du was? Dieses Kind ist doch ganz schön super.«

MEILENSTEIN NR. 3:
DEIN ERSTER ZAHN

Du bist nicht mit Zähnen auf die Welt gekommen. Worüber ich ziemlich froh bin. Angeblich gibt es solche Babys, was ganz schön merkwürdig sein muss. Zähne sind ein Accessoire, das man so gar nicht mit Neugeborenen verbindet, wie ein Bart oder eine Pfeife.

Ich hatte mir bloß etwas Sorgen gemacht, weil ich von einem britischen Baby gelesen hatte, das mit zehn Zähnen geboren wurde, allesamt draußen und bereit zu kauen. Und der Gedanke daran, dass du mit Zähnen zur Welt kommen, zu uns aufblicken und eine Reihe Beißerchen präsentieren könntest, hat mich ziemlich beschäftigt. (Vor deiner Geburt habe ich mir um die seltsamsten Dinge einen Kopf gemacht, aber ich tippe mal, deine Mum war noch erleichterter darüber, dass du zahnlos geboren wurdest, denn ich glaube nicht, dass irgendeine Mum scharf darauf wäre, ein Neugeborenes zu stillen, das aussieht, als könnte es kurzen Prozess mit einer Zuckerstange machen.)

Bei den meisten Babys kommen die Zähne jedenfalls erst nach ungefähr vier Monaten, und dein erster brach exakt nach Zeitplan durch, und das war ein Augenblick der Erleichterung. Vor allem, weil durch den Zahn endlich eine Art Fortschritt in der ganzen Zahnungsangelegenheit erkennbar war.

Bevor du geboren wurdest, hatte ich tausendmal gehört,

wie Eltern das Weinen, Schreien und Herumwüten ihrer Babys mit der Entschuldigung abtaten, sie würden gerade zahnen. In meiner jämmerlichen Ahnungslosigkeit hielt ich das für eine Ausrede für die Launenhaftigkeit der Babys.

Vor allem, weil Babys offensichtlich ständig zahnten. Als das Gebrüll des Kindes meiner Freunde zum zwanzigsten Mal in einem Monat mit »seine Zähne kommen durch« entschuldigt wurde, dachte ich bloß: Mein Gott, wie viele Zähne will das Kind denn noch kriegen? Das ist doch ein Baby und kein Hai.

Aber in Wirklichkeit ist es überhaupt keine Ausrede. Zähne zu bekommen ist brutal und kann Ewigkeiten dauern. Tage und Wochen des Schmerzes für eine einzige störrische Zahnspitze, die durchs Zahnfleisch lugt. Mit anzusehen, wie viel Schmerz dir dieser erste Zahn bereitet hat, war eine Lektion für mich und meine Dummheit und Ignoranz, die ich nicht so schnell vergessen würde.

Die klassischen Anzeichen dafür, dass dein erster Zahn unterwegs war, kündigten sich gute zwei Wochen, bevor er zu sehen war, an. Du hast gesabbert wie ein Bernhardiner, der vorm Schaufenster einer Metzgerei hockt, und hattest diese verräterischen feuerroten Wangen wie ein besoffener Gartenzwerg. Und genauso sahst du auch aus – ohne die beknackte Mütze, die Angel, den Fliegenpilz zum Sitzen und auch nur den Hauch von guter Laune.

Als dein erster Zahn kam, ging es dir dreckig. Du wolltest nur kauen, sonst nichts. Meinen Finger oder den deiner Mum in den Mund stecken und heftig mit dem Zahnfleisch zubeißen. Bis eines Tages ein rasierklingenscharfes Stückchen Zahnschmelz durchbrach und deiner Mum zu spät klarwurde, dass ihr Finger in einem menschlichen Bleistiftanspitzer steckte.

Uns wurde schnell klar, dass es besser war, dir einen Beiß-ring zu kaufen, statt uns auf den Fingern herumkauen zu lassen oder dir zu erlauben, an einem Tischbein oder einem herumliegenden Stromkabel zu nagen. Also haben wir dir alle Formen und Größen gekauft (einfache Ringe mit Gelfül-lung, die man einfrieren konnte, und andere in Form einer Giraffe oder eines Schlüsselbunds), und du hast bei uns auf dem Schoß gesessen und deinen ersten Zähnchen durchs Zahnfleisch geholfen, indem du auf den Dingern rumgekaut hast wie ein tollwütiger Welpe auf einem Schweinsleder-schuh.

Normalerweise sind die beiden unteren Schneidezähne die ersten. Die niedlichen kleinen Tic Tacs, die man bei den lächelnden Babys auf dem Cover von Babymagazinen sieht. Aber bei dir kamen die oberen beiden Eckzähne zuerst. Die Vampirzähne. Die spitz waren und dich wie Nosferatu oder einen der Lost Boys aussehen ließen. Eine Zeitlang wussten wir nicht, ob du wegen des Zahnens so unleidlich warst oder weil du kein direktes Sonnenlicht oder Knoblauch mochtest oder nach dem Blut von Unschuldigen giert hast.

Der erste Zahn war kein sonderlich angenehmer Meilen-stein. Es war echt hart, dir dabei zuzusehen, wie du ihn und ehrlich gesagt auch alle anderen bekamst. Du erinnerst dich sicher nicht an den Schmerz, aber falls du seitdem einmal Zahnschmerzen hattest, wirst du wissen, dass sie qualvoll und unerträglich sind. Es war herzzerreißend zu wissen, dass du mit den Zahnungsschmerzen und dem damit ein-hergehenden Fieber und Schüttelfrost kämpfen musstest, ohne dass du uns verständlich machen konntest, wie wir dir hätten helfen können.

Zahnen ist scheiße, aber das neue Lächeln, das mit dei-nem ersten Zahn kam, war ein Extra-Meilenstein. Ein Augenblick, der uns wie ein echter Fortschritt vorkam, als hätten wir es mit einer richtigen kleinen Person zu tun, die einen Charakter entwickelt und schnell groß wird. Und ja, drei Monate lang hast du bei jedem Lächeln ausgesehen wie eine Mischung aus Nosferatu und Blade, aber dafür auch echt verwegen.

Also, Sonnenschein, pass gut auf deine Zähne auf. Halt dich mit den süßen Getränken und Keksen zurück, putze sie fleißig und benutz zweimal täglich Zahnseide. Denn ich kenne zwar deine jetzigen Zähne nicht, aber der erste Satz war eine ziemlich unangenehme Angelegenheit.

MEILENSTEIN NR. 4:
KRABBELN

Anscheinend fangen Babys mit ungefähr sieben oder acht Monaten an zu robben. Aber du hast dir Zeit gelassen. Jede Woche waren wir bei den Kursen (Baby Sensory und so) von kleinen Kiddies im selben Alter wie du umgeben, und alle rasten wie Aufziehtiere auf ihren Bäuchen umher: kleine, wacklige Soldaten, die überall durch die Gegend kriechen. Du hast dich nicht von der Stelle gerührt und zugeguckt, dich höchstens mal auf den Rücken gedreht und eine Weile an die Decke gestarrt. Du hast zwar gesehen, wie die Babys herumrobbten, aber keinerlei Interesse gezeigt, es selbst auszuprobieren. Du hast sie angeschaut, als wären sie Idioten, und sie haben dich angeschaut, als wärst du der Klassenkiffer.

Du warst genau wie dein Dad: faul. Aber du warst auch geschickt. Wenn du etwas wolltest, was ein Stück weit weg war, hast du dir einfach den Teppich geschnappt, auf dem es lag, und ihn zu dir gezogen, als würdest du eine Angel einholen. Oder du hast das Ding einfach angestarrt und gequengelt, bis jemand es dir gegeben hat. Jedenfalls hast du den Eindruck erweckt, Robben wäre unter deiner Würde.

Irgendwann beschlossen wir, dir nichts mehr zu geben. Und nachdem du uns zwei Wochen lang angestarrt hast wie Sklaven, die einen Aufstand gewagt haben, begann es zu wirken.

Irgendwann wurde es dir wohl einfach zu langweilig, darauf zu warten, dass dir die Sachen magisch entgegenschweben, und du hast angefangen, auf sie zuzurollen. Kurze Zeit später fingst du an, dich schiebend und zappelnd auf dem Bauch zu bewegen, Arme und Beine langsam zur Hilfe zu nehmen und dich fortzubewegen: rückwärts.

Das Rückwärtsschieben hattest du ziemlich schnell perfektioniert. Wochenlang kamst du nicht voran, aber rückwärts einparken unter die Couch hattest du mit erstaunlicher Schnelligkeit und Effizienz drauf. Dieses Rückwärtsbewegen geschah allerdings nicht mit Absicht und barg viel Frustrationspotenzial. Du hattest dein Ziel klar vor Augen, aber je hektischer du dich darauf zubewegtest, desto mehr hat dein Hirn die Sache verkackt und dich rückwärts davon wegschieben lassen. (Muss echt nervig sein; das kann man bestimmt irgendwie als Metapher aufs Leben anwenden.)

Und mit diesem Frust als Antrieb fingst du an zu krabbeln. So was Ähnliches jedenfalls.

Anfangs war es nicht sehr schnell und nicht sehr elegant. Aber wenn irgendjemand einen kleinen Gegenstand brauchte, der sich keinen Meter entfernt befand, und er eine gute Stunde Zeit mitbrachte ... warst du genau der richtige Kandidat dafür.

Wir haben deine Fortschritte mit der NHS-Website abgeglichen, und dort stand, es gebe drei Phasen des Krabbelnlernens, aber bei dir waren es vom Anfang bis zum echten Krabbeln eher sechs.

Phase 1. Das Brett: Wir haben dich auf den Bauch gelegt, und du lagst einfach nur reglos da. (Nur an deinen regelmäßigen Atemzügen sahen wir, dass du noch lebst.) Dein Onkel Paul schlug vor, wir sollten es auf einem anderen Untergrund probieren, also legten wir dich mal in den Garten. Du hast dich immer noch nicht gerührt. Du lagst einfach mit dem Gesicht nach unten im Gras, als wärst du aus einem Flugzeug gesprungen und dein Fallschirm wäre nicht aufgegangen.

Phase 2. Bauchlage: Ungefähr so wie das Brett, aber jetzt konnte man Bewegungen erahnen. Deine Beine zuckten ein bisschen, aber um ehrlich zu sein, hast du meist nur den Boden abgeleckt.

Phase 3. Die umgedrehte Schildkröte: Inzwischen konnten wir dich auf den Bauch legen, und du bist zwar nicht gerobbt, aber hast den Kopf gehoben und mit Armen und Beinen gerudert wie ein Badespielzeug auf dem Trockenen.

Phase 4. Der Teppichrammler: Hauptsächlich Rückwärtsbewegungen, angedeutete Vorwärtsbewegungen, aber ja, im Prinzip hast du bloß den Teppich gerammelt.

Phase 5. Das Zombiekriechen: Und dann bist du gerobbt! Damit hast du zwar nie Landgeschwindigkeitsrekorde gebrochen und sahst ein bisschen so aus wie einer der beinlosen Zombies aus *The Walking Dead*, die sich über die Schienen ziehen. Aber du hast dich innerhalb von kurzer Zeit enorm gesteigert, und wir platzten vor Stolz. Aber nach ein paar Tagen hattest du plötzlich den Dreh raus, und wir begannen uns zu fragen, wieso zur Hölle wir eigentlich so scharf darauf gewesen waren, dass du anfängst zu krabbeln ...

Phase 6. Der Horror: Okay, so begeistert wir auch waren, als du mit dem Krabbeln angefangen hast – sobald du es richtig draufhattest, war es nur noch schrecklich. Du warst wie einer von den herumkrabbelnden Facehuggern aus *Alien*. Wenn man dir auch nur eine Sekunde lang den Rücken zukehrte, warst du weg, jedes Mal unterwegs zur gefährlichsten Sache im ganzen Raum. Bis dahin war uns nicht bewusst gewesen, was für eine tödliche Falle unser Haus war, und vom Erfolg deiner neuerlernten Fähigkeit ganz betrunken sahst du dich als Forscher – neugierig und unbesiegbar: »Ooh, das Möbelstück hat eine spitze Ecke, da geh ich doch mal hin und spieße mir das Auge dran auf« oder »Ooh, da drüben ist eine Steckdose, da lecke ich mir doch schnell mal die Finger an und stecke sie rein wie in eine verdammte Bowlingkugel.« Es war/ist der reinste Alptraum. Du bist nie länger als ein paar Sekunden am gleichen Ort – wenn du nicht gerade mit der Steckdose beschäftigt bist, leerst du Schubladen oder Regalbretter aus oder schmierst eingeweichte Cornflakes ins Laufwerk der Playstation.

(Ich muss kurz aufhören zu schreiben, weil du vor zwei Minuten noch zu meinen Füßen gespielt hast, jetzt aber in die Küche verschwunden bist, wo du garantiert Unsinn mit der Backofentür anstellst oder den Mülleimer ableckst ... Das machst du gerne mal.)

MEILENSTEIN NR. 5:
DEINE ERSTEN WÖRTER

Als du anfingst zu brabbeln und zu plappern, war das Schlimmste daran, dass deine Mum die neue Regel aufstellte, dass bei uns zu Hause nicht mehr geflucht werden durfte. Das klang vernünftig. Wir wollten ja nicht, dass du als Vierjähriger mit dem Vokabular eines stinksauren Maurers in die Vorschule kommst.

»Guten Morgen, Charlie, wie geht es dir heute?«

»Affenarschgeil, Miss.«

Also war es sicher vernünftig, das Problem früh anzupacken, ehe du anfingst, richtig zu sprechen. Leider fluche ich ständig vor mich hin, so dass das ziemlich schwer für mich war. Wenn du das liest, habe ich hoffentlich meinen Wortschatz erweitert und kann mein loses Mundwerk etwas besser im Zaum halten. Doch im Augenblick, in deinem ersten Lebensjahr, neige ich dazu, so zu fluchen wie ein Bierkutscher, der sich den Penis eingeklemmt hat.

Auf den Vorschlag deiner Mum hin haben wir ein Schimpfwort-Glas aufgestellt. Und erst mit dem Aufstellen des Glases wurde mir bewusst, wie häufig ich fluche. Ich hielt mich an die Regeln und war ständig pleite, weil ich bei jedem Schimpfwort fünfzig Pence einwerfen musste. Um meinen endgültigen Bankrott zu vermeiden, handelte ich mit deiner Mum schließlich eine Staffelung des Bußgeldes aus.

Inzwischen halte ich mich seit mehreren Monaten an die Regeln des Schimpfwort-Glases, und es hat sich als positive Sache herausgestellt. Versteh mich nicht falsch, ich fluche immer noch genauso häufig wie vorher, aber bei meiner Quote wird genug in dem Glas sein, um dir dein erstes Haus zu kaufen, wenn du das hier liest.

SWEAR TARIFF 2016

SHIT / SHITE etc. - 10p
ARSE / ARSEHOLE etc. - 20p
DICK / DICKHEAD etc. - 25p
FUCK / FUCKED etc. - 50p
COCKNOSE - 55p
TWAT-CHOPS - 70p
ORC WANKER - 80p
FUCKTRUMPET - £1.00
FUCKNUGGET - £1.00
COCKWHOMPER - £1.10
PISSTITS - £1.10
FUCK-WRANGLING CLOWN BONER
- £1.25

DADDY'S SWEAR JAR

Als du dann anfingst zu sprechen, waren wir ziemlich erleichtert, dass es nicht im Geringsten beleidigend war.

Am 24. Juni – in derselben Woche war Vatertag – hast du das Wort »Daddy« gesagt.

Okay, wenn man es ganz genau nimmt, war es nicht dein erstes Wort: seit Monaten sagtest du Wörter wie »weeelk«, »Beamter«, »Hotdog«, »Barry« und etwas, was ein bisschen wie »Mungobohnen« klang.

Und davor hattest du deine Mum schon wochenlang »Bob« genannt ...

Aber am 24. Juni, als du zum ersten Mal »Daddy« gesagt hast, hattest du noch nie »Mummy« gesagt, und das war ein Riesenthema bei uns zu Hause.

Ich geb's gerne zu, es war ein verbissener, manchmal auch hinterlistiger Kampf zwischen uns, ob du zuerst »Mummy«

oder »Daddy« sagen würdest. Es war der reinste Kalte Krieg. Deine Mum versuchte dir beizubringen, mich »Matt« statt »Dad« zu nennen, und skandierte zu jeder Gelegenheit die Worte »Mum Mum Mum«. Ich hingegen wiederholte ständig das Wort »Daddy«. Und ich nutzte die Tatsache aus, dass einige deiner Spielzeuge eine Aufnahmefunktion hatten. Also habe ich sie mir alle geschnappt und sie mit »Dad Dad Dad« besprochen, um dir das Wort ins Hirn zu brennen. Im Prinzip machten wir uns beide die feinsten Traditionen nordkoreanischer Gehirnwäsche zunutze, um dich dazu zu bringen, zuerst »Mum« beziehungsweise »Dad« zu sagen.

Und ich habe gewonnen.

Zugegebenermaßen sagen viele Babys zuerst »Daddy«. Anscheinend ist das einfacher über die Lippen zu bringen. Und mit diesem Wissen im Hinterkopf und weil ich wusste, wie schwer die Niederlage deine Mum treffen würde, versuchte ich, Rücksicht auf ihre Gefühle zu nehmen. Es ist immer das Beste, seinen Sieg mit Anmut und Bescheidenheit anzunehmen.

Daher beschränkte ich meine Siegesfeier darauf, mit dir auf den Schultern ein paar würdevolle Runden ums Haus zu rennen und »We Are the Champions« zu singen und danach eine Stunde lang auf deine Mum zu zeigen und zu skandieren: »Wer bist du? Weeer bist du?«, während sie dasaß und ihr Abendbrot aß.

Außerdem haben wir ihr zur Aufmunterung ein Bild gemalt.

MEILENSTEIN NR. 6:
DEINE ERSTEN SCHRITTE

Okay, das ist jetzt ein bisschen peinlich.

Glaub es oder nicht, aber ich habe einen groben Plan für dieses Buch geschrieben. Ich habe ihn mir gerade angesehen. Der Plan war, das erste Lebensjahr abzudecken, und an dieser Stelle wollte ich über deine ersten Schritte schreiben. Wie es war, als du diesen entscheidenden, monumentalen Meilenstein des ersten Lebensjahres erreicht hast. Den ganz großen: deine ersten Schritte.

Das Problem ist nur, dass du jetzt, da ich das schreibe, noch nicht läufst. Ehrlich gesagt hast du noch keinen einzigen Schritt gemacht. Weder den ersten noch irgendeinen anderen. Und morgen wirst du ein Jahr alt.

Schönen Dank auch, Charlieboy, Buch versaut.

Oder auch nicht.

Ich habe gerade mit meiner Mum – deiner Nan – gesprochen, und sie meinte, es wäre sowieso höchst unwahrscheinlich gewesen, dass du mit eins schon laufen kannst. Offensichtlich fangen die meisten Kinder erst eine ganze Weile nach dem ersten Geburtstag an. Sie hat mir erzählt, dass *ich* sogar erst mit anderthalb laufen konnte. »Du warst echt ein faules Stück« war ihr Urteil über mein Nichtlaufen.

Also sei nicht traurig, dass du mit zwölf Monaten noch nicht durchs Haus gestiefelt bist. Anscheinend war dein alter Herr genauso zufrieden damit, der Welt ihren Lauf zu lassen oder ihr auf Bauch oder Po hinterherzurutschen.

Außerdem gehe ich mal davon aus, dass du jetzt, da du das liest (als Teenie oder mit zwanzig oder wann auch immer), schon seit einer ganzen Weile laufen kannst und es ganz ordentlich beherrschst. Du hast inzwischen vermutlich eine Million Schritte hinter dir, manche besser als andere, und es ist ganz egal, wann du deinen ersten gemacht hast. Je nachdem, wo dich deine Schritte in deinem Leben hinführen, kann es auch durchaus sein, dass dein erster überhaupt nicht der wichtigste ist. Also, weißt du was? Du kannst noch nicht laufen? Ist doch scheißegal.

~~MEILENSTEIN NR. 6:~~
~~DEINE ERSTEN SCHRITTE~~
MEILENSTEIN NR. 6:
DIE ERKENNTNIS, DASS MEILENSTEINE ECHT NICHT SO WICHTIG SIND, WIE WIR MEINEN

Du kannst also noch nicht laufen. Na und?

Um diese Zeit, ein paar Wochen vor deinem ersten Geburtstag, sind wir mit dir zu einem Geschichten-Vormittag in unsere örtliche Bücherei gegangen, und ich habe der Unterhaltung von zwei Mums gelauscht, jede mit ihrem Baby vor sich. (Ich habe nicht »meine Nase überall hineingesteckt«, wie deine Mum meinte, sondern für dieses Buch recherchiert.)

Oberflächlich betrachtet war es eine höfliche, freundliche Unterhaltung über die Fortschritte ihrer Babys. Aber nach einer Weile wurde klar, dass das Gespräch eigentlich ein subtiles Schlachtfeld war und es eigentlich darum ging, der anderen eine Nasenlänge voraus zu sein.

Das Ganze lief ungefähr so:

Mum 1: »So aufregend, Jessica dreht sich jetzt auf den Bauch.«

Mum 2: »Oh, das konnte Elliot schon ganz früh. Er setzt sich inzwischen schon alleine hin.«

Mum 1: »Ach, das ist ja toll. Jessica macht jetzt Anstalten zu krabbeln.«

Mum 2: »Also, Elliot fängt schon an, sich hochzuziehen. Wir glauben, dass er ganz früh mit dem Laufen anfängt.«

Mum 1: »Ja, Jessica konzentriert sich ganz aufs Sprechen, alle finden, dass sie sehr weit ist für ihr Alter. Elliot ist nicht sehr gesprächig, oder?«

Und so ging es weiter, und bei jedem Schlagabtausch wurden die Fortschritte der Babys mehr übertrieben. Den Rest der Unterhaltung habe ich nicht mehr mitbekommen (wir mussten los), aber ich vermute, so heftig, wie die beiden übertrieben haben, hätte ich eine Stunde später wiederkommen können, um herauszufinden, dass Jessica Schachgroßmeisterin geworden war, während Elliot kürzlich eine Grundsatzrede zum Klimawandel vor den Vereinten Nationen gehalten und unmittelbar darauf ein Heilmittel gegen Diabetes gefunden hat. Was das Ganze noch lustiger machte, war, wie die beiden Babys völlig ahnungslos auf dem Schoß ihrer jeweiligen Mutter lagen, und während das eine seelenruhig in die Windel kackte, starrte das andere seine Füße an, als wären sie nicht von dieser Welt.

Also, Charlie, mein Junge, diese Unterhaltung kommt mir in den Sinn, wenn ich daran denke, dass du noch nicht laufen kannst. Denn diese Unterhaltung zwischen Jessicas und Elliots Mum kehrt die schlechteste Seite an uns Eltern hervor: das allgegenwärtige bescheuerte Wetteifern und wie jeder »Meilenstein« zum Schlachtfeld wird, auf dem die elterlichen Wettkämpfe ausgetragen werden.

Als deine Mum und dein Dad haben wir versucht, uns nicht darauf einzulassen, aber auch wir konnten nicht anders, als in den Kursen die anderen Babys zu beäugen und dich mit ihnen zu vergleichen, denn natürlich gab es welche, die bereits krabbelten oder fröhlich vor sich hin brabbelten, und da drüben in der Ecke an einer Tafel löste gerade eins den großen Satz von Fermat.

Wie gesagt, wir wollten nicht mitmachen, aber alle Eltern tun es. Und weil wir uns in diesen Unsinn haben hineinziehen lassen, wurde der Fortschritt unseres Kindes plötzlich anhand von »Meilensteinen« bemessen, die in Wirklichkeit ein sehr ungenauer Maßstab unserer elterlichen Leistung sind. Und wenn wir dann plötzlich einen Meilenstein verfehlen, fragen wir uns besorgt, ob wir etwas falsch machen. Was völliger Blödsinn ist. Denn natürlich machen wir etwas falsch – wie alle anderen auch.

Nur leider werden diese Meilensteine zu negativen Monolithen, zu Kilometermarkierungen, Zielen, die erreicht werden müssen, statt nette Fahnenmasten am Wegesrand zu sein, an denen wir unsere Erinnerungen hissen können – Erinnerungen, die wir mit unseren Kindern teilen können, sobald sie groß genug sind ...

Die wir mit dir teilen können.

Statt dir also von deinen ersten Schritten oder anderen Standard-Errungenschaften des ersten Lebensjahres zu berichten, will ich dir lieber von ein paar Meilensteinen erzählen, die ganz überwuchert und leicht zu übersehen sind. Meilensteine von vor deiner Geburt. Meilensteine, die tatsächlich von Bedeutung sind. Denn letzten Endes sind sie vielleicht die einzigen, die wirklich wichtig sind.

MEILENSTEIN NR. -1 (MINUS EINS):
HOW I MET YOUR MOTHER

Das ist jetzt bestimmt ein Schock für dich, aber dein Dad kam als junger Mann nicht so supergut bei den Ladys an.

Ich weiß. Wie kann das bloß angehen?!

Ich habe Comics gesammelt und mochte Science-Fiction, *Star Wars*, solche Sachen. Bis ins Teenie-Alter habe ich das Fantasy-Rollen-Brettspiel *Dungeons and Dragons* gespielt (als Level 8 magischer Dieb mit dem Namen Fagin Swifthands). Und während »Geeks« und »Nerds« inzwischen fast ein bisschen cool sind, waren wir damals einfach nur die »Loser«. Ein comicsammelnder Jedi-Fan wurde automatisch zum Außenseiter und wirkte auf Mädchen wie Kryptonit auf Superman.

Auch mein Aussehen trug nicht gerade zu meinem Erfolg bei. Ich hatte ein ganz eigenes Stilbewusstsein. Man erkannte mich an meinen schulterlangen Haaren mit Mittelscheitel sowie meiner Vorliebe für Strickjacken und Bandshirts. Außerdem war ich ziemlich dürr und schmächtig – meine Körpermaße entsprachen ungefähr denen von Kate Moss nach einer bösen Virusinfektion. Wenn du dir das also einmal bildlich vorstellst, kannst du dir ungefähr denken, wieso es relativ unwahrscheinlich war, dass jemand mit mir zusammen sein wollte.

Manche großen Romanzen beginnen mit einem Paukenschlag.

Die meisten nicht. Und die von mir und deiner Mum? Auch nicht. Wir haben uns in einem Pub kennengelernt. Das war's.

Okay, als Anekdote ist das ziemlich dürftig. Aber das Leben ist nun mal kein Richard-Curtis-Film, und ich glaube, darüber können wir echt froh sein. Denn damit sich zwei Menschen kennenlernen können, sind weder Ironie noch Zufall noch lustige Umstände nötig. Zwei Menschen können sich überall und jederzeit begegnen, und das ist irgendwie auf wunderbare Weise banal, normal und alltäglich.

Ich stand also im Miner's Arms (so hieß der Pub) in Sheffield. Deine Mum fiel mir sofort auf, als sie durch die Tür kam, weil sie wunderschön war.

(Ich habe gerade eine Minute Pause vom Schreiben gemacht, weil ich in ein Synonymwörterbuch schauen musste. Ich wollte eine Alternative zu »wunderschön« finden. Ein Wort, das weniger sentimental und abgedroschen ist und weniger nach einem Christina-Aguilera-Parfüm klingt. Aber es gibt irgendwie keins. Die anderen Möglichkeiten waren »prächtig« oder »wohlproportioniert«, womit man eher eine Kuh beschreiben würde – »Prächtig, wohlproportioniert, verdammt gute Milchkuh« – ich belasse es also einfach bei »wunderschön«.)

Ich weiß noch, was deine Mum anhatte, aber das klingt jetzt romantischer, als es ist. Ehrlich gesagt war das nicht schwer zu merken, sie war nahezu komplett schwarz gekleidet. Schwarze Jacke, schwarzer Rock, schwarzer Pullover, schwarze Strumpfhose. Aber dazu trug sie türkise Adidas

Gazelle. Wenn ich jetzt so darüber nachdenke, sah sie aus, als wäre sie bei einer Beerdigung gewesen und hätte sich hinausgeschlichen, um joggen zu gehen. Ich fand ihr Outfit supercool.

Doch das war gleichzeitig auch das Problem. Sie war supercool und ich nicht. Als ich deine Mum zum ersten Mal sah, hatte ich also nicht das Gefühl, dass ein Feuerwerk losging oder Geigenmusik im Hintergrund spielte, sondern ich fühlte mich entmutigt: Sie würde sich auf gar keinen Fall für mich interessieren. Sie würde sich auf gar keinen Fall im Pub umsehen und denken: Wer ist dieser coole Gast da drüben mit der Jesus-Gedächtnisfrisur, der kackbraunen Strickjacke und der unmännlichen Statur eines vierzehnjährigen Bodenturners?

Als dein Onkel Oz uns einander vorstellte, dachte ich nicht: Wie bringe ich dieses Mädchen dazu, mich zu mögen? Nein, stattdessen dachte ich: Oh bitte, bitte lass dieses Mädchen dumm oder rassistisch sein, lass sie einen furchtbaren Charakter haben oder einfach ein totales Arschloch sein. Damit es mich nicht so stört, dass ich keine Chance habe. Das war pessimistisch, ich weiß, aber es war auch realistisch.

Doch als wir einander vorgestellt wurden, stieß sie mit mir an, und den Rest des Abends unterhielten wir uns über alles und nichts. Aber genug von allem, um festzustellen, dass sie schlau und nett war. Und als sie sich gnadenlos über meine Strickjacke lustig machte, dachte ich: Fuck, die ist echt lustig. Scheiße.

In dem Augenblick heckte ich den Plan aus, dieses deprimierend gekleidete Mädchen mit den Adidas Gazelle dazu zu bringen, mich für wesentlich attraktiver, schlauer, interessanter und lustiger zu halten, als ich eigentlich war.

Ich habe sie nach einem Date gefragt, sie hat Ja gesagt, und erstaunlicherweise ging mein Plan auf.

Auch nach rund zwanzig Jahren ist meine Täuschung noch nicht aufgeflogen. Obwohl ich vermute, dass sie inzwischen den Verdacht hegt, dass ich nicht ganz so schlau und lustig bin, wie ich sie anfangs habe glauben lassen. (Zum Glück ist es jetzt zu spät, ich bin wie ein alter Bademantel, von dem man sich nicht trennen kann, obwohl er längst in den Müll gehört.)

Als ich deine Mum kennengelernt habe, war sie eine glatte »Zehn« und ich eine solide »Fünf«. Aber sie war jemand, der auf so etwas scheißt. (Außerdem bin ich lustiger als sie, und wenn man jemanden zum Lachen bringen kann, macht das locker zwei weitere Punkte aus. Und, das habe ich ihr schon mehrfach gesagt, ich werde sie noch zum Lachen bringen, wenn sie steinalt ist und längst aussieht wie ein zerknautschter Stiefel und wir uns äußerlich angenähert haben.)

In diesem Augenblick prallten deine beiden DNA-Hälften jedenfalls in einer kontrollierten, relativ gedämpften Explosion aufeinander, und dein Schicksal war besiegelt.

Und das war's, zumindest was dich anbelangt. Nichts passierte, bis sich sechzehn Jahre später der nächste Meilenstein ankündigte.

Als wir beschlossen, ein Baby zu bekommen.

MEILENSTEIN NR. 0 (NULL): WIR BESCHLIESSEN, EIN BABY ZU BEKOMMEN

Also, wo war ich stehengeblieben? Ach ja, deine Mum und ich haben uns in einem Pub kennengelernt, und ich war betrunken genug, um sie nach einem Date zu fragen. Sie war betrunken genug, um Ja zu sagen, und dann passierte sechzehn Jahre lang nichts. Wieder auf dem Laufenden? Gut.

Wenn ich sage, dass sechzehn Jahre lang nichts passiert ist, stimmt das natürlich nicht. Ich weiß bloß nicht, wie relevant das ist. Wir sind ziemlich viel gereist, haben ein Haus gekauft und uns verlobt.

Wir waren in diesen Jahren die meiste Zeit glücklich, haben uns aber auch manchmal gestritten. Denn man streitet sich nun einmal mit den Menschen, die man liebt. So läuft das. (Meine Schwester, deine Tante Jo, hat mir mal bei einem Streit darüber, ob Jason Donovan schwul ist oder nicht, einen Dartpfeil ins Bein gerammt. Wie gesagt, man streitet sich mit Menschen, die man liebt. Ständig.)

Im Prinzip haben deine Mum und ich diese sechzehn Jahre damit verbracht, uns kennenzulernen, und jetzt weiß ich alles über sie.

Zum Beispiel: Dinge, vor denen deine Mum Angst hat, obwohl sie das Gegenteil behauptet:

Donner, Blitz, Spinnen, mit dem Flugzeug fliegen, Nadeln, Weberknechte, die Stimme, die Leute bekommen, wenn sie Helium einatmen, ihren Einkaufswagen im Supermarkt unbeaufsichtigt stehenzulassen (obwohl sie noch nicht für den Inhalt bezahlt hat, glaubt sie, jemand könnte etwas klauen) und Fledermäuse.

Außerdem behauptet sie, sie wäre nicht abergläubisch, dabei weigert sie sich, auf der Treppe an jemandem vorbeizugehen und Schuhe auf den Tisch zu stellen, und wenn sie eine Elster sieht, begrüßt sie sie flüsternd mit den Worten »Good morning, Mr Magpie« (Letzteres ist, glaube ich, nicht einmal ein anerkannter Aberglaube).

Und weil sie so viel organisierter und zuverlässiger ist als ich, liebe ich ihre Unzulänglichkeiten am meisten an ihr. Ich liebe es, dass sie das Wort Avocado mit einem Extra-D aus-spricht – »Advocado«. Und ich freue mich jetzt schon darauf, wie sie ausrasten wird, wenn sie das hier liest und feststellt, dass ich allen erzählt habe, dass sie das Wort Avocado falsch ausspricht.

Bevor du geboren wurdest, waren wir glücklich und haben ein ziemlich schönes Leben geführt. Wir haben eigentlich fast nie übers Kinderkriegen geredet. Irgendwie war das nur selten Thema, und als wir älter wurden, nahmen wir wohl beide irgendwie an, wir würden keine bekommen.

Dann bekam ich eines Morgens im Jahr 2009 einen Anruf von meinem Dad, deinem Grandad Gerald. Er wirkte irgendwie verwirrt und erzählte stockend, dass es ihm heute nicht so gut ginge. Er sei am Morgen in der Kirche gewesen, und als er eine Lesung hatte vortragen sollen, habe er nach der Hälfte festgestellt, dass er sich überhaupt nicht konzentrieren konnte. Die Wörter seien über die Seite gehüpft, und er habe sie nicht scharfstellen können. Besorgt fuhren wir mit ihm ins Krankenhaus, und nach ein paar Tagen und vielen Tests stellte sich heraus, dass es ihm schlechter ging, als wir befürchtet hatten. Er hatte Krebs, der sich bis zu seinem Gehirn ausgebreitet hatte.

(Kurze Anmerkung: Wenn du nicht Charlie bist und das hier liest – ich weiß, was du gerade denkst: »Wow, dieser unterhaltsame Elternratgeber hat aber gerade eine ernsthafte Kehrtwende gemacht. Schönen Dank auch, Matt, vor zwei Seiten habe ich mich noch amüsiert, und jetzt würde ich am liebsten meinen Kopf in den scheiß Backofen stecken.« Also, stell das Gas bitte noch nicht an. Denn das ist die Geschichte, wie es dazu kam, dass es Charlie gibt.)

Jeder von uns kennt das, wenn das Leben seine Faust in deine Brust rammt, dir das Herz herausreißt und es dir hinhält, rosa und schlagend. Und in dem Jahr, in dem mein Dad von uns ging, fühlten wir uns als Familie furchtbar leer. Ich vermisse deinen Grandad sehr, und es fühlt sich nicht richtig an, dass du und er euch nie kennenlernen werdet. Ihr hättet euch gut verstanden.

Aber in den Monaten vor seinem Tod haben wir viel über uns als Vater und Sohn gesprochen. Er hat sich immer wieder für die Fehler entschuldigt, die er als Dad gemacht hat. Er hat keine gemacht, aber er entschuldigte sich trotzdem. Und ich habe mich für meine Fehler als Sohn entschuldigt. Davon gab es viele, aber er tat so, als hätte es keine gegeben. Und er erzählte, dass er sich mit dem, was ihm bevorstand, abgefunden habe, weil er wisse, dass es seinen Kindern gut ginge.

Das waren seltsame Gespräche. Vielleicht, weil einem alles irgendwie wichtig und bedeutsam erscheint, was jemand sagt, der bald sterben wird.

Doch durch diese Gespräche bekam ich auch plötzlich einen anderen Blickwinkel aufs Elternsein. Dein Grandad war noch jung, als er die Diagnose bekam, er hatte also echt Pech im Leben. Aber er konnte dieses Pech besser akzeptieren, weil seine Kinder glücklich waren, und das fand ich merkwürdig. An seiner Stelle hätte ich mich niemals so schnell mit diesem ungerechten Schicksal abgefunden, bloß weil es einem anderen Menschen (und sei ich auch mit ihm verwandt) gut ging.

Mir wurde allmählich klar, dass das Elternsein durch eine seltsame Selbstlosigkeit charakterisiert ist, eine Uneigennützigkeit, die ich einfach nicht besaß, und dass die Beziehung zwischen Eltern und Kind einzigartig war. Und da ich diese eine Beziehung ans große Nichts verloren hatte, stellte ich mir vor, dass die größte Annäherung daran wäre, als Dad eines Sohnes oder einer Tochter auf der anderen Seite der Gleichung zu stehen.

Als dein Grandad starb, vermischten sich diese Erfahrung, diese Gespräche und diese neuen Erkenntnisse mit dem Gefühl der eigenen Sterblichkeit, das mit dem Tod eines Elternteils einhergeht. Deine Mum stand deinem Grandad sehr nahe und hatte dasselbe Gefühl, und durch diese ganze Sache wurde uns bewusst, dass es ziemlich schön sein könnte, dich in unserem Leben zu haben.

In den Wochen nach dem Tod deines Grandads haben deine Mum und ich die Unterhaltung geführt – die Unterhaltung, nach der unser Entschluss feststand, dass wir versuchen würden, ein Baby zu bekommen. Und in dem Augenblick fühlten wir uns, als hätten wir ins Universum hinausgerufen, und du, unser Charlie, hättest dich auf einem großen, fetten weißen Ei wie Superman von seinem Heimatplaneten aufgemacht, um so schnell wie möglich eine Bruchlandung in unser Leben hinzulegen.

Aber so lief es nicht. Das Universum war ein wenig hilfreiches Arschloch.

Es sollte vier Jahre dauern, bis du in unserem Leben gelandet bist. Vier Jahre voller Enttäuschungen und Rückschläge, Fehlstarts und teilweise heftigster Traurigkeit. Bis sich deine Abwesenheit irgendwann anfühlte wie ein Bleigürtel. Aber deine Mum ist extrem willensstark, und ich bin disneymäßig optimistisch, deshalb haben wir nicht aufgegeben.

Wie so viele Eltern, für die das Kinderkriegen nicht ganz einfach ist, sind wir jedes Mal, wenn wir durch den Fleischwolf der Enttäuschung gedreht wurden, auf der anderen Seite wieder herausgekommen, zwar ein wenig blutig, aber fest entschlossen, uns wieder zu sammeln und weiterzumachen. Ohne Garantie, ohne die geringste Gewissheit.

Und dann kamst du. Dein Superman-Ei tauchte auf dem Radar auf. Zunächst ganz schwach, aber deutlich piepsend. Wir wollten uns nicht zu früh freuen, uns nicht zu viel Hoffnung machen, aber da war es, das Piepsen, und als du näher kamst, wurde es immer stärker.

Und drei Monate nachdem du verkündet hattest, dass du unterwegs bist (in der wenig verheißungsvollen Gestalt eines Smileys auf einem vollgepinkelten Plastikstäbchen), sahen wir dich auf einem Bildschirm, und in dem Augenblick, als wir deine schwarzweißen Füße und deinen körnigen Mittelfinger erblickten, fühlte es sich einfach perfekt an.

Und das war es auch.

Dad x

10

JÜNGSTES GERICHT
UND OFFENBARUNGEN

Elterngebet:

Mögen wir dir Hoffnung, Neugier, Mitgefühl und Liebe mitgeben ... und es gerade genug versauen, um dich interessant zu machen.

Wenn ich mich an das letzte Jahr und daran zurückerinnere, wie es ist, zum ersten Mal Vater zu werden, muss ich an einen Abend vor ein paar Jahren denken, als ich in unserem Garten stand. In der Nacht gab es einen Meteoritenschauer der Perseiden, und es war ein ungewöhnlich klarer Abend voller Sternschnuppen, die eine nach der anderen in einem atemberaubenden, majestätischen und ehrfurchtgebietenden kosmischen Schauspiel über den Himmel schossen. Es war eine dieser Nächte, in denen man über seinen Platz im Universum nachdenkt und sich über die großen philosophischen Fragen der Menschheit, über das Leben und alles Mögliche den Kopf zerbricht. Direkt in meinem Blickfeld befand sich an jenem Abend die Nachbarskatze, die auf unserem Zaun saß und sich lautstark den Arsch leckte.

Ein besseres Bild für die gegensätzlichen Erfahrungen des Elternseins fällt mir nicht ein: Das Banale, manchmal Ekelhafte des Alltäglichen in Form von Kacke, Schnodder, Kotze und Schlaflosigkeit ist allgegenwärtig. Aber, so unangenehm das alles auch sein mag, es ändert nichts daran, dass auch immer wieder etwas Unglaubliches passiert, etwas, angesichts dessen man völlig anders über seinen Platz im Universum und alles andere nachdenkt.

Ob du also in deinem Garten stehst und von einer sich am Hintern leckenden Katze abgelenkt wirst oder im Kinderzimmer auf eine schlaflose Nacht und einen überquellenden Windeleimer blickst – währenddessen passiert etwas Magisches, Außergewöhnliches. Man muss nur ab und zu hinschauen. Aber das ist manchmal leichter gesagt als getan.

1. OFFENBARUNG:
FRISCHGEBACKENE ELTERN HABEN ES SCHWER

Ich bin nicht unbedingt fürs Elternsein gemacht.

Ich bin faul, und das war auch schon immer so. Ich nehme selten etwas ernst, ich bin chaotisch und nicht mal ansatzweise mit so etwas wie gesundem Menschenverstand gesegnet. Außerdem bin ich unreif: Erst gestern Abend habe ich Salat zum Essen gemacht und Lyndsays zwei Tomaten und das Gürkchen so auf dem Teller drapiert, dass sie wie ein Schwanz mit Eiern aussahen.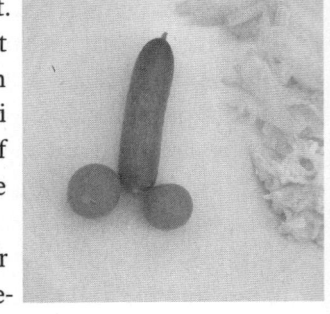

Ich bin vergesslich, oft schwer von Begriff und ein ziemlich unbeholfener, planloser Volldepp. Und genau aus diesen Gründen – und noch tausend anderen – hat mich das Vaterwerden getroffen wie ein Schlag mit dem Holzhammer aller Holzhämmer.

Zu meiner Verteidigung muss ich sagen, dass das Elternwerden wohl für die meisten Menschen ein Schock ist. Alle sagen dir, dass es heftig wird, also sollte es keine allzu große Überraschung sein, wenn es dann wirklich so kommt. Aber der Schock ist unvermeidlich: weil es *tatsächlich* heftig ist.

Als Charlie geboren wurde, schickte uns ein gemeinsamer Freund eine Nachricht. Darin stand, dass sich unser Leben ab jetzt für immer ändern würde und wir uns darauf gefasst machen sollten, einen anderen Gang einzulegen. Zum ersten Mal Eltern zu werden bedeutet in der Tat, einen anderen Gang einzulegen, und zwar auf dramatische, ohrenbetäubende Weise mit lautem Quietschen. Wobei es sich am Anfang weniger nach einem Gangwechsel anfühlt als vielmehr so, als wäre das Auto, in dem du sitzt, eine Klippe hinuntergestürzt, hätte sich ein paarmal überschlagen und wäre dann in Flammen aufgegangen, bevor es halb auf einem Baum zum Liegen gekommen ist.

Die ersten paar Monate bist du genauso neugeboren wie das Baby, das du aus dem Krankenhaus mit nach Hause gebracht hast. Du musst eine neue Sprache und neue Fähigkeiten lernen und dich an eine neue Welt gewöhnen, die mit der alten nichts mehr gemeinsam hat.

Dabei nimmt aber keiner Rücksicht darauf, dass du selbst auch ein orientierungsloses und verwirrtes Baby bist. Keiner nimmt Rücksicht darauf, wie unvorbereitet du vielleicht bist. Es gibt keine »Förderklasse« (wie die in der Schule für die Kinder, die man noch nicht auf Scheren loslassen konnte), du musst einfach mitkommen, und das kann echt schwer sein.

Doch Menschen, auch diejenigen, die so erbärmlich schlecht gerüstet sind wie ich, sind lernfähig und schlau. Unser Anpassungsvermögen ist eine Geburtstagstorte der Evolution. Und sobald man die Basics draufhat, sich an die neue Realität gewöhnt und sich vergewissert hat, dass man nicht an Schlafmangel sterben kann (na ja, theoretisch schon, aber das wird schon nicht passieren), tut man eben, was Menschen schon seit Jahrtausenden tun, und gewöhnt sich daran. Vielleicht wird man sogar langsam ganz gut im Elternsein.

Damit wir uns nicht falsch verstehen, nach den ersten paar Monaten ist es immer noch schwer, anstrengend, verwirrend und so weiter. Aber nach und nach, während die Wochen und Monate vergehen, wird dir etwas klar: Die schrecklichen Momente werden immer kürzer und die Momente der Freude immer länger.

Bis du dich dann eines Tages wie ein Dad oder eine Mum fühlst und nicht mehr danach, Feuerzeugbenzin zu trinken und auf Nimmerwiedersehen in der Wildnis zu verschwinden.

2. OFFENBARUNG:
FAST ALLE RATSCHLÄGE FÜR FRISCHGEBACKENE ELTERN SIND SCHWACHSINN

Eltern zu werden ist also schwierig. Da sollte es doch helfen, dass das vor dir schon Millionen von Leuten geschafft haben. Und es herrscht wirklich kein Mangel an Erfahrungen, aus denen man lernen könnte. Der Vorrat an guten Ratschlägen, die einem den Weg weisen und alles erleichtern sollen, ist schier endlos. Zumindest dachte ich das vor Charlies Geburt.

Tatsächlich bin ich nach einem Jahr als Dad zu demselben Schluss gekommen wie die meisten anderen Eltern auch: Der Großteil der Ratschläge für junge Eltern ist scheiße und im Grunde genauso nützlich wie diese Zeichnung eines Dinosauriers, der mit einem Jo-Jo spielt.

Das Problem besteht darin, dass Ratschläge für Eltern eine Mischung aus Ammenmärchen, Forschungstrends, subjektiven Erfahrungen und gutem alten Blödsinn sind, die zusammengeschmissen und als Wissen, Weisheit und Tatsachen verkauft werden. In Wirklichkeit sind die Ratschläge, die man erhält, in den seltensten Fällen Weisheiten und oftmals nicht einmal Tatsachen. Meistens sind es nur Meinungen. Und eine Meinung, wenn nicht gar mehrere, hat jeder.

Der Spruch ist alt und ausgelutscht, aber er stimmt: Meinungen sind wie Arschlöcher, weil jeder eine hat. Aber in Sachen Elternschaft scheint jeder sieben Arschlöcher zu haben, die er dir auch noch dauernd unter die Nase halten muss, ob du seine Arschlöcher nun sehen willst oder nicht.

Manche dieser Meinungen sind nett gemeint, andere einfach gemein und dämlich. Die einen sind unter teuer aufgemachten Buchdeckeln versteckt, andere werden bei einer Tasse Tee weitergegeben. Nur eines sind diese Ratschläge nicht: rar. Und das ist ein Problem. Es gibt so viele Ratschläge und Meinungen, dass es dich umhaut. Sich mit allen auseinanderzusetzen ist schlichtweg unmöglich.

Ganz am Anfang im ersten Kapitel habe ich erwähnt, dass mehr als dreißigtausend Bücher zum Thema Schwangerschaft und Geburt auf dem Markt sind. Doch es gibt über hunderttausend Erziehungsratgeber, die einem sagen, was zu tun ist, wenn das Baby erst mal da ist. Wenn man die alle bei Amazon durchscrollt, ärgert man sich, dass die Nazis, Stalin und McCarthy das Bücherverbrennen so in Verruf gebracht haben. Ich finde nämlich, man könnte durchaus dafür plädieren, mit den meisten ein großes Freudenfeuer zu veranstalten. (Und was für ein Feuer das geben würde, hunderttausend Bücher hätten eine Höhe von mehreren Kilometern, und ein so großes Feuer wäre bis ins Weltall sichtbar, vielleicht sogar für Außerirdische, die sich dann fragen, warum es so nach verbrannter Scheiße riecht.)

Das mit der Bücherverbrennung meine ich natürlich nicht ernst (es sei denn, du hast eine Ausgabe von Katie Hopkins' Werk *The Class Book of Baby Names* von 2013 im Regal, in dem Fall nichts wie los). Es gibt bestimmt auch einige tolle, nützliche Bücher da draußen, die nicht von sich behaupten, auf alles eine Antwort zu haben.

Doch selbst wenn man genug Zeit hat, alle hunderttausend Bücher zu lesen, jede Doku anzuschauen und jeden wissenschaftlichen Aufsatz zu studieren – am Ende ist man wahrscheinlich noch ratloser als vorher. Denn abgesehen von der schieren Masse an Meinungen muss man sich auch noch damit abfinden, dass die Ratschläge total verwirrend sind und sich keiner – von den Experten bis zu den Nans – über irgendetwas einig ist.

Nehmen wir etwas so Einfaches wie die Frage, ob man seinem Baby einen Schnuller geben sollte oder nicht. Die Empfehlungen auf diese simple Frage reichen von:

> »Ein Schnuller ist für sicheren Schlaf und zur Beruhigung eines müden Babys unerlässlich«

bis

> »Schnuller führen zu schielenden Babys mit Hasenzähnen, die erst mit Ende dreißig sprechen lernen«.

(Weder noch: Schnuller sind nicht »unerlässlich«, weil viele Babys keinen nehmen. Aber sie machen dein Baby auch nicht zum Spacko mit hässlichen Zähnen, immerhin bekommen die meisten Babys einen Schnuller, ohne einen Schaden davonzutragen.)

Worin bestehen nun also die nützliche Information oder der gute Rat, den man aus dem Klo dieser Debatte fischen könnte?

Und das war nur ein Beispiel. Wie wir bereits gesehen haben, gilt das genauso für Ratschläge in Sachen Schlaftraining, Stillen, Fernsehen, Beikost und allem, was einem sonst so einfällt. All diese Themen sind Gegenstand kontroverser Diskussionen und Auseinandersetzungen. Als frischgebackener Elternteil kann man da nur zu einem Schluss kommen: So richtig weiß niemand irgendwas mit Sicherheit.

Aber es muss wohl einen bestimmten Grund geben, warum niemand irgendwas mit Sicherheit weiß. Wieso es so viele Widersprüche, Differenzen und keine allgemeingültigen Regeln gibt, was man tun und lassen sollte.

Vielleicht liegt es einfach daran, dass es keine Universallösungen gibt.

Babys sind keine Maschinen, die nach dem Prinzip von Ursache und Wirkung funktionieren, sie sind kompliziert. Sie sind so einzigartig, dass es einen wahnsinnig macht. Weil sie menschliche Wesen sind, und die sind nun mal nervigerweise Individuen.

Deshalb stehen manche Leute auch darauf, sich kopfüber an den Nippeln aufhängen zu lassen, während andere Sandwiches und Bingo-Nachmittage bevorzugen. Wir sind alle unterschiedlich, und das ist anscheinend schon von Geburt an so, vom ersten Atemzug an. Daher ist die Vorstellung, es gäbe so etwas wie eine Gebrauchsanweisung zum Großziehen eines Babys, quasi eine richtige und eine falsche Methode, oder dass das, was bei Tante Eileen geklappt hat, ganz sicher auch bei dir klappt, einfach falsch.

3. OFFENBARUNG: ELTERLICHE INSTINKTE GIBT ES WIRKLICH

Es ist also ziemlich unmöglich, sich durch die Flut an Ratschlägen zu wühlen und die guten von den schlechten zu unterscheiden. Die einzige Alternative besteht darin, deinen eigenen Instinkten zu vertrauen.

Wie der ehrwürdige Dr. Spock zu Beginn seines Buches *Säuglings- und Kinderpflege* schreibt:

»Haben Sie Vertrauen zu sich selbst. Sie wissen nämlich mehr, als Sie sich selbst zutrauen.«

(Natürlich hat er das versaut, indem er dann noch 765 Seiten lang erklärt hat, warum man lieber ihm vertrauen sollte, aber der Gedanke zählt.)

Ich bin immer davon ausgegangen, dass das Konzept »elterliche Instinkte« Quatsch ist. Nichts als pseudowissenschaftlicher Scheiß. Wenn sonst jemand »Vertrau auf deinen Instinkt« sagt, ist es meistens totaler Schwachsinn. Ich hatte mal einen Chef, über dessen Schreibtisch hing ein Schild, auf dem stand, dass es bei der Arbeit zu neunundneunzig Prozent darauf ankäme, »seinen Instinkten zu vertrauen«. Und das kam mir nie zutreffend vor, immerhin sagt mir mein Instinkt jeden Morgen, wenn ich aufstehen und zur Arbeit gehen soll, dass ich drauf scheißen und lieber den ganzen Tag in Unterhose rumsitzen und Chips essen soll.

»Hör auf deinen Bauch« ist ein ganz netter Spruch, aber ich habe dahinter nie mehr als eine Glückskeks-Weisheit à la »Folge deinem Herzen« oder »Lass die Vergangenheit hinter dir« vermutet.

Deshalb war es auch eine echte Offenbarung für mich, als ich entdeckt habe, dass es elterliche Instinkte wirklich gibt: Instinkte, die unbemerkt in dir schlummern, bis du ein Baby hast und sie geweckt werden. Und wenn du lernst, auf sie zu vertrauen, erscheint dir die Meinung anderer Leute wie weiße Hundescheiße: blass, bröckelig und ziemlich unnütz.

Wenn die Leute über Instinkte von Eltern reden, dann meinen sie normalerweise Mutterinstinkte. Und vor den Instinkten einer Mutter sollte man sich wirklich in Acht nehmen: Sie existieren, sind zäh und lassen sich nichts gefallen. Lyndsays Mutterinstinkt meldete sich, bevor man ihr die

Schwangerschaft überhaupt ansehen konnte, und zwar als »Nestbauinstinkt« und Drang, alles zu kaufen, was wir nicht brauchten. Außerdem war ihr Instinkt, Charlie zu ernähren, ihn zu versorgen und sich aufzuopfern, am Tag seiner Geburt sofort vorhanden und einsatzbereit.

Ein Jahr später wachsen diese mütterlichen Instinkte immer noch und sorgen dafür, dass sie sofort erkennt, was Charlie braucht oder warum er sich aufregt. Das ist eine Mum-Fähigkeit, die ich schon immer beeindruckend fand, immerhin reichen diese Gründe vom Zahnen über Müdigkeit bis hin zur falschen Menge an Schaum in seinem Bad oder der Tatsache, dass man ihm eine Mütze aufsetzen will.

Ich gebe offen zu, dass ich diese Fähigkeit als Dad nicht besonders gut draufhabe. Dementsprechend haben Lyns und ich auch leicht unterschiedliche Methoden, um festzustellen, warum Charlie unzufrieden ist:

LYNDSAYS METHODE:

CHARLIE SCHREIT
↓
BEURTEILUNG VON SCHRILLHEITSGRAD
UND KLANG
↓
**SCHLUSSFOLGERUNG:
CHARLIE HAT HUNGER**

Für mich sind Mutterinstinkte eigenartiges Hexenwerk. Aber es gibt auch Vaterinstinkte. Man kann durchaus sagen, dass auch mein Instinkt mir mitteilt, was Charlie hat, nur ist die Lautstärke dieser Intuition ziemlich leise gedreht, und ich kann auch damit leben, dass das Ganze nicht so treffsicher ist wie Lyndsays telepathischere Methode.

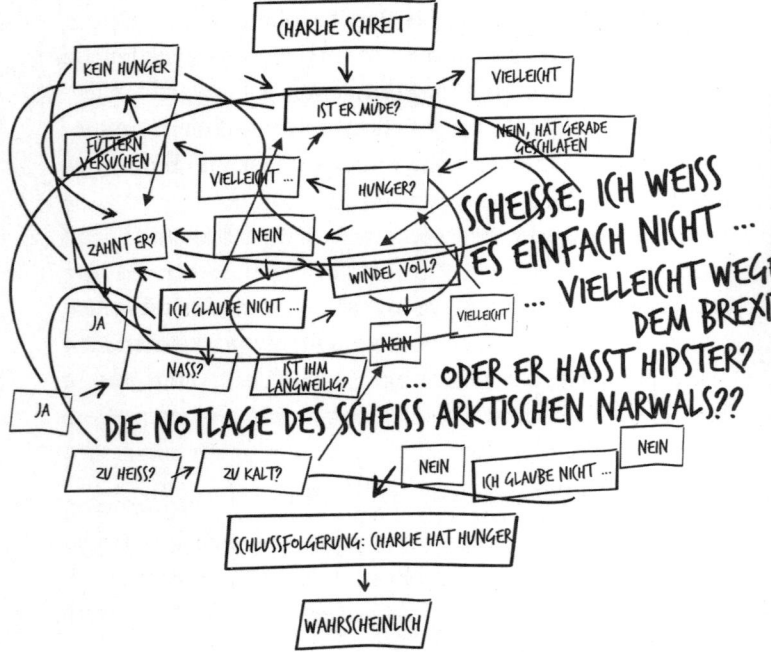

MEINE METHODE:

Nichtsdestotrotz empfinde ich denselben mächtigen Instinkt, zu ernähren, zu versorgen und mich aufzuopfern.

Ich habe sogar einen Beschützerinstinkt entwickelt.

Erst letzte Woche habe ich eine Möwe geboxt. Ins Gesicht.

Darauf bin ich nicht stolz. Wir waren am Strand, und Charlie hat Eis gegessen, als eine aggressive Möwe im Sturzflug auf ihn zukam. Da habe ich instinktiv reagiert und ihr eine gezimmert. Ins Gesicht.

In meinen zweiundvierzig Jahren auf dieser Erde habe ich mich nie geprügelt oder einen Hund getreten. Ich fange Spinnen mit einem Plastikbecher, bringe sie in den Garten und lasse sie dort an einem bequemen Plätzchen wieder frei. Und plötzlich bin ich jemand, der Meeresvögel k. o. schlägt, weil sie meinem Sohn das Eis klauen wollen.

Und, was am schlimmsten ist – ich würde es wieder tun. Oh ja, Mr. Möwe, erzähl das deinen Kumpels, bring den ganzen Schwarm mit. Kommt dem Mini Milk meines Sohnes bloß nicht zu nahe, sonst mache ich euch scheiß Federfürze fertig!

Wie gesagt – mein Beschützerinstinkt ist erwacht.

...

Ein wiederkehrendes Thema in diesem Buch sind sprachlos machende Ratschläge und Ansichten von Experten. Seltsamerweise bin ich gerade über ein weiteres Zitat aus Dr. Spocks Buch *Säuglings- und Kinderpflege* gestolpert, in dem ein Funke Wahrheit steckt:

> Je mehr Bücher geschrieben, Theorien ausgearbeitet, Methoden vorgeschlagen werden, wie man die Kinder behandeln soll, desto mehr setzt sich die Ansicht durch, dass die natürliche, instinktive Liebe der Eltern zu ihrem Kinde immer noch das Beste ist.

Vielleicht müssen wir den Spock ja doch nicht verbrennen.

Wenn ich im vergangenen Jahr eine Sache gelernt habe, dann wahrscheinlich diese: Es gibt keine Abkürzungen, keine einfachen Antworten und so gut wie keine Tricks, um sich ans Elternsein zu gewöhnen – bis auf eine Sache. Eine Abkürzung, eine Antwort und ein Trick, den man uns von Anfang an hätte eintrichtern sollen. Eine einfache, hilfreiche Bemerkung, die das Motto all jener sein sollte, die ihr Neugeborenes nervös vom Kreißsaal zum Auto tragen, und eine Mahnung am Anfang jedes Buches über Babys, das je geschrieben wurde:

»Vertraue auf deine Instinkte, denn sie haben dein Vertrauen verdient. Selbst wenn du dafür einem Vogel auf die Zwölf hauen musst.«

4. OFFENBARUNG:
PERFEKTE ELTERN SIND EIN MYTHOS

Ich glaube, die meisten Menschen haben dann das Gefühl, das mit dem Elternsein allmählich hinzukriegen, wenn sie aufhören, auf Ratschläge und Meinungen anderer zu hören, und ihren eigenen Instinkten vertrauen.

Aber nur weil man meint, es allmählich hinzukriegen, heißt das noch lange nicht, dass man plötzlich auf alles eine Antwort hat. Gott, es heißt ja noch nicht mal, dass du überhaupt die Fragen verstanden hast. Niemand wird über Nacht zu perfekten Eltern. Das schafft keiner. Denn egal, was man dir vielleicht erzählt hat, es gibt so etwas gar nicht.

Versuch dir mal eine perfekte Mutter oder einen perfekten Vater vorzustellen. (Wahrscheinlich ist es eine Mutter, die Erwartungen an Männer sind nämlich viel, viel geringer.) Vielleicht ist es eine Prominente oder eine echte Person, vielleicht sogar eine Freundin, die ihre ganze Perfektheit per Facebook oder Instagram demonstriert. Diesen Leuten scheint das Elternsein wie von selbst von der Hand zu gehen, ohne dass auch nur die Frisur verrutscht. Morgens weben sie ihren Kindern Kleidung aus Hanf und Löwenzahn, und nachmittags kochen sie Reisbrei aus Muttermilch. Sie sind nie ungekämmt, nie müde oder frustriert und backen ständig irgendwelchen Scheiß.

Aber das sind Trickbetrüger. Schau mal genauer hin. Schau ihnen in die Augen, und du wirst die Lüge erkennen. Sie sind wie friedliche Schwäne, die unter der Wasseroberfläche wie wild mit den Füßen paddeln. Bei jedem gestellten Foto von gemäßigtem Rumgematsche oder den frischgebackenen Biomuffins kannst du dir sicher sein, dass direkt neben dem Bildrand ein Baby alles in Grund und Boden brüllt oder ein Kleinkind versucht, dem Hund einen zermatschten Keks in den Arsch zu schieben.

Wie viele von diesen Wesen namens perfekte Eltern hast du je gesehen – aus der Nähe, im wahren Leben und in ihrem natürlichen Lebensraum? Damit meine ich nicht in sozialen Medien. Ich meine um vier Uhr morgens, wenn ihr Baby Windpocken hat und die Orla-Kiely-Vorhänge mit Zweigenprint im Strahl vollkotzt.

Es gibt keine perfekten Eltern. Das ist eine Erfindung, die keinem genaueren Hinsehen standhält. Das ist wie mit dem Monster von Loch Ness: Selbst wenn du von Weitem meinst, eins zu sehen, aus der Nähe betrachtet sind es dann doch nur zwei alte Reifen und ein Einkaufswagen.

Das Problem bei diesem falschen Ideal ist, dass es alles andere als harmlos ist. Es ist Gift. Von diesem Mythos speist sich eine ganze Industrie aus Lifestyle-Philosophien und Promikultur. Und es ist wirklich die übelste Art von Mythos. Die perfekte Mutter und der perfekte Vater sind ein heimtückisches, erfundenes Feindbild, ein Fantasiemonster, das

Eltern Angst machen und ihnen einreden soll, dass sie alles verkacken. Dass sie nicht gut genug sind. Dass sie unfähig sind. Dass es da draußen ein Ideal gibt, mit dem sie einfach nicht mithalten können.

Mir geht es nicht so. Ich meine, klar fühle ich mich unfähig, aber ich habe deswegen kein schlechtes Gewissen. Die Grunderwartung an Dads ist echt viel niedriger als die an Mums. Es herrscht erheblich weniger Druck auf potenzielle Übereltern, wenn sie rein zufällig einen Penis haben. Niemand erwartet von Vätern, dass sie in Kitten-Heels backen und dabei gleichzeitig dem Baby das Sprechen beibringen. Männern wird es schon hoch angerechnet, wenn sie überhaupt irgendwie anwesend sind, und sie beglückwünschen sich selbst dazu, dass sie einer von denen sind, die auch mal Windeln wechseln. (Ja, wir haben 2017, ja, das ist lächerlich, ja, es ist wahr.)

Aber Lyns und alle anderen Mütter, mit denen ich gesprochen habe, haben schon mal Bekanntschaft mit dem Gespenst der Unzulänglichkeit gemacht, und das nicht nur am Rande. Ein Gefühl, dass sie ihrem Kind nicht gerecht werden oder dass ihnen das Ganze ... leichter fallen sollte. Aber das ist Unsinn. Unsinn, den man zum großen Ideal perfekter Eltern zurückverfolgen kann. Einer schwachsinnigen Fantasievorstellung.

Ich habe auch keine Lösung parat, wie man nicht auf diese Lüge hereinfällt. Vielleicht sollten sich Eltern einfach nur daran messen, wie glücklich ihre Familie ist. Wenn du beim Thema perfekte Eltern an eine Promimutter denkst, dann stell dir auch den Bereich jenseits des künstlichen Sets und ohne den Tross an Kindermädchen und Make-up-Artists vor, die dafür sorgen, dass eine Promimutter so tun kann, als sei es ein Klacks, Kinder zu haben.

Und die nicht prominenten »Freunde« und Bekannten, die den Mythos mit ihrem eigenen faulen Zauber aus sorgfältig gewählten Bildausschnitten weiter verbreiten? Seid gnädig mit ihnen. So nervig sie auch sein mögen, sie sollten euch eher leid un. So eine Illusion aufrechtzuerhalten ist nicht einfach, außerdem sind sie selber Opfer des Mythos.

MONSTER VON LOCH NESS   BIGFOOT   JABBERWOCKY   EINHORN   PERFEKTES ELTERNTEIL

5. OFFENBARUNG:
EIGENTLICH SIND ALLE ELTERN SCHEISSE

Vielleicht irre ich mich ja, und es gibt doch »perfekte Eltern«. In dem Fall herrscht allerdings keine Einigkeit darüber, woran man sie erkennen soll. Wen interessiert das also? Die Leute sind sich ja nicht mal einig darüber, was gute Eltern ausmacht, von perfekten ganz zu schweigen. Beim Lesen denkst du jetzt vielleicht: Tja, ich weiß aber, dass *ich* gut darin bin. Kann sein, vielleicht aber auch nicht. Kann ich nicht beurteilen. Aber ich bin mir einer Sache ganz sicher: Ihr seid schlechte Eltern. Furchtbare Eltern sogar.

Sagt zumindest irgendwer ...

Die Fashion-Affen Dolce und Gabbana haben 2015 einem Modemagazin ein Interview gegeben, in dem Affe Nummer 1, Dolce, sich darüber ausließ, wie schlimm gleichgeschlechtliche Elternpaare doch seien. Er meinte, »die einzige Familie ist die traditionelle«, und dass aus künstlicher Befruchtung hervorgegangene Kinder quasi »Chemiekinder« und »synthetisch« seien.

Versteh mich nicht falsch, wen interessiert, was Dolce und Gabbana von irgendwas halten? Die machen Klamotten. Beschissene Klamotten. Und sich ihre Meinung über künstliche Befruchtung anzuhören ist ungefähr so, als würde man Primark zum Thema Stammzellenforschung befragen.

Diese Äußerungen haben jedoch etwas Bemerkenswertes: Sie drücken eine Meinung darüber aus, ob Menschen dazu in der Lage sind, gute Eltern zu sein, bevor das Kind überhaupt geboren ist – sie verkünden, ob Eltern (oder Kinder) gut oder schlecht sind, bevor Samen und Eizelle sich überhaupt vereinigt haben. Ist das nicht unglaublich? Dass man bereits als schlechte Eltern abgestempelt werden kann, wenn man gerade mal daran denkt, ein Baby zu bekommen?

Damit will ich Folgendes sagen: Wenn man schon als schlechte Mutter oder schlechter Vater gelten kann, wenn das Kind noch nichts weiter als ein Gedanke ist, ist es wohl kein Wunder, dass Eltern, sobald sie das Kleine in den Armen halten, von allen Seiten mit Meinungen bestürmt werden, die nahelegen, sie seien wirklich »schlechte Eltern«.

Das Dolce-und-Gabbana-Beispiel ist extrem, aber nicht nur homosexuelle Eltern oder Eltern von In-vitro-Babys werden auf diese Art und Weise verurteilt. Das betrifft uns alle. Da kannst du so hetero sein, wie du willst, und deinen Nachwuchs »ganz natürlich« und ohne Labor im Stehen hinter einem Schuppen gezeugt haben. Egal, es gibt kein Entrinnen. Es findet sich immer ein Grund, warum ihr angeblich nicht geeignet seid, Eltern zu sein.

Auch ich wurde schon von verschiedenen Leuten darauf hingewiesen, wieso ich kein guter Vater bin. Ich weiß, du klammerst dich jetzt ganz geschockt an das Buch, aber ja, selbst mir passiert das. (Na ja, wenn man einen Blog über solche Sachen schreibt, dann beschwört man so etwas quasi herauf. Mir doch egal. Inzwischen sammle ich diese merkwürdigen Kommentare wie Orden, kleine Erinnerungen daran, dass die Welt voller liebenswert angepisster Meckerpötte ist.)

Hier also, nur fürs Protokoll, ein paar Nachrichten, in denen man mir erklärt, warum *ich* ein schlechter Vater bin, inklusive meiner Antworten.

Ich fluche zu viel:

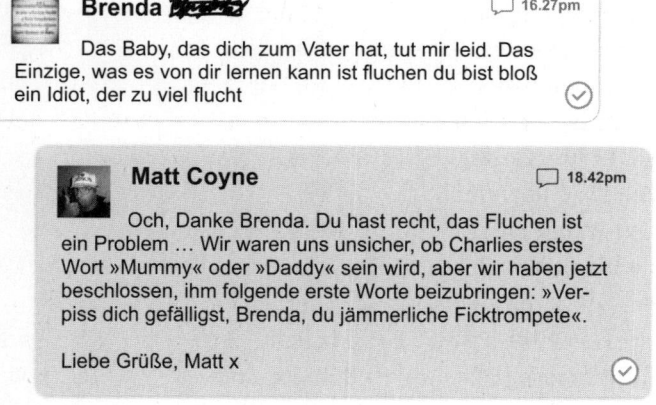

Brenda ~~Weasley~~   ☐ 16.27pm

    Das Baby, das dich zum Vater hat, tut mir leid. Das Einzige, was es von dir lernen kann ist fluchen du bist bloß ein Idiot, der zu viel flucht ✓

Matt Coyne   ☐ 18.42pm

    Och, Danke Brenda. Du hast recht, das Fluchen ist ein Problem … Wir waren uns unsicher, ob Charlies erstes Wort »Mummy« oder »Daddy« sein wird, aber wir haben jetzt beschlossen, ihm folgende erste Worte beizubringen: »Verpiss dich gefälligst, Brenda, du jämmerliche Ficktrompete«.

Liebe Grüße, Matt x ✓

Ich bin zu doof:

Michael ~~████~~   💬 11.21pm

Du bist echt ein dummes Arschloch, Wie bist du überhaupt Vater geworden? Wer wollte bitte mit dir Sex haben??? auch nur einmal?? ✓

Matt Coyne   💬 11.32pm

Deine Gran? ✓

Michael ~~████~~   💬 11.35pm

wie lustig - echt reif ✓

Matt Coyne   💬 11.42pm

Ja, das ist sie … Geht aber echt ab wie Schmidts Katze. ✓

Ich trage zum Klimawandel bei:

Neil O~~████~~   💬 01.21am

Typischer weinerlicher Zuchtbulle; Hört lieber auf, die Überbevölkerung der Erde voranzutreiben Hört auf, Schafe für die Gehirnwäsche der Regierungselite großzuziehen. bildet euch!! Mainstream-Medien (Schafmedien) werden euch nie sagen, dass ihr bloß zu Überbevölkerung, Krieg, Seuchen, globaler Erwärmung beitragt. Die Wahrheit! ✓

Ich bin ja nicht bescheuert. Dem habe ich nicht geantwortet. Aber ich habe ihm dieses Foto von mir geschickt:

Matt Coyne   11.22am

Und, zu guter Letzt, ich bin zu alt:

Greg ~~Worsdale~~   12.31pm

Kein Wunder dass du nicht klarkommst was für ein Idiot ist so dum und kriegt mit 41 ein Baby, 35 ist schon zu alt Das ist grausam und ziemlich egoistishc. Ich habe meine Kinder mit Mitte zwanzig gekriegt und ja jetzt bin ich Mitte 30, das heißt ich kann michselbst um sie kümmern!! und verlasse mich nicht auf alle andern weil ich dann zu alt bin.

Matt Coyne   18.39pm

Hi Greg, danke für deinen Kommentar! Tut mir leid, dass ich jetzt erst antworte. Ich habe etwas gebraucht, um die Sprache zu entziffern, die du verwendet hast. Anscheinend sollte das Englisch sein … obwohl eine beleidigende Tirade ehrlich gesagt wirkungsvoller wäre, wenn der Empfänger nicht erst eine Enigma-Entschlüsselungsmaschine braucht, um rauszufinden, wovon zum Henker du sprichst. (Im Ernst, hast du das mit den Fingern geschrieben oder indem du deine windschiefe Stirn einfach so lange auf die Tastatur gedonnert hast, bis etwas auf dem Bildschirm erschienen ist, was in deinen Augen nach einem Satz aussah?)

Egal, ich wollte dir nur mitteilen, dass ich deine wohlüberlegte und vernünftige Meinung zur Kenntnis genommen habe und zu dem Schluss gekommen bin, dass deine Kinder, obwohl du sie mit Mitte zwanzig bekommen hast, vermutlich lieber einen Vater egal welchen Alters hätten statt eines selbstherrlichen Volltrottels mit dem IQ von Hefe … und so einem langen Stock im Arsch, dass er im Grunde … ein Baum ist.

Schöne Grüße, Matt x

Das waren nur ein paar Beispiele. Aber unter all den zahlreichen Gründen, die ich mir anhören musste, aus denen ich ein schlechter Vater sei, ist der mit dem Alter der interessanteste und gleichzeitig der am häufigsten genannte. Um das mal klarzustellen – ich bin zweiundvierzig. Nicht so alt wie Yoda, und ich sitze auch nicht mit einer Decke über den Beinen zu Hause, gucke *Mord ist ihr Hobby* und schwadroniere vom Krieg. Aber für eine beträchtliche Anzahl an Kommentatoren ist vierzig anscheinend eine Art Schallgrenze, jenseits derer man dem Tod einfach zu nahe ist, um noch Vater zu werden.

Einmal meinte sogar eine Frau, vierzig sei zu alt, weil sie »als Lehrerin« schon miterlebt habe, wie herzzerreißend es ist, »wenn ein älterer Elternteil stirbt« und das Schulkind am Boden zerstört ist. Tja, ich hoffe bloß, die Frau unterrichtet nicht Mathe. Sollte ich nämlich das Durchschnittsalter von fünfundachtzig erreichen, dann wäre Charlie nach meiner Rechnung schon über vierzig, wenn ich den Löffel abgebe. Wenn er dann immer noch in kurzer Hose die Schulbank drückt, hat er echt gewichtigere Probleme.

In Wahrheit gibt es als Mutter oder Vater kein Entrinnen vor kleinkarierten Verurteilungen. Für manche Leute bin ich zu alt, um ein guter Dad zu sein, und obwohl du vielleicht gerade in der Blüte deiner Jahre stehst, bist du für manche gebrochenen, verbitterten Kreaturen ganz bestimmt zu jung oder zu arm, zu sorglos oder zu vorsichtig, zu verheiratet, zu unverheiratet, zu schwul oder lesbisch, zu mütterlich oder zu unmütterlich, zu chaotisch oder zu penibel, vielleicht arbeitest du ja, oder du arbeitest nicht, etc. pp. Keiner ist dagegen gefeit. Da könnt ihr euch sicher sein, irgendwo hält euch irgendwer für schlechte Eltern.

Aber keine Sorge.

Die »Logik« hinter den meisten dieser Ansichten kann einem leicht einen Knoten ins Hirn machen. Und wenn du es mit jemandem zu tun hast, der Eltern nicht danach beurteilt, ob sie ihr Kind lieben und sich darum kümmern, sondern nach ihrem Alter, ihrem Geschlecht, dem Kontostand, ihrer sexuellen Orientierung, ob ihr Baby durch künstliche Befruchtung entstanden ist oder was auch immer, dann handelt es sich höchstwahrscheinlich um einen sabbernden Schwachkopf mit dem kritischen Denkvermögen einer Kartoffel.

Diese Einstellungen wirken wie eine grob vereinfachte Sicht aufs Elterndasein, aber weißt du, was wirklich bescheuert ist? Die Wahrheit ist noch *viel* einfacher, und alle Beweise sprechen dafür: Der ganze Scheiß ist völlig irrelevant. Wenn du dein Kind liebst und dich darum kümmerst, dann wird es mit ziemlicher Sicherheit das Beste an dir werden. Wenn du das nicht tust, dann nicht.

So einfach ist das.

Also hak dich bei dem schlechten Vater zu deiner Linken unter und nimm die Hand der beschissenen Mutter zu deiner Rechten und teilt den »Irgendwo-Irgendwers« unisono mit, dass sie euch mal am Arsch lecken können. Und zu dir, Greg: Küss mir doch die verschrumpelten Eier.

6. OFFENBARUNG:
GEHEIMNIS UND VERRÜCKTHEIT

Vor zwölf Monaten, in der Nacht vor Charlies Geburt, hatte ich einen Traum: Ich träumte, ich wäre ein Soldat, der in die Schlacht zieht, und das splitternackt und auf dem Rücken einer riesigen Gummiente. Da wollte mein Unterbewusstsein sich wohl einfach darüber lustig machen, wie unvorbereitet ich auf den Neuankömmling war.

Wie sich herausstellte, hatte mein Unterbewusstsein vollkommen recht, und der Traum mit der aufblasbaren Ente war ziemlich prophetisch. Ich war wirklich nicht vorbereitet. Auf gar nichts.

Wenn ich also andere Eltern darüber reden höre, dass das erste Jahr echt wie im Flug vergangen ist, dann frage ich mich, ob sie lügen oder einfach an einer Form der posttraumatischen Belastungsstörung leiden und die Realität verdrängt haben.

Für mich ist das letzte Jahr überhaupt nicht wie im Flug vergangen. Es war das längste Jahr meines Lebens.

Vor einem Jahr hatte ich ein paar Falten und ein paar graue Haare, und jetzt altere ich so schnell, dass ich, wenn Charlie zehn ist, große Ähnlichkeit mit Gandalfs Eiern haben werde. Mein Rücken ist der einer hundertzwanzigjährigen Japanerin. Mein Haar wird immer dünner, und ich habe Ringe unter den Augen, die den Saturn vor Neid erblassen lassen. Und wenn ich an ein und demselben Tag daran denke, zu duschen *und* mich zu rasieren, dann ist das ein echter Triumph.

Abgesehen vom körperlichen Verfall gibt mein Verstand auch langsam den Geist auf, ich leide so sehr unter Schlafmangel, dass ich *immer noch* halluziniere, dass meine längst verstorbene Urgroßmutter Rose in unserem Bad sitzt und kackt. Dieser Schlafentzug hat zusammen mit der schlechten Ernährung und dem nicht enden wollenden Alptraum des Kinderfernsehens mein Hirn in Play-Doh verwandelt. Außerdem bin ich an keinem einzigen Tag in der Lage, ohne Koffein mehr zu tun als zu blinzeln und mich am Hintern zu kratzen.

Nach einem ganzen Jahr als Vater habe ich mich also verändert. Aber in erster Linie bin ich jetzt glücklicher. Nach alldem hört es sich albern an, das so einfach auszudrücken. Aber als Charlie auf der Bildfläche erschien und wir einander zum allerersten Mal argwöhnisch beäugten, hätte ich nicht erwartet, so hingerissen von unserem kleinen Menschlein zu sein. Ich hatte nicht damit gerechnet, wie mit Sekundenkleber befestigt an ihm zu hängen oder so enthusiastisch und stolz darauf zu reagieren, wenn er lacht oder winkt oder irgendwas anderes tut, was objektiv betrachtet gar nicht so weltbewegend ist, wie es mir vorkommt.

Die letzten zwölf Monate haben mich demütig werden lassen, waren verwirrend, anstrengend, furchtbar und perfekt. Ich würde gerne behaupten, dass ich eine Menge gelernt habe, aber das wäre gelogen. Ich weiß immer noch nicht, ob Pucken gut ist oder nicht, wie ich dafür sorgen kann, dass Charlie seine Socken länger als eine Nanosekunde anbehält, oder wie man das Baby beim Wickeln davon abhält, die Hand in die eigene Kacke zu tunken wie Tapas in einen Dip.

Aber das macht nichts.

Thomas Moore hat anscheinend mal gesagt: »Nur im Geheimnis und der Verrücktheit offenbart sich die Seele«, und vielleicht stimmt das ja.

Das Wichtigste, was ich im vergangenen Jahr gelernt habe, ist tatsächlich genauso tiefgründig:

Für Charlie und seine Mum würde ich auf einer riesigen Gummiente in den Krieg ziehen, und zwar nackt – ohne zu zögern.

Danksagung

Liest eigentlich irgendein Schwein Danksagungen? Ich bin mir nicht sicher. Ich jedenfalls nie. Aber in Zukunft werde ich das bestimmt tun, weil mir jetzt beim Schreiben dieser Danksagung bewusst wird, wie wichtig sie ist.

Dieses Buch würde es ohne die Hilfe und Unterstützung von ganz vielen Menschen nicht geben – und wenn doch, wäre es etwa sieben Seiten lang und würde hauptsächlich aus Zeichnungen bestehen, wie ich meinen Kopf auf den Boden donnere.

Ich möchte meinem Agenten bei A. M. Heath danken, Euan Thorneycroft, der mit seinem Nachnamen auch der herzlose Vermieter einer Bruchbude in einem Dickens-Roman sein könnte, in Wirklichkeit aber ein durch und durch anständiger Kerl ist. Ich kann ihm nicht oft genug dafür danken, dass er mich mit guter Laune und Bier durch den Veröffentlichungsprozess begleitet hat, und dafür, dass er so einen armen Arsch wie mich überhaupt angenommen hat.

Danke an die Wildfire-Familie: meinen allmächtigen Lektor und Mentor Alex Clarke, Kate Stephenson und das Wesen, das halb Mensch, halb Feuerwerkskörper ist, Ella Gordon. Danke, dass ihr mir dabei geholfen habt, die Träumereien eines Idioten in etwas zu verwandeln, was verdammt nach einem Buch aussieht.

Und danke an alle bei Headline, vor allem an Caitlin Raynor, Jo Liddiard und Frances Gough. Ein echt super Marketingteam, befeuert durch Moscow Mules und Wurst to go von Herman ze German.

Ein großer Dank geht an meine Freunde und Familie. Vor allem an Lyndsays Mum und Dad, die unzählige Male alles stehen und liegen gelassen haben, um uns mit Charlie zu helfen, als meine Abgabefrist näherrückte. Ron, Lorraine, ich kann gar nicht sagen, wie dankbar ich euch für alles bin. Und ein Dankeschön auch an meine kleine Schwester Jo und ihren Mann Paul für ihre Babysitterdienste und ihre ungebrochene Begeisterung und Unterstützung.

Natürlich möchte ich auch meiner Mum danken, die mir nicht nur beigebracht hat, wie wichtig Bücher sind, sondern auch noch für den Verkauf der allermeisten Exemplare dieses Buchs verantwortlich ist – weil sie jedem davon erzählt, ob er es hören will oder nicht. Sie ist eine stolze Mutter, aber vor allem auch pragmatisch. In ihren eigenen Worten: »Na ja, Matthew, wenn du jetzt ein erfolgreicher Schriftsteller wirst, bekomme ich später vielleicht mal ein Altenheimzimmer mit Fenster statt eines, das nach Pisse und Kohl riecht.« Meine Ma hat große Pläne.

Wenn es darum geht, die Rolle von Lyns und Charlie in dieser ganzen Sache zu würdigen, ist ein »Dankeschön« ein unzureichender Ausdruck der Dankbarkeit, die ich für dieses letzte Jahr verspüre. Lyndsay, Charlie: Die guten Teile dieses Buchs, die Teile, die von Herzen kommen und das Beste in mir zeigen – die gehören euch.

Ich werde euch wirklich lieben, bis meine Wirbelsäule zu Staub zerfällt.

Zu guter Letzt möchte ich ein riesiges, ehrliches Dankeschön an alle loswerden, die *Man vs. Baby* folgen, Kommentare schreiben und sonst wie dazu beitragen. Es ist hauptsächlich euch zu verdanken, dass ich überhaupt diese Gelegenheit bekommen habe, und ich werde bis in alle Ewigkeit in eurer Schuld stehen ... Wenn wir uns je persönlich über den Weg laufen, werde ich jedem einzelnen von euch einen Drink ausgeben, versprochen.*

Im letzten Jahr durfte ich nicht nur meine eigenen Erfahrungen als Vater mit euch teilen, sondern auch an euren Erfahrungen teilhaben. Und dadurch ist mir bewusst geworden, dass es viele, viele Eltern gibt, die versuchen, ihre Kinder zu klugen, lustigen, gerechten, toleranten und guten Menschen zu erziehen – und dafür zu sorgen, dass sie sich anderen gegenüber nicht wie die totalen Arschlöcher aufführen. Und deshalb habe ich ein überwiegend gutes Gefühl dabei, mein eigenes kleines Menschlein einer manchmal ungewissen Zukunft entgegenzuschicken. Und dafür danke ich euch am allermeisten.

Matt Coyne, Sheffield, UK

(Ich habe den Ort mit angegeben, weil ich immer denke, dass das klingt, als würde der Autor langsam und zufrieden seine Feder niederlegen und wehmütig in die Ferne schauen. In Wirklichkeit habe ich das letzte Wort gerade in der Greggs-Filiale im Zentrum von Sheffield geschrieben, während ich einen Iced Finger gegessen und mich gefragt habe, ob ich dem Typen vorm Fenster wohl sagen soll, dass ihm gerade ein Vogel in die Kapuze gekackt hat.)

* In keinster Weise rechtsverbindlich.

NOTIZEN

NOTIZEN

NOTIZEN